Claudia Kloihofer

Dein Körper schützt dich

CLAUDIA KLOIHOFER

DEIN KÖRPER *SCHÜTZT* DICH

Vertraue deiner Intuition

GOLDEGG

Umschlaggestaltung: Kathrin Steigerwald, Hamburg, unter Verwendung eines Motivs von Adobe Stock/vik_y
Rechte Autorinnenfoto: Manfred Baumann

Der Verlag und seine Autor:innen sind für Reaktionen, Hinweise oder Meinungen dankbar. Bitte wenden Sie sich diesbezüglich an verlag@goldegg-verlag.com.

Der Goldegg Verlag achtet bei seinen Büchern und Magazinen auf nachhaltiges Produzieren. Goldegg Bücher sind umweltfreundlich produziert und orientieren sich in Materialien, Herstellungsorten, Arbeitsbedingungen und Produktionsformen an den Bedürfnissen von Gesellschaft und Umwelt.

ISBN: 978-3-99060-328-4

Unter den Linden 21 • D-10117 Berlin
Telefon: +49 800 505 43 76-0

Goldegg Verlag GmbH, Österreich
Mommsengasse 4/2 • A-1040 Wien
Telefon: +43 1 505 43 76-0

E-Mail: office@goldegg-verlag.com
www.goldegg-verlag.com

Layout, Satz und Herstellung: Goldegg Verlag GmbH, Wien
Printed in the EU

Kopfschmerz ist kein Aspirinmangel. Und Krankheit ist kein Medizinmangel. Krankheit ist die Abwesenheit unseres Selbst, unseres Wesenskerns. Der Körper will uns auf etwas Unbeachtetes aufmerksam machen. Er will eine dauerhafte Verbindung zwischen dem bereits Bekannten und dem bisher Unbekannten. Der Körper verlangt unser Spürbewusstsein. Die Verknüpfung zum inneren Wesen erfolgt über Fühlen, in sich Hineinhören, sich berühren lassen, bis sich Antworten entwickeln. So entsteht die lebendige Beziehung zwischen Körper und Geist, die echte Heilung ermöglicht.

CLAUDIA KLOIHOFER

INHALTSVERZEICHNIS

Vorwort 11

EINLEITUNG

Die innere Stimme führt dich sicher durchs Leben 16

KAPITEL 1

Ein Lebensereignis, das alles veränderte 23
Neuneinhalb Stunden, die mein Leben prägen 23
Mein Leben vor und nach dem Unfall 25
Die eigene Mitte finden 29
Das Wunder der Intuition 37
Über Intuition, Inspiration und Herzintelligenz® 43
Wie ich vom Opfer zur Glückssucherin wurde 50

KAPITEL 2

Heilen mit der Kraft der Gedanken 55
Gelassenheit geht vom Kopf in den Körper 56
Sieben mutige Schritte für mehr Gelassenheit 58
1. Aussöhnen, Annehmen und Ja sagen 59
2. Warum-Fragen sein lassen 61
3. Zusammenhänge erkennen 64
4. Leben im Hier und Jetzt 72
5. Im Fluss des Vertrauens sein 75
6. Landeplätze für das Neue finden 78
7. Das Bewerten aufgeben 80

Das Dilemma der Angst: Wie negative Erwartungen im Gehirn wirken 82
Die Kraft der Worte nutzen 86
Bewusstsein und Transformation 89
Führe eine Dankbarkeitsliste! 91
Halte an Magic Moments fest! 91
Vertraue auf die Baby-Steps! 92
Steige aus der Negativspirale aus! 95
Träume dir positive Situationen ins Leben! 97
Das Geheimnis der Spiegeltherapie 106

KAPITEL 3

Wie wir unser Herz nähren und Liebe gedeiht 110
Was passiert, wenn wir uns wieder selbst zuhören 112
Herzenspflege lässt Träume real werden 117
Unsere innere Verbindung ist der Motor des Lebens ... 120
Die inneren Stimmen beruhigen und ruhig werden 122
Aus deinen Schwächen werden deine Stärken gesponnen! 129
Sei mutig! Gib nicht auf! Mach weiter! 137
Der heilende Effekt der Gedankeninventur 140
Was die zarte Macht der Liebe verändert 145
Verbinden von Getrenntem: Rituale für Körper und Seele 151
Perspektivwechsel: Identität und Ich-Bild erneuern 161
Täuschung und Willenskraft: Narkose, Schmerz- und Suchtmittel 169

KAPITEL 4

Mit neuer Energie ins neue Leben 173
Die fünf Säulen der Lebensenergie ausbalancieren 177

1. Säule der Identität: Körper ... 177
2. Säule der Identität: Kontakte ... 178
3. Säule der Identität: Arbeit und Leistung ... 179
4. Säule der Identität: materielle Sicherheit ... 181
5. Säule der Identität: Werte ... 185
Entdecke deine kreative Seite wieder! ... 188
Es liegt an dir, mutiger zu sein! ... 193
Das Zehn-Punkte-Programm zu Leichtigkeit und neuen Perspektiven ... 200
1. Lerne aus deinem Erlebten! ... 200
2. Gewinne deine Lebenskraft zurück! ... 200
3. Punkte mit deiner Sprache! ... 201
4. Söhne dich mit deinem Familiensystem aus! ... 202
5. Finde das Bedeutsame für dich! ... 202
6. Traue dich, du selbst zu sein! ... 203
7. Achte auf eine sensible Sprache! ... 203
8. Sei Gast deiner Gefühle! ... 204
9. Lass dein Herz offen und beobachte! ... 206
10. Nutze deine Sprache als Herzöffner! ... 208
Lerne, deine Wünsche zu formulieren! ... 212
Achte auf die magischen Momente! ... 214
Nütze deine Werte als Motor für den Neustart! ... 220
Wie finde ich meine Werte? ... 223
Die drei Aspekte stabiler Werte ... 223
Was sind meine wichtigsten Wertehelfer? ... 226
Dankbarkeit verwandelt sich in Demut ... 228
Warum Verwirrung gut für dich ist ... 236
Erträume dir deine Erfolgsgeschichten! ... 240
Warum Hilflosigkeit dein Vertrauen stärkt ... 243
Trau dich, du selbst zu sein! ... 244
Wie du deiner inneren Führung vertraust ... 249
Vom Ich zum Selbst ... 254

Quellen- und Literaturverzeichnis ... 257
Danke an meinen Partner ... 260

VORWORT

Vor einigen Jahren hatte ich einen schweren Motorradunfall, weil ich unaufmerksam war. Weil ich zu sehr mit dem »Erreichen-wollen« und dem Nachdenken beschäftigt war. Viel zu lang hatte ich nicht auf meine Intuition gehört. Mit dem Vorhaben, dieses Vorwort neu zu schreiben, rückte mein Unfall wieder ganz nahe. Wieder erlebte ich meine Behinderung. Sah mich schmerzhaft und unbeholfen mit Krücken fortbewegen, fühlte meinen 70-mal zusammengenagelten, dicken Arm und die amputierten kleinen, steifen Stummelfinger. Während des Lesens meiner eigenen Geschichte waren alle Bilder und Gefühle wieder in meinem Geist präsent, wie ein Kinofilm, der Jahre danach noch die gleichen Emotionen erzeugt, lebendig und spürbar. Das erzähle ich dir, weil diese Erfahrungen einen unerschütterlichen Zugang in mir geöffnet haben: mein persönliches »Lebensnavi«, meine Intuition – jene Einheit, die Körper und Geist untrennbar verbindet, verlässlich und treffsicher.

Mein Weg und die schwierigen Lebensjahre nach meinem Verkehrsunfall justierten das Wissen innerer Führung – meine Intuition und meine Sinne – fest und sicher auf Lebensfreude. Es sind Jahre, in denen ich als Person und wir als Gesellschaft eine enorme Entwicklung durchgemacht haben. Gefühlt sind wir noch mitten im Wandel einer globalen Transformation. Wir alle wurden und werden immer noch hin- und hergezogen von unterschiedlichen Meinungen und Ansichten, abweichenden wissenschaftlichen Erkenntnissen und Glaubenssystemen. Viele fragen sich, was ist wahr, was soll ich glauben? Die äußeren Einflüsse, provokative und aggressive Nachrichten und negative Berichte haben uns zum Teil sehr verunsichert und verwirrt. Gestresst und ängstlich von alldem, fällt es schwer, einer einzigen Wahrheit zu folgen. Was ist für mich das Richtige, das Beste? Woran soll ich mich ausrichten und handeln, auch im Falle einer Erkrankung? Das Bedürfnis, sicher zu sein und zu entscheiden, was gut für sich und seinen Körper ist, vergrößert sich. Daher möchte ich mit diesem Buch einen Impuls zu einer persönlichen Wandlung geben: sich mit der inneren Weisheit, die wir alle besitzen, in Einklang zu bringen.

Schwierige Umstände fordern uns eher auf, nach innen zu gehen und tief drinnen zu fühlen, was sich stimmig und richtig anfühlt. Sie laden uns ein, unsere eigene Wahrheit zu suchen, um nicht blind Ideologien zu folgen, die uns nicht guttun. Der Körper schützt uns oder sagt ab einem gewissen Punkt stopp, indem er reagiert, wo der Verstand noch nichts wahrnimmt. Im Körper wohnt eine Weisheit, deren Sprache nur in der Präsenz zu verstehen ist. Wohin richten wir die Aufmerksamkeit und Energie? Geben wir unsere Kraft an jemanden oder an etwas außerhalb von uns ab? Folgen wir den Meinungen der Mehrheit oder dem reinen mechanistischen Weltbild, das den Körper als Maschine sieht?

Eines der Hauptanliegen in diesem Buch ist es deshalb, dich zu bestärken, mehr deinem intuitiven Wissen zu vertrauen, stärker der eigenen Intuition zu folgen und darauf zu achten, wann du dich von ihr entfernst. Intuition teilt uns mit, was hilfreich für uns ist. Alle wichtigen Signale entstehen aus uns selbst und unserer inneren Führung. Wir haben das Potenzial in uns. Wir können aus Erstarrung, Fixierung, blockierter Energie und Krankheit aussteigen. Der Körper spricht zu uns. Doch weil wir seine Sprache nicht entschlüsseln können, neigen wir eher dazu, sie zu negieren, sie abzulehnen, sie zu entfernen oder wegzuschneiden. Daher wird die Symptomsprache des Körpers differenzierter. Vertrauen wir uns seiner Weisheit an, entsteht eine Wandlung, die sich tief aus uns selbst vollzieht. Nicht mit unserem Willen und unserem Verstand, sondern mit Präsenz und Anwesenheit im Hier, im Jetzt und im Selbst.

Sei mutig und vertraue deinem Körper! Geschichten meiner Klientinnen und Klienten, mein eigener Schicksalsweg nach meinem schweren Motorradunfall und bestimmte Worte und Sätze in diesem Buch mögen dich ermutigen, mehr aus deiner inneren Weisheit zu handeln, die Fähigkeit deiner Intuition zu entwickeln und sie als seelisch-körperlichen Kompass anzuwenden.

Entdecke die Power deines Körpers! Dein Körper zeigt dir etwas, was dein denkender Verstand nicht kann oder vermeiden will. Er gibt dir wichtige Hinweise, wenn du dich nicht traust hinzusehen. Gelange an den Punkt des unendlichen Vertrauens in deine eigene Heilkraft. Dann braucht es keine äußeren Ideologien mehr. Wir werden klar für unseren richtigen Weg und sicher bei Entscheidungen. Durch eine nährende Beziehung zu unserem Körper hören wir sein Nein deutlicher. Wir lernen seine Sprache, die der Verkörperung, der Symptome und der Krankheiten, zu verstehen. Der physische Körper wird dadurch zur Einheit von Geist und Seele.

Durch reines Nachdenken Lösungen zu suchen, bringt meist nur ein »Mehr vom Selben«, denn im Grübeln kommen Ideen aus erlernten und erlebten Erfahrungen und Prägungen. Das Gehirn als Vergangenheitsorgan hat diese für uns verwahrt. Wer sagt, dass sie noch stimmen? Unsere Zeit benötigt neue, hilfreiche, andere Konzepte und vor allem: ein neues Bewusstsein, um im Leben lebendig zu sein. So Vieles gilt es zu hinterfragen. Wollen wir uns am Defizit oder am Potenzial orientieren? Trotz wachsender Erkenntnisse der Medizin und Wissenschaft gibt es immer vielfältigere Ausdrucksformen und Signale des Körpers, wie geistige oder körperliche Erstarrung, schwierige Lebensumstände, Pech, Unfälle oder neuartige Krankheiten.

Die meisten fühlen, dass es kreative schöpferische Ideen braucht, besonders, wenn es um die Verbindung von Psyche, Seele und Körper geht. Unser Körper sagt etwas, sowohl über Krankheitszeichen als auch über Emotionen. Doch wie soll ich diese Energie abholen, ohne noch einmal in vergangene Ereignisse hineinzugehen und um nicht wieder Altes zu wiederholen? Daher sind wir gefordert, uns an unsere eigene schöpferische Intuition, Herzintelligenz® und Inspiration anzubinden, sie zu entwickeln und uns von dieser inneren Führung leiten zu lassen. Lausche deinen Eingebungen, die aus dem Innersten und aus einer höheren Quelle zu dir sprechen. Fühle, was in deinem Herzen am authentischsten klingt, um dann bewusst danach zu handeln. Der Körper sagt Nein, Stopp, Pause oder Hilfe. Er schützt dich vor größerem Leid, wenn wir seine Rolle als Körper-Geist-Seele-Verbindung ernst nehmen. Wir haben uns angewöhnt, über Schmerz zu lernen. Das, was schmerzlich ist, setzt uns in Bewegung in Richtung eines größeren Verständnisses. Doch inneres Erfassen erzeugt Bewusstsein. Wir verkörpern, wonach wir uns tief im Innersten sehnen. Vertraue deinem Körper und seinen Signalen, lerne seine Sprache! Bleibe lebendig in Verbindung, statt dir das, was ist, zurechtzubiegen. Bewusstsein schafft eine neue Lebenserfahrung. Wir können uns so den Körper und unserer glücklichen Erlebenswelt besser verfügbar machen. Denn bei allem, was uns nicht angenehm erscheint, haben wir die Chance, es attraktiv zu machen, wenn wir nicht wegschauen, es nicht wegdrücken, sondern uns fragen: Wofür ist es gut?

Mithilfe der Intuition und der Bereitschaft, sich führen zu lassen, erwacht auch die Dankbarkeit für all die Gelegenheiten und Chancen, für all die Schwierigkeiten, Probleme und die Symptome, um verstärkt zu lieben. Wir sind für das Leben dankbar, so, wie es ist. Dankbarkeit hilft uns, mehr Geduld zu haben – für uns, unsere Heilung und auch für Menschen, mit denen wir es schwer haben, denn sie zeigen uns, in welchen Aspekten wir weiterhin wachsen dürfen. Daher habe ich in der neuen Auflage dieses Buches den

Fokus auf die Entwicklung der Intuition gelegt. Wer seiner inneren Führung unablässig vertraut, findet ein Navigationssystem für alle Lebensbereiche. Ich hoffe, du fühlst dich davon inspiriert, deine Sinne und dein Herz stärker zu öffnen und aus dem Opferdasein auszusteigen. Mit der Verbindung zur inneren Führung wird dir selbst in einer Krise ein Geschenk zuteil. Nimm es an und lausche, was zu dir kommen will. Werde zum Gestalter deines Lebens! Das darf sogar leicht gehen!

Voller Dankbarkeit für die Fülle des Lebens und einen wundervollen Buchpartner, den Goldegg Verlag.

Ich freue mich sehr über deine Kommentare an meine E-Mailadresse: info@mutmachinstitut.at

Deine Claudia Kloihofer

EINLEITUNG

Die innere Stimme führt dich sicher durchs Leben

Mein Weg zu mir selbst begann mit meinem »Prozess des Wollens«. Drei Jahre lang hielt er mich in Atem und bewegte mich wie ein Blatt im Sturm. Er handelte vom Kampf des »Ich sollte«, »Ich müsste« und davon, »Was ich gerne hätte«. Was während dieser Zeit passierte, war überraschend und für mich zum Teil sehr überwältigend.

Das große Geschenk, das in meinem Unfall lag, ließ sich erst viel später erkennen. Es brauchte die Erfahrung, die nur aus dem Erleben entstehen kann. Viele überhörte Signale, die mir als liebevolle Hinweise dienen sollten, fügten sich erst im Nachhinein zu einer kostbaren Perlenkette zusammen.

Würden wir es fertigbringen, uns von den kreisenden Gedanken in unserem Kopf zu lösen, könnte unsere innere Weisheit ein besserer Ratgeber werden. Wir könnten die Antworten in unserem Inneren finden, statt sie im Außen zu suchen. Der Kopf wäre ohne die tausend Ideen, die das »Ich will aber« als Basis haben, frei und unbelastet. Ohne dem unbedingten »Wissen-wollen«, »Haben-wollen«, »Erreichen-wollen« sind wir offen für die Signale, die sich um und in uns zeigen.

Das Flüstern der Stimme, die uns warnt, hören wir nur, wenn wir »den Verstand verlieren« oder zumindest leiser drehen und wach werden für das Jetzt, den Augenblick.

Heute spricht die Wissenschaft von Herz- und Hirnkohärenz. Sie ermöglicht es uns, von innen heraus die Impulse wahrzunehmen.

Das Flüstern der Stimme, die uns warnt, hören wir nur, wenn wir »den Verstand verlieren«.

Unser Denken ist aus der Vergangenheit bestimmt. Denn viele Gedanken erinnern uns an Erlebtes von gestern oder sind Muster unserer Eltern, die wir übernommen haben. Unser Verstand produziert Wissen und speichert Informationen. Meist geht das Wissen über das hinaus, was zum Handeln nötig ist. Im Gegenteil, zu viel Wissen lähmt das Handeln, weil wir dann so viele Optionen haben und diese gegeneinander abzuwägen versuchen. Mit diesem Mehr an Wissen stecken wir dann auch noch im Wollen fest. Diese Mischung aus Wissen und unbedingtem Wollen ist manchmal der Beginn des Scheiterns, weil wir den Zufälligkeiten und den Warnungen unserer eigenen Intuition zu wenig Beachtung schenken.

Mit einer starken Intuition sind wir in der Lage zu erkennen, dass Situationen nicht stimmig sind, nicht »so richtig laufen«. Statt abzuwarten und »Es wird schon besser werden« zu denken, nehmen wir innere Warnungen und äußere Signale ernst.

Nehmen wir als Beispiel ein Projekt mit mehreren Beteiligten, bei dem anfangs alles wie am Schnürchen lief, Vereinbarungen korrekt eingehalten wurden, Ideen und Treffen völlig stimmig und glatt vonstattengingen. Doch völlig überraschend begann das Vorhaben zu stagnieren, eine Förderung fiel aus, ein Finanzier sprang ab, und die Bank wollte auf einmal noch mehr Sicherheiten. Ab diesem Moment gestaltete sich alles zäh, und die zweifelnden inneren Stimmen wurden lauter. Termine mussten verschoben werden, unvorhergesehene Schwierigkeiten tauchten auf und jede Menge Hindernisse stellten sich in den Weg. Alles begann zu stocken und die Sorgen wuchsen. Nach langen Mühen und verschiedenen Rettungsversuchen gestanden sich die Beteiligten das Scheitern ein. Geld, Nerven und Menschlichkeit blieben auf der Strecke. Wenige Monate später erwies sich der Abbruch dieses Projekts als Gewinn, denn er bewahrte die meisten Beteiligten vor dauerhaften größeren finanziellen und gesundheitlichen Schäden. Alle inneren und äußeren Signale standen auf Rot. Oft fehlt uns jedoch der Mut, danach zu handeln.

Auch in Beziehungen könnten wir die Zeichen erkennen und rascher handeln, wenn die Partnerschaft nach mehreren Jahren des Zusammenlebens monoton und routinemäßig zu werden beginnt, die Partner sich nichts mehr zu sagen haben oder nebeneinander herleben. Dann, wenn die Zeit, in der sie sich bemühen, gemeinsam etwas zu unternehmen, von Streit und Auseinandersetzungen gepflastert ist. Wenn die Momente der Harmonie weniger werden, aber es doch noch nicht so unerträglich ist, dass es gar nicht mehr auszuhalten zu sein scheint. Selbst wenn das gemeinsam erworbene Heim gepflegt ist und beide stolz macht, kann das Feuer einer Beziehung unter einer dicken Ascheschicht begraben sein.

Wann ist es sinnvoll, die Glut unter der Asche zu suchen oder nach anderen Lösungen Ausschau zu halten? Wann ist es nötig, das Festhalten und das Wollen gegen Loslassen und Veränderung einzutauschen? Wann ist also die »richtige« Zeit zu handeln? Spätestens dann, wenn die Zeichen deutlich auf Veränderung stehen, heißt es, unsere Augen und Herzen stärker zu öffnen. Jetzt heißt es, nach innen zu gehen und die Sehnsüchte der Seele zu entdecken. Jetzt heißt es, in Stille hinzuhören, welche Botschaften auftauchen.

Wir können dann die transformierende Botschaft ins Herz fließen lassen, die Kraft für Veränderungen in uns herbeiführen und eine bessere innere Energie entfachen. Wir können der inneren Führung vertrauen, denn sie steuert die passenden Hilfen für Entscheidungen bei.

Beispiele für unbedingtes Wollen und Festhalten gibt es viele. Genuss, Wohlergehen, Ehrgeiz oder Sicherheit sind Wurzeln dieser Glückssuche. Im Wirtschaftsleben erhält man jede Menge davon. Bei gesundheitlichen Fragen löst der Autoritäts- und Wissenschaftsglaube die innere Stimme ab. Wir stellen dann Wissenschaft vor unsere Intuition und gehen Wege, die uns nicht guttun. Das »Wollen«, das immer nach »noch mehr, noch besser und noch perfekter« strebt, macht blind und taub für die vielen Signale, die wir erkennen können. Dieses Wollen, dass durch den Verstand genährt wird, verhindert, dass wir sehen, welche Möglichkeiten es noch gibt. Es macht blind und taub für die innere Führung unserer Intuition.

Wir können der inneren Führung vertrauen, denn sie steuert die passenden Hilfen für Entscheidungen bei.

All diese Beispiele haben eines gemeinsam: das Festhalten an einem gesetzten Ziel oder an einer Vorstellung. Das erzwingen wollen von etwas. Der Reiz des Erfolgs, die damit verbundene Macht, das verheißungsvolle Prestige sind Bestandteile vieler Täuschungen. Der Wunsch, dadurch Bewunderung und Anerkennung zu erhalten oder uns sicher zu fühlen, weil wir einer allgemeinen Meinung folgen, ist unweigerlich mit der Angst vor dem Versagen, dem Scheitern oder der Angst vor Krankheit und dem Tod verbunden. Das ist eine sich selbst erfüllende Prophezeiung, die in unseren unbewussten Prägungen zu finden ist.

Den großen Crash, der bei vielen in Form eines Burnouts, Herzinfarkts, Schlaganfalls oder plötzlichen Unfalls erfolgt, hätte man wahrscheinlich verhindern können. Die Scherben in den Herzen der Menschen, die hohen Geldsummen und die zerplatzten Blasen der Illusion stellen die Betroffenen vor eine bittere Realität. Zurück bleiben Fragen, die sich viele erst dann erlauben, wenn es zu spät ist: Warum haben wir das nicht bemerkt? Hätte ich früher aussteigen können und damit gröbere Schäden oder einen finanziellen Verlust vermeiden können? Wann wäre der richtige Zeitpunkt gewesen, um etwas zu erkennen? Wie lerne ich, meinen Impulsen zu vertrauen?

Vielleicht liegt die Lösung dafür, dass wir das unbedingte Wollen einfach einmal lassen, in etwas ganz Schlichtem: der Dankbarkeit oder der Demut dem Leben gegenüber. Jener Bescheidenheit, mit der wir anerkennen, dass wir auf dem Weg sind. Mag sein, dass diese Lösung so gewöhnlich und einfach erscheint, dass wir nicht daran glauben können. Denn auch hinter dieser Schlichtheit liegt ein Missverständnis. Wir alle haben gelernt, dass Erfolg uns »nicht geschenkt« wird. Wenn wir etwas erreichen wollen, muss das schon schwer gehen. Deshalb sind wir immer auf der Suche. Wir suchen das, was uns zufrieden machen soll, im Geld, das wir verdienen, im Image und in der Anerkennung durch andere. Wir werden blind für das, wonach wir uns eigentlich sehnen, dafür, was uns wirklich guttut. Wir missachten alle Warnhinweise, die uns laut und deutlich sagen: »Stopp! Das ist nicht dein Weg!«

Ohne den alles überschattenden Einfluss des unbedingten Wollens können wir das wohlige Gefühl im Herzen und im Bauch wahrnehmen, das uns leitet, wenn wir eine Entscheidung suchen und noch unsicher sind. Wir können Wünsche im Inneren prüfen und sie mit unseren wahren Herzensimpulsen vergleichen. Wir können lernen, achtsam die inneren Zeichen der Freude wahrzunehmen. Wir alle haben Zeiten erlebt, in denen wir Dankbarkeit, Glück, Freude, Liebe und Freiheit empfunden haben. Wir wissen daher, wie sich diese Zustände anfühlen. Sie sind die innere Referenz dafür, ob es für uns stimmig oder leicht ist.

Basierend auf dieser inneren Gewissheit und Führung sind wir mit Bestimmtheit in der Lage, Entscheidungen zu treffen, uns leiten zu lassen und sicher dazu zu stehen. Wir halten es leichter aus, gegen den Strom zu schwimmen, entgegen den Meinungen der Masse zu handeln. Auszusteigen aus dem Gänsemarsch, den andere vorgeben. Wir benötigen nicht mehr die Anerkennung oder die Anpassung an eine Norm, sondern stärken den Mut, ganz danach zu entscheiden, was wir *jetzt* wahrnehmen. Selbst Schuldgefühle verschwinden, wenn wir klar zu den Folgen des eigenen Handelns stehen.

Das unbedingte Wollen trennt uns auch von einer enormen Ressource, dem »Nichtwissen«. Im Nichtwissen werden wir offen für das, was mit dem Denken nicht zu erfassen ist. Anfangs meinen wir hilflos, verwirrt und ziellos zu sein. An jenem Punkt der inneren Hilflosigkeit, an dem wir das Wollen loslassen, empfinden wir Instabilität. Wir suchen nach Möglichkeiten und denken im Kreis, anstatt den Fokus der Aufmerksamkeit zu verändern, die Gedanken anzuhalten und still zu werden. Wie ein Künstler, der den Mut hat, vor einer weißen Leinwand zu sitzen und zu warten, bis ihm etwas einfällt, bis ihn die Muse küsst, könnten wir zulassen, dass etwas passiert und für uns eine gute und gangbare Lösung entsteht. Wir könnten lernen, andere, neue Gedanken zuzulassen, darauf zu vertrauen, abzuwarten und wachsam zu sein. Weg von der eigenen Geschichte, hin zum Leben ohne Wollen. Nur daraus kann sich etwas entwickeln, das den Verlauf der Sache oder eines Inhalts völlig zu verändern vermag. Die Begrenzungen unserer Vorstellungen und der erlernten Prägungen verhindern die Möglichkeiten, die sich ergeben können, wenn wir uns darauf einlassen. Man könnte auch sagen, das unbedingte Wollen verhindert, dass der Zufall die Regie übernehmen kann; dass etwas Größeres in unserem Leben passieren

Erst wenn wir die verstandesmäßigen Aktivitäten anhalten, verbinden wir uns mit diesem Wissen. Dann erst können wir die Stimme im eigenen Herzen hören und werden erkennen, wie sicher sie uns führt.

könnte, wenn wir nur dem Zufall eine Chance geben würden.

In seinem Buch *Siddhartha* schrieb der Schriftsteller Hermann Hesse: »*Es gibt, oh mein Freund, nur ein Wissen, das ist überall. Es ist in mir und in dir und in jedem Wesen. Dieses Wissen hat keinen ärgeren Feind als das Wissen wollen.*«

Erst wenn wir die verstandesmäßigen Aktivitäten anhalten, verbinden wir uns mit diesem Wissen. Dann erst können wir die Stimme im eigenen Herzen hören und werden erkennen, wie sicher sie uns führt.

KAPITEL 1

Ein Lebensereignis, das alles veränderte

Am 6. November 2010 blieb plötzlich und unvermittelt meine persönliche Lebensuhr stehen. Ich wurde durch eine Art Blackout-Erfahrung praktisch in ein neues Leben katapultiert. Eine Windböe, so stark und so überraschend, zwang mich, auf meiner Straße des Lebens anzuhalten.

Mein Motorrad prallte, durch einen Windstoß versetzt, mit einem entgegenkommenden Auto frontal zusammen. Es ging alles blitzschnell! Während ich noch meine Fahrt genoss, mich über diesen außergewöhnlichen Tag freute, das Freiheitsgefühl in mich aufsog, geschah er: der Zusammenstoß. Ungebremst prallte ich in das entgegenkommende Auto. Ich schlitterte meterlang die Straße entlang und landete in einem der herbstlich beackerten Felder. Sonst fehlt mir jede Erinnerung.

Neuneinhalb Stunden, die mein Leben prägen

Neuneinhalb Stunden kämpfte der diensthabende Arzt um die Erhaltung meines linken Arms. Er war um 90 Grad verdreht, blutete und war auf die Hälfte seiner Länge zusammengequetscht und gestaucht. Ihm fehlte jeglicher Puls. Wie durch ein Wunder gelang der Notärztin am Unfallort etwas Seltenes. Ganz gegen herkömmliche medizinische Regeln folgte sie ihrem Bauchgefühl. Sie stabilisierte und schiente, renkte ein, korrigierte und holte dadurch auf dem Weg ins Krankenhaus den Puls in den Arm zurück. Ihrer Kompetenz und ihrer Intuition verdanke ich es, dass mein Arm nicht völlig amputiert werden musste. Nur die Finger, Mittelfinger, Ringfinger und kleiner Finger, mussten noch während der ersten Operation abgetrennt, genäht und mit Drähten stabilisiert werden.

In einer neuneinhalbstündigen Operation wurden 62 Nägel, drei große Metallplatten und jede Menge Drähte eingefügt. Unzählige Knochensplitter und Bruchstücke mussten wie ein Puzzle zu einem neuen Ganzen zusammengefügt werden. Schädel-Hirn-Trauma, Milzriss, Beckenbruch, Kreuzbeinbruch, Rippenbrüche und tiefe Schürfwunden auf der ganzen linken Körperhälfte machten mir zu schaffen. Zahlreiche Operationen und zwei massive Lungeninfarkte, als Reaktion des Körpers nach schweren Polytraumata, folgten. Sie machten mir Angst, nahmen mir sprichwörtlich den Atem und versetzten mich tagelang in einen fieberhaften Zustand. Verzweifelt kämpften Ärzte darum, mich zu stabilisieren, und meine Angehörigen rangen darum, mich nicht zusätzlich zu beunruhigen.

Zwei Monate Intensivpflege und teilweise unerträgliche Schmerzen folgten. Wochenlang hing ich am Dauerschmerzkatheter, an Cocktails von Schmerzmittelinfusionen, Opiaten, Morphinen und Blutverdünnern. Sie linderten meinen physischen Schmerz und hielten mich in einer Art Dämmerzustand fest.

Die zweijährige Genesungszeit hat nicht nur meine Sicht auf das Leben, sondern meine ganze Lebenseinstellung und mein gesamtes Leben verändert. Mit unbewusster Lebensführung war es vorbei, als ich von einem Augenblick auf den anderen und in vollem Umfang auf fremde Hilfe angewiesen war. Ich war an die Zuwendung gütiger und hilfsbereiter Menschen gebunden. Ich werde nie vergessen, wie ich nach dem Unfall jedem, und wirklich jedem Morgen mit einem unermesslichen Gefühl der Dankbarkeit begegnete, weil ich lebte und weil mein Arm und meine linke Hand noch da waren. Weil ich eine mildere Form von Verletzungen an Kopf und Wirbelsäule hatte und weil ich nach jeder weiteren Morphiuminfusion schmerzfreie Augenblicke erleben durfte.

Mein Leben vor und nach dem Unfall

Aufregende und heftige Zeiten vor meinem Unfall hatten mein Gefühlsleben durcheinandergewirbelt. In diesem Ozean emotionalen Aufruhrs stoppte das Leben und »lud mich höflich ein«, mich von den negativen Gemütszuständen zu befreien, die sich seit einiger Zeit in mir breitgemacht hatten.

Geboren aus dem Wunsch nach innerer Sicherheit, hatte ich meiner Selbstständigkeit als Unternehmensberaterin den Rücken gekehrt und einen festen Job angenommen. Die vielen beruflichen Reisen und all das Auf und Ab, das eine Selbstständigkeit mit sich bringt, mochte ich nicht mehr. Ruhe sollte der neue Job mir bringen, Kontinuität und Stabilität. Leider kam es völlig anders. Was mich als externe Beraterin in den verschiedenen Betrieben besonders ausgezeichnet hatte, wurde in der Festanstellung zur Schwäche. Meine angeborene intuitive Gabe ließ mich interne Systeme oder Probleme rasch erfassen und Schwierigkeiten erkennen. Durch meine Außensicht beleuchtete ich so manche »Betriebsblindheit« und konnte rasch Lösungen anbieten. Doch als Mitarbeiterin und Teil eines Firmensystems wechselte ich von der Beobachterin zur Beteiligten. Mich ereilte das gleiche Schicksal wie so manche Kollegen und Kolleginnen, die sich überwiegend um interne Querelen und Selbstorganisation kümmerten. Das System schluckte meine Neutralität, machte mich persönlich und fachlich zu einer Beteiligten und verschlang damit die Ressource meiner Schaffenskraft. Viele hierarchische Wege, übergreifende endlose Meetings, langwierige oder keine Entscheidungen kosteten Zeit und raubten mir Energie. Bald fand ich mich inmitten menschlicher Verstrickungen und in Machtspielen wieder.

Meine innere Stimme riet mir, so schnell wie möglich wieder auszusteigen, der Sicherheit den Rücken zu kehren und meine Karrierepläne innerhalb eines Konzerns über Bord zu werfen. Ich hatte mich schon lange an das Leben als »Freigeist« und Selbstständige gewöhnt. Doch mein unbedingtes Wollen und alte Glaubenssätze hatten ganz schleichend das Kommando übernommen: »Eine tolle Marke, für die du da arbeiten kannst, das schaffst du, Aufgeben heißt verlieren, schmeiß nicht alles so schnell hin, kannst du nicht ein einziges Mal Beharrlichkeit zeigen?«, forderte und polterte mein Verstand. Er übertönte die zarten Warnungen tief in mir, die das sinnlose Unterfangen erkannten. Alles im Unternehmen war im Umbruch, und ich noch zu neu, um Gehör zu bekommen.

Das Chaos im Unternehmen wirbelte meine Gefühlswelt gehörig durcheinander. Die Führung kümmerte sich um Kosten und Bilanzen, doch für die Menschen und deren Herzens- und Seelenleid nahm sich niemand Zeit. Während ich Wertschätzung und gemeinsame Entwicklung in den Vordergrund rückte, bestimmte die neue Führung, ohne auch nur im Geringsten andere miteinzubeziehen. Meine Haltung Menschen gegenüber war völlig konträr zu jener des neuen Vorstandsvorsitzenden. Auf mich prasselte eine

Fülle an Hierarchien, Unmenschlichkeit und Verschlossenheit ein.

Jede Menschlichkeit versteckte sich hinter Zahlen, Aktivitäten, Finanzplänen und Controllingmaßnahmen. Die Veränderungen in der Firma nahmen unbarmherzige Formen an. Langjährigen Mitarbeiterinnen und Mitarbeitern wurde gekündigt, Arbeitsstunden wurden ungefragt reduziert und Einzelbüros zu Großraumbüros umgebaut. Mitarbeiterinnen klagten mir ihr Leid und ihre Ängste. Trotz meiner kurzen Zugehörigkeit zum Unternehmen litt ich mit den Menschen und wurde selbst rasch in den Bann der unmenschlichen Machenschaften gezogen. Die angstvolle Stimmung legte sich wie ein Schatten über mich und die anderen. Mein Körper sendete unermüdlich Signale. Stresszeichen wie Nervosität, Schlaflosigkeit, Herzrasen bis hin zu Albträumen luden mich ein, sie als unstimmige Hindernisse zu enttarnen. Der Körper tat, was der Geist nicht konnte: Er wehrte sich.

Der Körper tat, was der Geist nicht konnte: Er wehrte sich.

Doch ich war so mit meinem inneren Wollen beschäftigt, dass ich nicht in der Lage war wahrzunehmen, was sich offensichtlich zeigen wollte. Trotzig wie ein kleines Kind stellte ich mich der Leichtigkeit und der Lebensfreude in den Weg. Ich meinte, durch Kämpfen einen Sieg erringen zu können. Ich wollte es mir beweisen! Ich wollte die Aufgabe meistern, hatte aber nicht den Mut, mir meine Fehlentscheidung einzugestehen. Ich quälte mich vorerst damit zu entsprechen, bis meine Zeit kommen würde. Heute weiß ich, dass ich eine Form der Ohnmacht kennenlernte, die mich handlungsunfähig machte. Emotionen sind wichtige Hinweise für uns. Die Gefühle der Ohnmacht und der Hilflosigkeit ließen mein Herz einfrieren. Wenn das Herz verschlossen ist, legt sich

Wenn das Herz verschlossen ist und der Fokus nur auf den Problemen liegt, ist es schwer, sein volles Potenzial zu entfalten.

der Fokus nur mehr auf die Probleme. Alles dreht sich um die hinderlichen Begebenheiten. Es ist schwer, sein volles Potenzial zu entfalten.

Der kostbare Zugang zu mir und meiner inneren Führung wurde von lautem Getöse und Empörung übertönt. Alte Verhaltensprogramme wie »Man gibt doch nicht so schnell auf!«, »Wer aufgibt, gesteht sich sein Scheitern ein!«, »Hab Geduld, es wird besser werden!« hinderten mich. Versagensangst, Existenzangst, Angst zu missfallen, Angst vor einer ungewissen Zukunft ließen mir scheinbar keinen Spielraum und ließen mich völlig widersinnig gegen Windmühlen kämpfen. So trennte ich mich völlig unbemerkt allmählich von meiner Intuition, meiner mir sehr vertrauten Ratgeberin, die mich bisher sicher durch stürmische Zeiten gelotst hatte. Bisher konnte ich ihr bei meinen Entscheidungen zuverlässig vertrauen. Ihre Hinweise kamen tief aus meiner Mitte und wurden von meinem Herzen »geprüft«. Daraus entstand das untrügliche Gefühl für richtig oder falsch. Doch diese wichtige Quelle wurde allmählich von Sorgen, von meinem inneren Chaos der permanenten Gedanken übertönt. Ganz, ganz heimlich hatte ich meine Mitte verloren und mit ihr die Verbindung zu meiner inneren Stimme. Wenn wir über lange Zeit emotional belastet sind, entfernen wir uns von uns selbst. Wir sind mit Sorgen und Ängsten beschäftigt, denken im Kreis oder verdrängen das Unangenehme in den Körper. Verborgener Stress beginnt unser Leben zu beherrschen. Statt eine Innenschau zu betreiben und in uns selbst zu ruhen, verlieren wir nach und nach den Zugang zur inne-

Klarsehen heißt, die Situationen ohne Begrenzungen und Verzerrungen des Verstandes oder des Egos zu beleuchten.

ren Führung. Klarsehen hingegen heißt, die Situationen ohne Begrenzungen und Verzerrungen des Verstandes oder des Egos zu beleuchten.

Die eigene Mitte finden

Die innere Mitte ist das starke Gefühl, ganz in sich zu ruhen, bei sich und zentriert zu sein. Das Stimmige zu tun, das sich gut anfühlt, selbst dann, wenn im Außen Stress herrscht oder die eigene Meinung gegen die Mehrheitsmeinung steuert. Aus unserem Zentrum, der inneren Mitte, erhalten wir die Impulse und Schlussfolgerungen, die tief mit dem Unbewussten verknüpft sind. Manche nennen es Bauchgefühl oder Intuition, andere sprechen vom zweiten Gehirn. Die Mitte ist unser Fühl-Zentrum, das den Boden für das Herz bereitet, um den weisen Herzenseingebungen zu folgen. Je mehr wir in uns zentriert sind, desto mehr können wir sie hören und ihnen vertrauen. Sie sind sichere Ratgeber in allem, was gut für uns ist. Mit ihnen sind wir imstande, komplexe, den Verstand schon längst überfordernde Situationen noch mit Leichtigkeit zu bewältigen. Sie besitzen die Weisheit der Unterscheidung. Nicht selten ist die Stimme aus dem Inneren flüsternd, leise, sie benutzt unterschiedliche Tonlagen und will eigentlich nichts anderes, als Hilfe leisten. Meist erkennen wir mit ihrer Hilfe menschliches Verhalten intuitiv und weniger durch Fakten.

Durch bewusstes Üben und Atmen gelingt uns eine Zentrierung und wir kommen leichter in Verbindung mit dem Körper. Die Energie ordnet und organisiert sich. Dadurch verändert sich der körperliche und geistige Zustand, der uns erlaubt, uns authentischer, sensitiver und offener wahrzunehmen. Durch die Zentrierung, dem Spüren der inneren Mitte, erwächst der Zustand der Kohärenz.

Forschungen haben ergeben, dass das Herz und das Gehirn synergetisch arbeiten. Unser Herz und unser Gehirn führen unaufhörlich Konversation. Das menschliche Herz ist von elektrischen und magnetischen Energiefeldern umgeben. Wenn wir uns in einem kohärenten Zustand begeben, sendet das Herz geordnete, rhythmische Signale zum Gehirn. Ein regelmäßiger, auf- und abschwingender Rhythmus in unserer Herzfrequenz ist die sogenannte Herzkohärenz. Herzkohärenz erreichen wir durch einfache wie effektive Atem- und Fokussierungsübungen. Mit dieser »Sprache des Herzens« beeinflussen wir unser emotionales Gehirn. Dort wird eine lebensbejahende Chemie produziert und in den gesamten Körper gesendet. Bereits nach nur drei Minuten entspannten Atmens und positiver Gedanken steigern sich Glückshormone, Anti-Aging-Hormone und unser Immunsystem um bis zu 100 Prozent. Unsere Emotionen am Ort des Entstehens werden erheblich verändert, wodurch ein seelisches Gleichgewicht entsteht. Das befähigt uns, mehr Vertrauen zu unseren Empfindungen aufzubauen und bringt uns mehr Klarheit und Gelassenheit. In diesem kohärenten, harmonischen Zustand lernen wir, offen zu werden, so als ob wir die Fenster aufmachen und frische Luft hereinlassen. Wir hören dann die Stimme des wahren Selbst, die uns rät, nach ihr zu handeln. Noch ein positiver Effekt: Wir bleiben authentisch, also in Verbindung mit unserer Wahrheit. Unsere Beziehungen wachsen voller Vertrauen. *Wenn wir unser Herz verschließen und nur unserem Kopf folgen, statt der inneren Führung, vertrauen wir dem Leben nicht,* formuliert es der Rhetoriktrainer und Schriftsteller Matthias Pöhm.

Wenn wir unser Herz verschließen und nur unserem Kopf folgen, statt der inneren Führung, vertrauen wir dem Leben nicht.

Den eigenen kohärenten Zustand und seine Mitte zu spüren, zentriert zu sein, ist besonders im beruflichen Kontext hilfreich. Wir bleiben so in Kontakt mit uns und mit unserem Umfeld, schützen uns gleichzeitig vor der Übernahme von Problemen anderer und vor dem Sich-selbst-Überfordern. Oft ist im Moment des Zentrierens ein Gefühl des Aufrichtens im Körper bemerkbar, dass auch von außen erkennbar ist und die eigene Ausstrahlung verändert. Diese Änderung entspannt in Stresssituationen, unterstützt und schenkt die nötige Sicherheit vor schwierigen Gesprächen und Präsentationen. Regelmäßige Zentrierung aktiviert den Informationsfluss im Körper, im Besonderen ist die Stimme des Herzens besser hörbar. Zentrierung fördert die Gesundheit.

Bewusstes In-den-Bauch-Atmen kann ein erster wichtiger Schritt sein, seine Mitte mehr zu spüren. Kinesiologie, Meditationen, Qigong, Tai-Chi oder Yoga sind weitere Möglichkeiten zum vertiefenden Erleben.

KINESIOLOGIE-ÜBUNG

Schließe die Augen, lege eine Hand auf die Stirn, die andere auf den Nabel. Stelle gedanklich eine Verbindung zwischen den beiden Händen her. Sie fließt zwischen Stirn und Nabel. Das kann ein Fluss von Farbe sein, Wärme, Licht, ein Gefühl, ein Wasser in Form eines Baches ... was immer dir einfällt. Wechsel nach einigen Minuten die Hände und lasse es wieder fließen. Nimm die Veränderungen in dir wahr. Danach fühlst du dich stärker, zentrierter, entspannter und ruhiger. Vielleicht kann dein innerer Frohsinn, deine innere Sonne, deine Leichtigkeit jetzt wieder scheinen.

Angestrengte, gehetzte Menschen oder Menschen in schwierigen Lebensphasen haben oft nur einen zweiteiligen Atemrhythmus. Unsere Lungen können fünf Liter Luft aufnehmen, doch viele atmen nur an der Oberfläche ein uns aus. Unser Körper braucht den Sauerstoff der Luft für den Stoffwechsel der Körperzellen, einem einer Verbrennung ähnlichen Vorgang zur Gewinnung von Wärmeenergie. Beim Einatmen kommt es zu einem Rundum-Weitwerden des Rumpfes, wenn die vorhandenen Atemräume voll genutzt werden. Beim Ausatmen entspannen sich die Atemmuskeln: Das Zwerchfell wölbt sich kuppelförmig in den Bauchraum hinein. In der Atempause entspannen sich die Atemmuskeln sowie das Lungengewebe. Es braucht die besinnliche Atempause.

Der Schwerpunkt des Atmens soll auf dem Ausatmen und der Pause liegen, das Einatmen ergibt sich dann von selbst. Verstärktes Einatmen fördert Anspannung und Verkrampfung. Tiefes Ausatmen entspannt, lockert und schafft Unterdruck in den Lungen, sodass das Einatmen von selbst entstehen kann. Gründliches Ausatmen entschlackt, entsäuert und entgiftet. Wenn wir zu kurz ausatmen, versauert das Blut, Stoffwechselschlacken lagern sich im Körper ab und blockieren bestimmte Muskel- und Organfunktionen.

ATEMÜBUNG

Wie atmest du? Halte inne und beobachte deinen Atem. Wie lange kannst du den Atem anhalten? Atme zwei- bis dreimal tief aus und ein. Halte nun die Luft an und beobachte, wie lange die Luft mit Leichtigkeit gehalten werden kann. Bei einem gesunden Erwachsenen beträgt die Zeit etwa 30 Sekunden.

Atmen ist Geben und Nehmen, ist lebensnotwendiger Austausch zwischen innen und außen. Wenn dieses Wechselverhältnis gestört wird, gerät der Mensch aus seinem Gleichgewicht. Natürliche Atemimpulse sind etwa Lachen, Gähnen, Niesen, Seufzen, Weinen, Husten, Singen oder Pfeifen. Von Herzen gähnen und lachen erfüllt alle Bedingungen einer guten Atem- und Stimmbildung und fördert die Achtsamkeit für den Körper.

Atemschulung kann als vorbeugende Medizin gelten. Wir können lernen, den Atem loszulassen, ihn geschehen zu lassen. Dabei liegt eine wesentliche Grundübung darin, das Ausatmen zuzulassen und es anfänglich sogar bewusst zu betonen. Der Atem kultiviert die Achtsamkeit für deine Intuition.

Der Atem kultiviert die Achtsamkeit für deine Intuition.

Manche hören unbewusst auf, tief zu atmen, um sich vor dem zu schützen, was ihnen Angst macht. Klassische Beispiele für diese Angst sind massive Veränderungen durch Krankheit oder unsichere Lebensumstände, erlebte Intrigen unter Kollegen oder Kolleginnen, Mobbing im Job oder in der Schule, ein bevorstehender Konkurs. Im persönlichen Bereich sind es Scheidungen, ein hohes Maß an Geringschätzung durch das engere Umfeld, psychischer oder physischer Missbrauch. Solche massiven Stressauslöser blockieren uns. Sie nehmen uns förmlich die Luft zum Atmen und das Gefühl für richtig oder falsch. Auf den Verlust der inneren Zentrierung, der inneren Mitte, folgt der Verlust des Vertrauens. Der Verstand möchte verstehen, weil er das, was er versteht, auch kontrollieren kann. Doch Kontrolle benötigt enorme Kraft und viel Energie. Wenn der Verstand die Kontrolle übernimmt, führt das auf lange Sicht zu Krankheiten, die Freude im

Andauernde Ignoranz des Fühlens führt dazu, dass der Körper reagiert.

und am Leben geht verloren. Es beginnt eine Spirale der Kraftlosigkeit, die bis zum totalen Zusammenbruch führen kann. Andauernde Ignoranz des Fühlens führt dazu, dass der Körper reagiert.

Zunächst sind es kleine Anzeichen, meist in Form von körperlichen Symptomen oder Krankheiten, zum Beispiel allgemeine Stresssymptome wie nervöse Gereiztheit, Bluthochdruck, Schlafstörungen und Allergien. Später sendet der Körper beharrliche, unübersehbare Stoppzeichen in Form von ernsten Krankheiten, Depressionen oder der Volkskrankheit Nummer eins, dem Burn-out.

Der Kopf benötigt dringend Ruhephasen. Durch tiefes und bewusstes Durchatmen finden wir Kräftigung und Erleichterung. Wir brauchen Erholung, Stille, Ruhe, Nichtstun und Entspannung., Yoga, Meditieren oder Wandern werden immer beliebter. Jeder hat schon einmal die erholsame Erfahrung nach einem Tag in der Natur erleben können.

Reine Kopfmenschen glauben nicht an die Wirksamkeit des Fühlens und an die intuitiven Kräfte. Sie sind überzeugt: Was nicht beweisbar ist, kann nicht sein, und halten die Fähigkeit, etwas intuitiv erfassen zu können, für esoterisch. Auch der Intuitionsforscher Gerd Gigerenzer, Direktor am Berliner Max-Planck-Institut für Bildungsforschung, bestätigt: *Die Überbewertung von analytischen Fakten, das heißt, von Entscheidungen, die allein auf nachvollziehbaren Gründen beruhen, führt dazu, dass viele Menschen sich immer mehr in einem Käfig von Angst und Befürchtung befinden.* Der Liedermacher Konstantin Wecker ist überzeugt, dass *Intuition uns Angst macht, denn wir sind eine kontrollsüchtige Gesellschaft.*

Die Physik gilt als die fundamentalste, klarste und valideste Wissenschaft, die es gibt. Die Quantenphysik beweist mittlerweile, welche Auswirkungen es hat, wenn wir aus tiefem inneren Spürbewusstsein unser Handeln und unser Bewusstsein ändern. Der deutsche Physiker und Biologe Ulrich

Warnke meint dazu: *Wir erklären mit der Quantenphysik alles, was rein physikalisch ist, mit der Quantenphilosophie als Geisteswissenschaft erklären wir auch, wie unsere Gedanken wirken.*

Denn Geist erschafft die Materie. 95 Prozent unseres Verhaltens ist das Ergebnis sozialer Programmierung. In den ersten sieben Lebensjahren speichern wir die Daten durch Beobachten allen Verhaltens, später laden wir nur mehr herunter. Das »fremde« Programm kontrolliert uns. Um bewusst zu handeln, benötigen wir unseren Zugang zur eigenen Intuition, sonst bestimmt das geprägte Programm alles. Nur so fühlen wir, was für uns stimmig ist und wir tatsächlich benötigen. Das, was wir fühlen, wird zu dem, was wir glauben können. Wenn wir innere erlernte Programme ändern und erkennen, was zu uns gehört und was nicht, können wir tatsächlich die Welt verändern.

Wenn wir innere erlernte Programme ändern und erkennen, was zu uns gehört und was nicht, können wir tatsächlich die Welt verändern.

Der positive Glaube führt zur Lösung, genauso wie der negative. Dieses Phänomen wurde ausreichend im Zusammenhang mit dem Placeboeffekt und dem Noceboeffekt untersucht und mit modernen Forschungsergebnissen dokumentiert. Dass Geist Materie verändert, ist auch für unsere Gesundheit ein zentrales Element. Geist steuert den Körper. Jegliche Biochemie, Elektronen, Ionen, Bionenteilchen und Photonen kann man mit seinem Geist verändern. Wenn wir das zulassen, kann eine völlige Veränderung stattfinden. Dieses Weltbild stärker zu integrieren, wäre auch für unsere Gesellschaft positiv. Es wäre ein Paradigmenwechsel. *Denn die Naturwissenschaft lehrt uns, dass nur das gilt, was messbar ist. Messergebnisse brauchen aber ein Bewusstsein, und dieser Geist wird ausgeschlossen. Wir können nicht wissen, dass alles mit Gedanken gesteuert wird und dieses Wissen ausschließen. Wissenschaft wird die Hierarchie des Geistes erkennen,* schreibt Ulrich Warnke.

Wer mehr über die Kraft der inneren Überzeugung und die Wissenschaft der Epigenetik wissen möchte, findet in meinem Buch *Die Intelligenz der Zellen* viele Impulse und Erkenntnisse.

Dazu ein Beispiel aus der Praxis in meinem *Mutmachinstitut*: Helga litt bereits seit 14 Monaten an Rückenproblemen, die sich in keinen medizinischen Zusammenhang bringen ließen. Ihre Schmerzen waren jedoch so stark, dass sie etwas unternehmen musste. Hunderte Euro investierte sie in alternative Methoden, die ihr nur wenig Erleichterung verschafften. Während der Verstand Tatsachen prüfte und abwog, bis auch der Kopf schmerzte, hatte ihre innere Stimme schon längst eine passende Lösung gefunden. Sie war seit 30 Jahren mit Fritz verheiratet. Die Ehe verlief ohne große Höhen und Tiefen, sie hatten sich aneinander gewöhnt. Jedoch wurden gewisse Gewohnheiten von Fritz für Helga so sehr zur Belastung, dass sie verzweifelte. An Trennung war nach so langer Zeit nicht zu denken, das ließen ihr Sicherheitsempfinden und ihre Konventionen nicht zu. Ihren Ärger und ihren Gram schluckte sie hinunter, bis ihr Körper sie förmlich zwang, dorthin zu schauen, wo es sie am meisten schmerzte: in ihre Seele! Sie lernte, darauf zu achten, was sie brauchte und was für sie besonders wichtig war. Dabei musste sie sich von alten, erlernten Glaubensprogrammen wie »Ich mache es anderen recht« verabschieden. Wir lösten und löschten hinderliche Prägungen und überarbeiteten so manche Bewertung aus ihrem Kopf. Ihrem Körper halfen kleinere Entlastungsrituale beim Entrümpeln, die ich mit ihr während unserer *Matrix-Coachings* durchführte. Sie übte sich darin, sich wertschätzend auszudrücken, sodass Fritz und sie entspannter miteinander umgehen konnten. Beide vermieden es, dem anderen unbewusst wehzutun. Helga fand durch bewusste Atemübungen wieder Zugang dazu, was für sie wichtig war, und lernte es auch zu formulieren. Mit der Zeit entdeckten beide wieder die »Glut unter der Asche« und ihre starken Rückenschmerzen verschwanden.

Das Wunder der Intuition

Die Intuition sagt in uns, was gut für uns ist. Sie ist wie ein spiritueller Guide, wie eine Art inneres Navigationssystem, das uns hilft, uns in allen Lebenssituationen leichter zu entscheiden. Der Neurobiologe, Arzt und Psychotherapeut Joachim Bauer meint: *Intuition ist eine biologische Resonanz, die in uns entsteht, ohne dass wir bewusst darüber nachdenken und ohne, dass wir das kontrollieren können. Wir haben sogenannte Spiegelnervenzellen, die in uns diese Resonanz auslösen.* Maßgebend bei der Wahrnehmung unserer Intuition ist, dass wir lernen, uns zu entspannen, und das am besten im sogenannten Alpha-Zustand. Alphawellen tauchen in relaxten Zuständen bei geschlossenen Augen auf. Dabei verlangsamt sich die Gehirntätigkeit und geht auf acht bis zwölf Hertz zurück, wie es zum Beispiel kurz vor dem Einschlafen, kurz vor dem Aufwachen oder beim Tagträumen stattfindet. Kennzeichnend für Alphawellen sind eine wohlige Entspannung, ruhiges, fließendes Denken, eine zuversichtliche Grundstimmung sowie ein Gefühl der Integration von Körper und Geist.

Vielleicht kennst du das auch: Die besten Ideen tauchen beim Duschen, beim Kochen oder bei der Bewegung in der Natur auf. Das passiert dann, wenn wir unsere Gedanken nicht auf ein Problem oder eine Frage richten. Das Gehirn und unser entspannter Zugang liefern uns Antworten. Intuition ist etwas, worüber man nicht nachdenken muss. Sie läuft automatisch ab. Ohne Denken sind wir frei für Intuition. Eine bewusst trainierte innere Führung mithilfe der Intuition bekommt immer höheren Stellenwert. Die Fülle an unterschiedlichen Informationen und komplexen Zusammenhängen, mit denen wir konfrontiert werden, getriggerte Ängste und Reglementierungen fordern uns auf, unser Gefühl für richtig und falsch auszubilden. Wir würden uns viele negative Erfahrungen ersparen, wenn wir unserer Intuition vertrauen. Die intuitiven Kräfte führen uns in allen Lebenslagen zweifellos, wenn wir uns führen lassen. Und wir würden dem Zufall eine Chance geben.

Wenn du Beschleunigung willst, bleib klar und offen, um die Hinweise zu erkennen, sobald sie auftauchen. Die Welt der Intuition kann uns dazu bringen, gewohnte Muster zu brechen. Sie erhöht unsere Bereitschaft, Risiken einzugehen, über die unsere Vernunft nur laut aufschreien würde. Unser logischer Verstand stellt sich immer wieder fürchterlich an, weil er Angst hat. Wann immer Sätze wie »Ich kann das nicht tun«, »Das ergibt keinen Sinn« oder »Das ist nicht möglich oder machbar« in dir auftauchen, solltest du hellhörig werden. Sie sind ein Schlüssel, um offener für Signale deiner Intuition zu werden. Du solltest also aufmerksam werden, wenn sich in dir etwas gegen eine Sache sträubt.

Das Leben schenkt uns so viele Zeichen, denen wir folgen könnten. Wenn wir spontan, aus unserer Intuition heraus handeln, erleben wir sehr oft Freude und erfahren Positives. Wir brauchen nur wieder zu lernen, hinzuschauen und die Symbole der Leichtigkeit und der Freude wahrzunehmen. Ein untrügliches Zeichen dafür, dass etwas für uns passt, sind Glücksgefühle, Erleichterung und Spaß, die hinter einer Entscheidung oder einer Handlung stehen. Fehlt die innere Freude, ist der Motivator für das Handeln eher der Verstand, die Vernunft oder das Ego. Fakten sammeln, ein Abwiegen, bis der Kopf schwirrt, sind Zeichen des Verstandes. Das Herz prüft, wiegt ab und kennt längst eine Lösung. Wir müssen nur ler-

Nicht der Verstand formt unser Leben, sondern das Herz!

nen, darauf zu hören! Nicht der Verstand formt unser Leben, sondern das Herz!

Das intuitive, energetische Herz ist das, was die Menschen im Lauf der Geschichte auch mit ihrer »inneren Stimme« assoziiert haben. Es stellt dem Gehirn und dem Verstand einen stetigen Zufluss an Informationen zur Verfügung. In den meisten Fällen nutzen wir nur einen kleinen Prozentsatz, weil unser Ego anders wählt. Tiefe Gefühle während Zeiten des Umbruchs oder bei Veränderungen wollen sortiert werden. Partner dieser Gefühle ist das Herz. Es prüft, filtert, mixt Erfahrungen und Werte zusammen und stärkt die Intuition mit jener Sicherheit, die zu einer Stabilität und einer klaren Entscheidung führt. Doch wenn wir uns immer an unsere innerste Überzeugung klammern, statt die Kontrolle und die Angst aufzugeben, werden wir unglücklich und depressiv. Wen wundert es gegenwärtig, dass wir manchmal nur noch müde sind? Öffne dein Herz für das Fühlen, nur so kann Klarheit entstehen! Das Bauchgefühl hat keine Chance, wahrgenommen zu werden, wenn der Kopf voll und das Herz verschlossen ist. Das Herz prüft die Signale der Intuition und leitet sie nach oben zum Gehirn weiter. Der Intellekt braucht Beweise, weshalb wir etwas tun! Wenn die Stimme des Verstandes unsere Entscheidungen übernimmt, entledigen wir uns des natürlichen Herz- und Bauchgefühls und verbiegen uns für etwas, was nicht mit unserem Innersten übereinstimmt, weil wir meinen, es muss so sein. Wir verringern unsere Freudeenergie, weil wir den Zufälligkeiten keine Chance geben.

Das Bauchgefühl hat keine Chance, wahrgenommen zu werden, wenn der Kopf voll und das Herz verschlossen ist.

Kürzlich erzählte mir ein Freund, dass er sich zu einer Entscheidung durchgerungen hätte. Er habe einen Job, von dem er meinte, sein Herz und sein Glück würden davon abhängen, abgesagt. Zuerst wollte er ihn unbedingt. Danach hatte er jedoch lange Zeit mit Schwierigkeiten zu kämpfen. Missglückte Termine, Hindernisse, Erschwernisse, dann wieder Absagen. Alles deutete auf ein Nein hin. Doch er wollte dieses Nein nicht akzeptieren, denn für ihn hingen Einkommen und Prestige davon ab. Erst nach langen und oftmaligen Versuchen gewannen seine tiefe innere Stimme und sein Herz. Als er sich nun endlich dagegen entscheiden konnte, spürte er die Erleichterung. »Wofür tue ich mir das an?«, meinte er. »Lieber genieße ich die Tage und die Zweisamkeit. Wer weiß, wie lange ich das noch tun kann!« Tatsächlich begann er nach dieser Entscheidung wieder aufzublühen. Fröhlichkeit und Heiterkeit fanden in seinem Herzen wieder jenen Platz, den er schon lange vermisst hatte. Heute sagt er lächelnd: »Ich bin einer Illusion nachgerannt! Doch dies zu erkennen, dauerte fast zwei Jahre.«

Ein anderer Klient benötigte viel Mut, um eine gut bezahlte Funktion innerhalb einer Organisation aufzugeben. Sein Körper sendete unermüdlich Signale wie Müdigkeit, ständige Infektionen, Schmerzen an unterschiedlichen Körperstellen, Verspannungen. Sein Gefühl, nicht am richtigen Platz zu sein, ignorierte er. Mühsam kämpfte er weiter, in der Hoffnung, dass es besser werden würde. Sein gutes Gehalt nannte er in »Schmerzensgeld« um, damit er sein Unglück leichter ertragen konnte. Bis er es nicht mehr aushielt und endlich seine Gefühle akzeptieren lernte. Im inneren Dialog und mithilfe von Coachingfragen konnte er eine Entscheidung für sich selbst und gegen den Job treffen. Allen Versagensängsten, Verlustsorgen und Blockaden zum Trotz. Ich höre immer noch sein erleichtertes Lachen und seine Worte: »Danke, es fühlt sich noch immer sehr gut an. Ich merke, wie jetzt die Anspannung der vergangenen Wochen und Monate von mir abfällt und ich erleichtert bin.«

Mit den eigenen Begehrlichkeiten zwingen wir das Leben, so zu funktionieren, wie wir es uns vorstellen. Doch sehr häufig entwickelt sich das Leben dann anders, als wir es uns denken. Ohne intensiven Wollen, also im Loslassen, können wir die Gelegenheiten wahrnehmen und uns beschenken lassen. Damit ist nicht gemeint, keine Wünsche mehr haben zu dürfen, nein, gemeint ist, das unbedingte Wollen gegen wache Neugierde und die wahren Bedürfnissen zu tauschen. Gemeint ist die Rückkehr zu unserer eigenen Natur. Geradezu spielerisch finden wir dann bei so vielen Anlässen unsere Gelegenheiten, die unseren Wünschen dienen. Es geht nur darum, wach und bei sich zu sein! Die Chance, mehr sich selbst zu hören, hat jeder. Aber wie beim Sport geht auch bei der Intuition nichts ohne Training. Menschen, denen alles gelingt, haben nicht nur einfach Glück, sie sind meist geübte Meister des intuitiven Gesprächs. Sie haben gelernt, wie man abschaltet und sich so auf die Mitteilungen aus dem Bauch zu konzentrieren. Wenn wir beginnen, diese Quelle der Weisheit zu nutzen, müssen wir nie mehr zweifeln, denn unsere innere Stimme ist wie ein Seismograf, der uns sagt, was gut für uns ist. Je mehr wir auf unsere innere Stimme hören, fühlen, was wirklich ist, desto mehr fügt sich ein Mosaiksteinchen zum anderen und wir gewinnen an Lebenskraft. Tun wir es nicht, fühlt sich das Leben normalerweise sehr anstrengend an. Der Benediktinermönch und Autor Anselm Grün ist der Ansicht: *Die Krankheit unserer Zeit ist die Beziehungslosigkeit. Viele Menschen sind nicht in Beziehung zu sich selbst, zu den Dingen, nicht in Beziehung zu Gott. Intuition meint nach innen schauen, meint Beziehung aufnehmen zu mir selbst und zum anderen, in seine Seele hineinschauen, spüren, was er ist und was er braucht, sodass etwas fließt zwischen uns.* Intuition ist die Wahrnehmung außerhalb des konditionierten Verstandes.

Unsere innere Stimme ist wie ein Seismograf, der uns sagt, was gut für uns ist.

Mein persönlicher Zugang zur inneren Führung heilte nach meinem Unfall fast genauso langsam wie die Verletzungen. Die inneren Programme, mich den medizinischen oder therapeutischen Maßnahmen blind anzuvertrauen, waren stärker. Verwundungen der Seele und erlernte Verhaltensprogramme werden zu dicken Schutzpanzern, die uns hindern, auf das Gefühl zu zählen. Stattdessen folgte ich mehr dem Verstand, doch der war nach all den schmerzvollen Erlebnissen blockiert. Ich hatte meinen Zugang zum erlernten Wissen verloren. Anfangs irrte ich intellektuell herum und überhörte die zarte Stimme des Ichs. Was ich mir alles erspart hätte, darüber will ich gar nicht nachdenken, denn letztlich weiß ich, dass mich das Leben beschenkt hat. Ich bin überzeugt, dass erst durch meinen schweren Unfall, die damit verbundenen Schmerzen und die mühevollen Schritte zurück ein anderes Leben für mich möglich wurde. Ich bin nicht mehr derselbe Mensch wie früher. Mein Geschenk: Die Gabe meiner hohen Intuition, Hellfühligkeit und Hellsichtigkeit, die ich schon als Kind besessen hatte, wurde aktiver denn je. Durch den massiven Einschnitt meines Unfalls erlaubte ich, sie wieder freizulegen und mich auf sie zu verlassen. Meine innere Klarheit wuchs, als ich meiner seelischen Ratgeberin gestattete, bei meiner Heilung mitzuwirken. Behandlungen wurden für mich passender und richtiger, Medikamente besser aufgenommen. Ich probierte neue Dinge aus. Manche Impulse führten mich zu großartigen Ergebnissen, die selbst die behandelnden Ärzte überraschten. Sie stärkten und leiteten mich bei meiner Heilung und spornten mich zu neuen mutigen Wegen an. Dazu findest du in Kapitel 2 einige Beispiele.

Über Intuition, Inspiration und Herzintelligenz®

Wer sich für die innere Führung öffnet, wird mit drei zentralen Impulsen versorgt. Der häufigste Impuls kommt aus dem berühmten *Bauchgefühl*, wir nennen es die *Intuition*. Wir haben im Bauch auch jene Emotionen gespeichert, die wir im Lauf des Lebens durchlebt haben. Angst sitzt im Bauch. Das bedeutet auch, die dort aufbewahrten Erfahrungen wahrzunehmen. Bei manchen Entscheidungen bleiben die intuitiven Kräfte schwankend. Wir zaudern und sind uns nicht sicher. Diese Komplexität braucht in erster Linie Übung in Zentrierung und Ruhe.

Der Körper würde gerne mit uns ins Gespräch kommen, es ist nur erforderlich, seine Ausdrucksweise zu verstehen. Die größte Herausforderung liegt dabei darin, sämtliche Emotionen, die wir uns unbewusst vom Leib halten wollen, anzunehmen, ohne sie zu bewerten. Denn Ignoranz ist die Wurzel von allem. Scham, Angst, Neid, Wut, Zorn und Unsicherheit sind nur einige der Gefühle, die sich über Symptome ausdrücken. Statt sich damit zu beschäftigen, wie wir die körperlichen Anzeichen bekämpfen, haben wir die Erlaubnis, sie liebevoll einladen, sie verstehen zu lernen und uns mit ihnen auszusöhnen. Wenn wir die Emotionen verändern, entsteht Entspannung. Das heißt: ein Ende der Spannung. In diesem Augenblick begibt sich der Körper in den kohärenten Zustand. Die Information, Energie, Lebenskraft und Nährstoffe fließen besser durch unser gesamtes Körpersystem, wenn die Nerven entspannt sind. Wir verstehen die Signale des Körpers und entschlüsseln die intuitiven Wahrnehmungen: Worauf bemüht sich der Körper hinzuweisen? Am einfachsten finden wir Zugang, wenn wir uns zu Beginn Ja-Nein-Fragen stellen. Die Antworten sind dann leichter verständlich. Wir werden sicherer, wenn wir unentschlossen sind.

In Kapitel 2 findest du Fragen, die dir helfen, Gelassenheit und Entspannung zu entwickeln. Zusätzlich kannst du

Wenn sich etwas angenehm anfühlt, handeln wir danach. Das Herz ist der Kompass für Sinn.

die bereits benannte Verbindung über Atmen, Meditation, Yoga oder Zentrierungsübungen intensivieren. So öffnet sich der Zugang zu dir selbst und zu deiner Intuition.

Die Herzintelligenz® steht mit unserer Eigenliebe und dem Gefühl des Authentisch-Seins in Verbindung. Wenn sich etwas angenehm anfühlt, handeln wir danach. Das Herz ist der Kompass für Sinn. Wir fühlen dort Freude, Liebe und Vertrauen genauso wie Schmerz und Kränkung. Das Herz ist demnach ein Kompass für die Richtung, die uns am Herzen liegt. In stillen Momenten hören wir die Stimme des Herzens in uns.

Das Herz selbst ist nur ein Muskel. Doch es besteht aus denselben Neuronen wie das Gehirn. Es erzeugt ein kräftiges elektromagnetisches Feld und kommuniziert mit allen Organen in unserem Körper. Im Besonderen aber mit unserem Gehirn. Das Gehirn dient dem Herz. Es nimmt die Signale vom Herzen auf, verarbeitet sie zu Bildern und signalisiert dem Körper, welche Botenstoffe und Biochemie es erzeugen soll. Das Herz hat die Funktion eines Dolmetschers für das Bauchgefühl. Es gibt alle Informationen, vor allem Emotionen, weiter, die wir zum jeweiligen Zeitpunkt empfinden. Dies geschieht über elektromagnetische Schwingungen und Wellen, die stärker sind als jene, die über Gehirnwellen ausgesendet werden. Zum Beispiel fühlen wir Spannungen im Raum, können denken, aber nicht fühlen. Genaueres zur Intelligenz des Herzens findest du in Kapitel 3.

Das Herz leitet unser Erwachen und emotionales Wachsen ein. Mit einer weiten, offenen Herzensenergie formen sich die Gefühle der Freude, Dankbarkeit, Leichtigkeit, Respekt und Wertschätzung für sich selbst und für andere leichter. Alle diese Qualitäten sind der Bindung zugehörig, und sie sind, wie ich sie nenne, die *Kinder der Liebe.*

Wie offen ist dein Herz für Vergebung und Dankbarkeit? Gelingt es dir, offenherzig mit dir und anderen zu sein? Handelst du nach der Weisheit deines Herzens? Fühlst du, was noch nach Versöhnung, Vergebung oder Entwirrung ruft?

Ein ausbalanciertes, weises Herz zu entwickeln, das einen klaren Auftrag an das Gehirn sendet, ist das Ziel unserer Zeit. Die elektromagnetische Signatur, die aus dem Herz-Gehirn zusammen entsteht, wirkt in uns und auf andere. So verbunden mit uns selbst, entscheiden wir uns mehr für das Sein als für das Haben. Denn wer in seinem Herzen von Wertschätzung, Respekt und Freude erfüllt ist, braucht meist weniger Besitz und Anerkennung. Aus besagtem Kraftfeld entsteht das Wir, das Kollektiv, die Gemeinschaft, was in diesen Zeiten entscheidend ist. Mit der Herzintelligenz® sind wir in der Lage, die Welt zu verändern, weil wir mit ihr lernen, nicht nur als Ich zu handeln, sondern Gemeinschaft und Kooperation mit einzubeziehen.

Wenn wir die Bereitschaft nähren, das Herz offen zu halten, erkennen wir, wo unsere Zufriedenheit liegt. Wir fühlen im Herzen Druck, wenn wir unsere Gefühle übergehen. Wir sagen zum Beispiel »Es bricht mir das Herz«, wenn eigene Empfinden nicht respektiert oder erwidert werden. Daher ermutige ich dich, dich auf dein Spürbewusstsein einzulassen, zu fühlen, was tief in dir ruft, es achtsam wahrzunehmen, zu respektieren und vor allen danach zu handeln.

Es ist unumgänglich, Veränderungen zuerst im Herzen stattfinden zu lassen, sie zu fühlen und sich danach die Bilder im Gehirn auszumalen. Das Bewusstsein und die Energie im ganzen Körper verändern sich. Das eigene Empfinden erhöht die Frequenz und sendet sie als Schwingung nach außen. Es setzt einen Magnetismus in Gang, der Lösungen möglich werden lässt.

Je mehr wir in einen entspannten Zustand bleiben, desto kraftvoller beginnen die Inspirationen, die Eingebungen aus dem großen transrationalen Feld in Gang zu kommen. Wir werden kreativer und erfinderischer und sind nicht mehr von Sorgen und Ängsten gefangen gehalten. Wenn wir lernen, die Botschaften des Herzens und der Intuition zu hören, uns auf das Flüstern im Inneren einstimmen, eröffnen sich ungeahnte Möglichkeiten. Eigene Entscheidungen und Beschlüsse werden nicht mehr von Leitsätzen wie »Das macht man so, das muss so sein!« gesteuert, sondern von einem Gefühl des »Ich will es so tun!« oder »Es fühlt sich vollkommen an!«.

Intuition ist wie eine Katze: Sie kommt nicht auf Befehl!

Laden wir Bewusstes und Unbewusstes zum Dialog ein, fliegt uns das Glück zu. Es setzt das Gesetz der Resonanz in Gang. Wir ziehen an, was wir fühlen, weil unsere Schwingung zu dem, was uns am Herzen liegt, passt. Das stärkt das Selbstbewusstsein und lässt uns vor Glück und Lebensfreude erstrahlen. Das einzig Wichtige ist, die Intuition zu trainieren, denn Intuition ist wie eine Katze: Sie kommt nicht auf Befehl!

Mit verschiedenen Übungen kannst du deine Intuition trainieren.

SCHREIBÜBUNG: Drei Fragen zu deinen Stärken und Schwächen

Schreibe zu folgenden Fragen einen Text, ohne eingehend darüber nachzudenken:

- Was mache ich großartig?
- Welche meiner Stärken setze ich in meinem Leben gut um?
- Welche Schwächen möchte ich loswerden?

Diese Übung macht dich sensibler für deine Gedanken und deine innere Stimme. Schreibe auf, was dir spontan in den Sinn kommt! Nimm dir für jede Frage etwa fünf Minuten Zeit. Lies den Text noch einmal durch und markiere alle Aussagen, die positiv sind. Welche Gedanken sind stärker? Positive oder negative?

Erweitere deine Vorstellungen durch Schreiben. Notizen öffnen dich für Inspiration und erleichtern Schwermut. Die Psychologen wissen: Depression ist die Verengung der Gedanken. Indem du Empfindungen zu Papier bringst, ordnet sich vieles und du kommst Ressourcen und Möglichkeiten auf die Spur. Es macht den Kopf frei, wenn du deine Gedanken zu Papier bringst, und beruhigt die vielen verschiedenen inneren Stimmen. Würdige selbst kleinste positive Momente und schreibe sie auf. Nach dem Gesetz der Anziehung wird das, womit wir uns beschäftigen, zur Realität.

Meine wunderbarsten Erfahrungen erreiche ich, wenn ich das Blatt Papier statt im Hochformat im Querformat hinlege und in der Mitte des Blattes nur je eine Frage auf ein Blatt notiere. Dabei überliste ich mein Gehirn, das ansonsten chronologisch und Schritt für Schritt aufschreibt und lasse alle Gedanken in Form eines Mindmaps zu Papier fließen. Mindmaps sind eine ausgezeichnete Möglichkeit, kreativer über Bedeutsames nachzudenken.

SCHREIBÜBUNG:
Meine Freuden, meine Ärgernisse

Lege eine Liste oder eine Mindmap an, auf der du *Erfreuliches und Ärgerliches* regelmäßig ergänzt. Notiere deine Erfahrungen und prüfe nach einiger Zeit, worauf deine Aufmerksamkeit stärker liegt.
Variation: Lege eine *Wunschliste*, eine *Liste der schönen Dinge* oder *eine Ideenliste* an.

Schreiben ist Denken auf Papier! Es ist eine Form, Ideen zu materialisieren und setzt andere Bereiche im Gehirn frei. Beim Schreiben und Lesen werden Gedanken klarer. Du lernst mehr und mehr, die schönen Dinge des Lebens zu sehen und dich zu fokussieren. Dazu findest du in Kapitel 4 noch viele weitere Übungen.

Schreiben ist Denken auf Papier!

Wer seiner inneren Stimme vertraut, wird gelassener, weil sich die Angst zurückzieht und sich das Gefühl verstärkt, dass man im Leben, trotz allem, was war und ist, gut aufgehoben ist. Wir können mithilfe der eigenen inneren Stimme unsere Ich-Bezogenheit hinter uns lassen und uns von der Fixierung befreien, wie etwas oder jemand zu sein hat. Die fieberhafte Suche nach Selbstbestätigung hört auf. Wir öffnen uns für die Fülle an Möglichkeiten, die wir im Augenblick noch nicht sehen, aber vielleicht erahnen.

Wir Menschen haben mehrere Bewertungssysteme. Genauso, wie wir zwei Augen, unsere Sinne und unsere Intelligenz haben, besitzen wir die Herzintelligenz®, die Intuition und die Inspiration. Vielleicht entwickeln wir über unsere Herzstimme noch andere Fähigkeiten der Wahrnehmung.

Seit wir die Wissenschaften zu unserer neuen Religion erklärt haben, drücken wir uns mehr mit unserem Verstand aus und weniger über unsere Herzenskraft. Religionen bieten den meisten keinen Halt mehr. Viele suchen Halt, indem sie Wissen anhäufen. Esoterik ist für einige ein rotes Tuch, Spiritualität ist noch immer ein Thema, das nicht für alle passt. Durch die Suche nach Halt an völlig falschen Orten haben wir uns selbst einer Kraft enthoben, die eine starke Quelle darstellt, aus der wir uns nähren könnten. Jeder und jede verfügt über die Intuition, die es ermöglicht, *selbst* zu formulieren, welche Wirklichkeit man hinter den Kulissen erkennt. Intuition ist die Wahrnehmung außerhalb des konditionierten Verstandes. Lassen wir sie in den Alltag, in den Beruf und in die Wissenschaften stärker einfließen.

Durch die Suche nach Halt an völlig falschen Orten haben wir uns selbst einer Kraft enthoben, die eine starke Quelle darstellt, aus der wir uns nähren könnten.

Das Neue kann nur durch Intuition kommen, davon ist der österreichische Quantenphysiker Anton Zeilinger überzeugt. Neu ist auch die Weltsicht der modernen Wissenschaften: Nach unserer gewohnten Weltsicht gibt es eine Wirklichkeit unabhängig von uns. In der modernen Physik erscheint Wirklichkeit als Konstruktion unseres Bewusstseins. Wir selbst sind Mitgestalter unserer Wirklichkeit.

Wir alle sehnen uns nach einer harmonischen Welt, nach einem menschlichen Miteinander in allen Lebensbereichen. Intuitiv weiß das jeder. Wie können wir die Vision einer lebenswerten Welt Wirklichkeit werden lassen? *Die Menschen müssen wieder Zugang zu sich selbst finden, intuitiv spüren, was sie ursprünglich einmal wollten, und dann gelingt es,* sagt der Hirnforscher Professor Gerald Hüther.

Wie ich vom Opfer zur Glückssucherin wurde

Meine größte Herausforderung lag im Annehmen und Akzeptieren des Geschehenen. Immer wieder wollte sich mein Ego in den Vordergrund rücken und sich als hilfloses Opfer betrachten. Die eigene Identität zu verlieren, ist wohl eine der tiefsten Erfahrungen, die Menschen machen können. Es schien mir, als würde eine Geschichte, nämlich meine Vergangenheit, einfach wegfallen und in mir nichts als Gegenwart hinterlassen. Eine Gegenwart, die ernst, schmerzlich und zerbrechlich ist. Mein Körper und mein Gedächtnis waren schwer gezeichnet. An Zukunft war nicht zu denken, denn die war in den damals erlebten Momenten noch sehr ungewiss.

Ich fühlte mich in der Firma gemobbt, unverstanden und als traurige Geschädigte von Machtkämpfen. Der Unfall riss mich aus diesen Verstrickungen und aus meiner inneren Unordnung und ließ mich in einem Schockzustand zurück. Einfach aus dem Nichts passierte all das. Ich litt Höllenschmerzen, ja, ich sehnte mich danach, endlich ohne Schmerzen im Krankenbett zu liegen, mich wenigstens zur Seite drehen zu können oder fähig zu sein, mich aufzusetzen. Doch unglücklich oder depressiv fühlte ich mich dabei nicht. Auch nicht an meinen heftigsten Schmerztagen, an denen die Ärztinnen und Ärzte resigniert noch stärkere Schmerzmittel suchten, um die zertrümmerten Knochen, die inneren Verletzungen und den einsetzenden Phantomschmerz der fehlenden Finger erträglicher zu machen. Damals konnte ich sechs Wochen lang nur starr auf dem Rücken liegen und musste von den Pflegerinnen mit einem Tuch bewegt werden, um nicht wundzuliegen. Statt mich als armes, leidendes Opfer zu sehen, malte ich mir in meinem Kopf Bilder aus, wie ich wieder ganz normal leben würde. Ich sah mich in der Zukunft, tanzend, vital, fit und ohne Behinderung.

Die prognostizierte Zukunft schien zwar unsicher und ungewiss, aber ich ließ mich nicht beirren und glaubte an ein »normal bewegliches« Leben. Viel später erkannte ich, welche wirkungsvollen mentalen Techniken ich unbewusst angewendet hatte.

Haben wir uns nicht alle schon einmal als armes Opfer der Umstände gefühlt? Ergeht es dir vielleicht in diesem Moment genauso?

Die Ursachen allen Leidens sind nicht körperlich, sondern hängen damit zusammen, was wir denken und glauben. Die modernen Wissenschaften, die Schmerzmedizin, Forschungen der Epigenetik und der Neuroplastizität sind zur Erkenntnis gekommen, dass eine feste Absicht, eine Intention und innere Bilder die Energie für eine Heilung beschleunigen können. Die Ausschüttung der nötigen Hormone und der biochemischen Substanzen beeinflussen die Heilung, und selbst die Nebenwirkungen von Chemotherapien werden laut aktuellen Forschungsergebnissen mithilfe innerer Vorstellungen markant gemildert. Die Placeboforschung hat dazu unzählige Beweise. Schon der intensive Gedanke an ein Erleben, das wir erreichen wollen, bringt das Gehirn in den gleichen Zustand wie das tatsächliche Tun oder Handeln. Psyche und Schmerz sind untrennbar miteinander verbunden.

Durch die Brille der anerzogenen und eigenen Werte sehen wir alles, was wir erleben. Wir bewerten über diese Erfahrungen und Prägungen jede Situation.

MEDITATIONSÜBUNG: Stelle dein Problem infrage und es wird dir gezeigt!

Es gibt Wege, wie wir uns trotz Schmerz weitgehend von eigenen inneren Bewertungen lösen. Die bekannte amerikanische Bestsellerautorin Byron Katie entwickelte eine Methode, die uns durch Meditation zu vier bestimmten Fragen, inneres Zuhören und Hinfühlen hilft, Bewertungen aufzuspüren. Sie meint: Stelle dein Problem infrage und es wird dir gezeigt. Es ist ganz einfach! Frage dich:

1. Ist das wahr?
2. Kannst du mit absoluter Sicherheit wissen, dass das wahr ist?
3. Was passiert, wenn du diesen Gedanken glaubst?
4. Wer wärst du ohne den Gedanken?

Byron Katie empfiehlt: Schließe deine Augen und beobachte, wie du dich verhältst. Wie reagierst du? Was siehst du vor deinem geistigen Auge? Beachte deine Emotionen, wenn du an dein Problem denkst. Stelle dir dich selbst ohne diesen Gedanken vor. Erzeuge dein Zukunftsbild ohne deinen bewertenden Gedanken. Was fühlst du?

Drehe deine Gedanken um! Anstatt zu sagen »Ich kann es nicht tun« oder »Ich bin es nicht wert« ändere ihn in »Ich kann es tun« und »Ich bin es wert«. Verwandle die Sätze in wertfreie Sätze. Was lösen diese neuen Sätze in dir aus? Spüre, wie sich dieser neue Glaube für dich anfühlt. Probiere verschiedene neue Sätze aus, um diejenigen zu finden, die für dich passen. Meist erkennen wir jetzt: ohne Urteile kein Schmerz.

Wer aus der Opferrolle aussteigt und sich auf die Lösung, den Wunsch oder »das Wunder« konzentriert, unterstützt seine Heilung. Der Versuch, das Erlebte auszusperren oder in der Opferrolle zu verbleiben, funktioniert nicht für ein glückliches Leben. Unsere Zukunft hängt von unserem Geisteszustand ab. Es ist nur ein inneres Bild, eine Vorstellung, an das wir glauben. Meine Zauberformel, die ich in mir wie ein Mantra ständig rezitierte, lautete: »Alles ist gut!« oder »Alles hat seine Richtigkeit!«. Ich blieb dabei. Auch dann, als meine Phantomschmerzen fast unerträglich waren. Selbst dann, wenn ich mich gequält an den Spiegel setzte und die Methode der Spiegeltherapie für meine linke Hand übte, legte ich meine gesamte Aufmerksamkeit auf »Alles ist gut!«. Mehr zur Spiegeltherapie erfährst du in Kapitel 2. Sogar dann, wenn das Gegenteil der Fall war, mich Schmerzen quälten und ich das Gefühl hatte, meine Finger würden bei vollem Bewusstsein abgetrennt. Mehr und mehr erkannte ich: Immer, wenn ich mir »Alles ist gut!« einflüsterte, verlor der Schmerz seine Heftigkeit. Ich beschloss, das darin enthaltene Geschenk, die Kostbarkeit und die auferlegte Aufgabe zu suchen, die mir das Leben in diesem Moment auftrug. Was hatte ich in all den Situationen übersehen? Was gab es für mich zu lernen? Meine Seele hatte scheinbar eine Kurskorrektur vorgenommen, deren Richtung ich zu jenem Zeitpunkt leider nicht kannte.

Die amerikanische Autorin Kim McMillen verfasste einen wunderbaren Text über die Selbstliebe, der in dem Buch *When I Loved Myself Enough* veröffentlich wurde. Diesen Text liebe ich besonders und zitiere hier einen Auszug in deutscher Übersetzung:

Und als ich mich selbst zu lieben begann, habe ich verstanden, dass ich immer und bei jeder Gelegenheit, zur richtigen Zeit am richtigen Ort bin und dass alles, was geschieht, richtig ist – von da an konnte ich ruhig sein. Heute weiß ich, dieses Gefühl nennt man Vertrauen.

Als ich mich selbst zu lieben begann, konnte ich erkennen, dass emotionaler Schmerz und Leid nur Warnungen für mich sind, nicht gegen meine Wahrheit zu leben. Heute weiß ich, man nennt es authentisch sein.

Als ich mich selbst zu lieben begann, habe ich aufgehört, mich nach einem anderen Leben zu sehnen und konnte sehen, dass alles um mich herum eine Aufforderung zum Wachsen war. Heute weiß ich, das nennt man Reife.

Mir würde es nicht gelingen, diese Einsichten mit so berührenden Worten auszudrücken, doch ich verstehe: Das heißt Leben! Leben, das auf individuelle Art gelebt wird, einzigartig und unverwechselbar. Manchmal bewegt sich das Leben laut, gewaltig und furchterregend. Manchmal lieblich, weich und flüsternd. Aber es bewegt sich immer. Es ist lebendig und mit dem Verstand nicht auszumachen. Nur unsere Bewertungen machen daraus gute oder schlechte Erfahrungen.

KAPITEL 2

Heilen mit der Kraft der Gedanken

Bis Mitte der 1990er-Jahre wussten die Wissenschaftler wenig über unser Gehirn. Man meinte damals, dass einmal gebildete Denk- und Verhaltensstrukturen ein Leben lang erhalten bleiben. Die bildgebenden Verfahren der Computertomografie brachten allerdings eine Menge neuer Erkenntnisse. Forscher fanden heraus, dass grundlegende Veränderungen im Gehirn immer, sogar bis ins hohe Alter, möglich sind. Man sollte sein Gehirn nur anders benutzen beziehungsweise unterschiedlich »verschalten«, also verändert denken. Vor allem aber sollte man etwas Neues mit Begeisterung durchführen oder es sich zumindest vorstellen. Das gestaltete nicht nur die Mittel der Medizin um, sondern eröffnete allen undenkbare Möglichkeiten. Aus meiner Sicht wissen zu wenige Menschen, dass es stark an ihnen selbst liegt, ihr volles Gehirnpotenzial zu nutzen. Das heißt, Glück und Gesundheit kann jeder für sich herbeiführen!

Dieter Broers, ein deutscher Biophysiker und Schriftsteller, zitierte in einem Interview den Satz *Wir sind Riesen, denen man eingeredet hat, sie seien Zwerge*, und spielte damit auf unsere großen mentalen Ressourcen an, die wir noch viel zu wenig zu nutzen wissen. Ich entdeckte dieses Potenzial über den Umweg meines Unfalls. Sogar mehr als das: Die Erkenntnisse halfen mir, meinen Körper zu regenerieren und gestattete mir, ihn wieder zu verwenden. Das Verständnis der Zusammenhänge veränderte mein alltägliches Leben und ich erkannte die Wurzel allen Leidens. Unser Denken und das eigene Erleben sind eng miteinander verwoben. Je mehr wir die alten Konditionierungen wie familiäre Prägungen, einschränkende Glaubensmuster oder ausgebildete Bewertungen vermeiden, desto erfüllter empfinden wir unser Leben.

Das Wissen über die Funktionsweise unseres Gehirns und die Verbindung von Körper, Geist und Seele erleichtern die Bewältigung von Belastungen und Krankheiten. Festhalten an negativen Erwartungen löst Angst aus und blockiert die Möglichkeit, im Denkorgan kreative Lösungen zu entwickeln. Die drei wichtigsten Grundpfeiler für körperliche und psychische Heilung sind daher:

- Aussteigen aus der Opferhaltung und Vertrauen in die eigenen Fähigkeiten entwickeln!
- Die grauen Zellen durch positive innere Bilder neu formen. Weg vom Problemdenken, hin zu Lösungsbildern!
- Meditieren und Imaginieren lernen! Geist erzeugt die Wirklichkeit und unser Erleben der Realität.

Gelassenheit geht vom Kopf in den Körper

Der Körper ist nicht losgelöst von unserem Geist. Zufriedenheit und Glück sind Ergebnisse eines harmonischen Zusammenspiels von Herz, Bauchgefühl und Verstand. Menschen, die diese Balance in sich tragen, strahlen Ruhe und Frieden aus. In der Zeit meiner Regeneration schien mein inneres Bewertungssystem einen Konflikt auszutragen. Während der

Verstand Fragen stellte, sendete mein Bauch unaufhörlich unterschiedliche Signale und Gefühle. »Ich hatte einen Unfall, habe keine Erinnerung mehr daran und bin schwer verletzt«, lautete die simpelste Aussage in meinem Kopf. »Drei Finger verloren, der Arm zertrümmert, entstellt und beinahe amputiert, bleibende körperliche Behinderungen. Kannst du darin auch einen Sinn sehen?«, fragte mein ängstlicher Verstand. Wir funktionieren nicht abgetrennt von derartigen Gedanken. Verborgener Stress wie dieser wirkt. Er kann sogar unser Leben beherrschen. Nur ein unbestimmtes diffuses Gefühl tief in meinem Herzen ermutigte mich, weniger auf meine Ratio zu hören. Was passiert ist, ist passiert. Diese innere Stimme flüsterte mir beständig zu, den Kampf aufzugeben und nicht immerzu nach Antworten zu suchen. Trotzdem plagten mich Selbstvorwürfe, Selbstbeschuldigungen und beharrliche Warum-Fragen.

Angesichts solcher Umstände sind Angst, Wut, Hilflosigkeit oder gar Panik und Depression naheliegende Emotionen und vielleicht sogar »normal«, tröstete ich mich. Jedoch deuteten meine starken, wiederkehrenden Empfindungen auf meine verborgenen Schattenseiten hin. Es beschäftigte mich, wie Menschen in Ausnahmesituationen in der Lage sind, souverän und handlungsfähig zu bleiben. Der spirituelle Lehrer Jeff Foster meinte in seinem Buch *Eine außergewöhnliche Abwesenheit*, dass alles Leiden eine Variation von *niemals genug* sei und uns von der Lebendigkeit und vom Selbst trennt. Diese Idee, dieser Mangel, traf mich mitten ins Herz und spornte mich an, nach meinem Vertrauen und meiner kindlichen Besonnenheit Ausschau zu halten. Ich wollte jener Leichtigkeit wieder mehr Raum einzuräumen, die mich als junges Mädchen sicher geleitet hatte. Das Leben meinte es gut mit mir, und so wurde ich wachsam für jeden Veränderungsimpuls, der von außen auftauchte und in meiner inneren Empfindungswelt eine Rolle spielte. Es dauerte beinahe zwei Jahre, bis ich in mir wieder diese stabile

Balance fand. Es entstanden im Laufe der Monate hilfreiche Methoden, die ich dir nun als meine »Sieben Wege für mehr Gelassenheit« vorstelle.

Sieben mutige Schritte für mehr Gelassenheit

Bist auch du durch dauerhafte körperliche Beschwerden belastet? Bestimmen Schmerzen oder Verletzungen deinen Alltag? Befindest du dich in einer unglücklichen Lebenssituation, in der du um eine Entscheidung ringst? Halten dich Schmerzen fest im Griff, und drehen sich deine Gedanken täglich darum, warum das so ist? Belastet dich dein Job oder deine Beziehung und drehst du dich im Kreis? In solchen Situationen wünscht sich beinahe jeder Unbeschwertheit, Heiterkeit und Leichtigkeit!

Möglicherweise sind dir diese sieben Schritte eine Hilfe, um aus dem eigenen mentalen Korsett auszusteigen und dein Leiden zu beenden.

- Aussöhnen, annehmen und Ja sagen
- Warum-Fragen sein lassen
- Zusammenhänge erkennen
- Leben im Hier und Jetzt
- Im Fluss des Vertrauens sein
- Landeplätze für das Neue finden
- Das Bewerten aufgeben

1. Aussöhnen, Annehmen und Ja sagen

Der erste Weg, sich auszusöhnen und seine Gelassenheit wiederzufinden, erfolgt durch das tiefe Akzeptieren der eigenen Geschichte, der eigenen Situation. Dadurch schütten wir weniger Stresshormone aus. Die neuronale Aktivität entspannt sich. Der Vagusnerv, jener Nerv, der völlig autonom Kampf-, Flucht- oder Erstarrungsreaktionen steuert, entkrampft sich. Traumen halten den Vagusnerv ständig wach. Versöhnung und Akzeptanz lösen diese Spannung auf. Ein kohärenter mentaler Zustand wird zum Wegbereiter. Unmengen an Energie wird frei, wenn wir vom »Überlebensmodus« zur Möglichkeit der Selbstwahrnehmung wechseln. Jetzt können wir den Zugang finden, der andere Antworten aus dem tiefen Unbewussten hervorruft.

Für mich bedeutete es, Ja zu meinem aktuellen Aussehen und zu den Ereignissen zu sagen. Meine unansehnlichen Verletzungen und den damit verbundenen, sehr langsamen Heilungsprozess anzuerkennen. Vollkommen zu akzeptieren, dass der Körper seinem eigenen individuellen Zeitmaß nachkommt. Denn weder mein Drängen noch die Ungeduld ändern etwas an diesem Zustand. Es ist so. Punkt. Durch das Ziehen an den Blättern wird kein Wachstum beschleunigt.

Ignoranz ist die Wurzel allen Leidens. Mit dem Akzeptieren gelingt es uns, sich Schattenseiten, die tief verdrängt wurden, einzugestehen. Sie wie einen alten Bekannten zu begrüßen. Sie liebevoll anzunehmen, als wunderbare Gelegenheit, um sie zu sehen und um mit uns ins Reine zu kommen. Wir können dann die Idee zumindest zulassen, dass unser Körper für etwas, das wir ausgeblendet haben, die Regie übernommen hat. Die größte Herausforderung liegt darin, die Emotionen, die wir uns unbewusst vom Leibe halten wollen, zu finden und zuzulassen. Emotionen sind wichtige Hinweise für unsere Immunabwehr und beein-

Ignoranz ist die Wurzel allen Leidens.

flussen die Funktionen der Organe. Verdrängte Emotionen verwirren unser Immunsystem.

So machte ich Bekanntschaft mit einem Gefühl, das ich bis dahin verdrängt hatte. Die gewonnene innere Ruhe führte mich zum Hintergrund meiner offensichtlichen Selbstverletzung. Jetzt erkannte ich meine eigenen Programme, die mit meiner Lebensgeschichte zu tun hatten. Zum Beispiel schien ich lieber die Schuld bei anderen zu suchen, als sie mir selbst einzugestehen. Statt etwas zu verändern und die belastende Situation zu verlassen, machte ich mir selbst unbewusste Vorwürfe, es nicht zu schaffen, ärgerte mich und gab mir ungewollt die Schuld, versagt zu haben. Tief in mir lenkte ich die unliebsamen Emotionen wie Wut, Gram, Kränkung und Angst gegen mich. Dieses Denkprogramm fand in meinem Unfall seinen Höhepunkt. Erst als ich lernte, mich mit mir selbst auszusöhnen, die Gefühle dazu weder abzulehnen noch Schuldige oder Verantwortliche zu suchen – also damit keine Opfer-Retter-Story zu verbinden, die sich um meinen Ärger rankten –, verschwanden auch die negativen Emotionen der Wut und Selbstverletzung.

Mitten im Zentrum der Ereignisse machte mir das Leben also ein Geschenk. Es zeigte mir die Mechanismen, die mit dieser Art von Geringschätzung zu tun haben, und lenkte mich damit an eine tief verborgene, essenzielle Stelle meines bisherigen Lebens. Manchmal übernimmt der Körper diese Rolle, um sich über den Schmerz den unterdrückten Gefühlen zu widmen. Zunehmende Selbstliebe und Mitgefühl bringen automatisch mehr Geduld, höhere Belastbarkeit und uns selbst in Fluss. Eine tiefere Verbindung zu sich ist die Voraussetzung für eine tiefere Verbindung zu anderen. Es erleichtert es bei uns selbst und bei anderen, eine echte Herzensbeziehung zu erfahren. Wachsende Selbstakzeptanz hilft dabei, auch das Energiefeld um uns herum auszubalancieren. Dies hilft, ein trübes Unterscheidungsvermögen zu beseitigen und unsere Argumentationsfähigkeit zu erhöhen.

Spätere Begegnungen mit meinen Klienten bestätigten meine Erfahrungen. Wenn wir tief in eine negative Emotion hineingehen, sie erkennen, ohne eine »Geschichte daraus zu machen«, sie einfach nur wahrnehmen, ohne Bewertung, ist sie sofort wie weggeblasen. Zu sagen, »Es ist, wie es ist«, ist besser, als sich mit Ausreden zu entschuldigen. Sätze wie »Aber ich habe eine schlimme Kindheit hinter mir!«, »Ich musste immer für meine Mutter da sein, es gab niemand anderen!«, »Mein Partner ärgert mich und treibt mich ständig zur Weißglut, da kann ich nicht ruhig bleiben«, sollten wir lassen. Hinter dem offensichtlichen Ärger verbirgt sich nämlich zumeist eine andere, tiefere, eigene Emotion. Dieser gilt es, auf den Grund zu gehen! Somit lenken wir nicht ständig Energie in unsere Selbstverteidigungsmechanismen und in unseren Selbstschutz. Wir können dort zu der Tiefe unserer wahren Empfindungen gelangen, wo es still ist und wir unsere innere Stimme besser hören können.

Wir können dort zu der Tiefe unserer wahren Empfindungen gelangen, wo es still ist und wir unsere innere Stimme besser hören können.

2. Warum-Fragen sein lassen

Jede Warum-Frage führt uns in die Irre und lenkt uns in die Vergangenheit. Sie leitet die Aufmerksamkeit zurück an das Erlebte, das in unserem Gehirn als Bild und Erfahrung gespeichert wurde. Unser Gehirn ist ein abbildendes Vergangenheitsorgan, das ausschließlich Bilder speichert. Erlebnisse werden mit dem jeweiligen Gefühl, das wir dabei empfanden, gekoppelt und als Verschaltungsmuster gespeichert. Durch das Erinnern an die Episoden, das ständige Darüberreden und Daran-denken, geben wir den Bildern im Kopf immer wieder neue Energie. Sie bleiben daher emotional geladen. Diese alten Geschichten werden in einer Art Download kontinuierlich ins Jetzt befördert.

Der Neurobiologe und Gehirnforscher Gerald Hüther spricht in diesem Zusammenhang von emotionaler Erregung und einer intensiven *Bahnung* oder vom *Priming* der neuronalen Verschaltungen, je öfter wir die alten, negativen Bilder mit Energie aufladen. Das ständige Wiederholen unserer Vergangenheit bildet im Gehirn eine dicke Verschaltung aus. Ähnlich wie bei einer Autobahn wird das gesamte Denken, Handeln und Fühlen von dieser kraftvollen Bahnung beeinflusst. Als Energiesparmeister benutzt das Gehirn eher die dicken, breiten Verbindungswege, als neue zu suchen. Die alten Muster wiederholen sich immer wieder. Denke an einen ausgewachsenen indischen Elefanten. Meist ist er nur mit einem Hanfseil angebunden. Als Babyelefant war er am Bein angekettet und jeder Versuch, zu entkommen, war nutzlos. Seine gespeicherten inneren Erfahrungen und Bahnungen reichen aus, um als ausgewachsener Elefant zu glauben, jeder Befreiungsversuch von dem dünnen Seil an seinem Fuß sei nutzlos. Es versucht es gar nicht mehr. Das wirkt von außen betrachtet lächerlich.

Vielleicht erkennst du dich in Peters Geschichte wieder. Er schläft jede Nacht nur vier Stunden. Während er sich unruhig von einer Seite auf die andere wälzt, laufen seine Gedanken Galopp. Er grübelt, was noch zu tun ist, denkt über seine Probleme nach und macht sich Sorgen. Seine Genauigkeit und sein Perfektionismus lassen ihn sogar an Wochenenden nicht rasten. »Wenn andere arbeiten, soll ich nichts tun? Das macht mir ein schlechtes Gewissen!« Selbst während des Tages grübelt er und merkt, wie sehr ihn seine Gedanken blockieren. Körperliche Symptome wie Ohrensausen, Nervosität und ein Druck auf der Brust sind in seinem Alltag ständige Begleiter. Versuche, mit Körpertherapien und Meditation seine Gedanken zur Ruhe zu bringen, scheitern. Peter schafft es nicht, aus seinem negativen Kreislauf auszusteigen. Jeder Gedanke, der sich mit Unerledigtem und Vergangenem beschäftigt, wird in seinem Gehirn neu mit Energie geladen. Was passiert da? Seine eigene innere »Autobahn« wird zu einem Selbstläufer. Er dreht sich im Kreis, weil er nicht weiß, wie sein Gehirn funktioniert.

Um den Kreislauf der Gedankenmuster zu unterbrechen oder in eine positive Richtung zu führen, sollten wir andere Fragen stellen. Fragen, die keine klassischen Warum-Fragen sind und uns immer nur in die Vergangenheit lenken. Fragen, die eine neue, eventuell innewohnende Lösungsrichtung vorgeben. Das können Fragen sein wie:

- Was ist mir gelungen? Worauf bin ich stolz?
- Was benötige ich im Moment, damit ich rasten kann?
- Was tut mir jetzt gut? Was entspannt mich?
- Wofür kann ich mich selbst loben und lieben?
- Was soll ich aus der momentanen Situation erkennen oder lernen?
- Wie reagiert mein Körper, mein Inneres, mein Herz in diesem Augenblick?
- Was kränkt mich wirklich?
- Welches Bedürfnis steckt hinter meiner ersten Emotion? Was brauche ich wirklich?
- Worüber kann ich trotz meines Zustands dankbar sein?
- Was wäre, wenn ich einen negativen Gedanken einfach einmal umkehre?

Wenn du nicht gleich Antworten erhältst, bleibe darauf fokussiert. Stelle dir eine Was-wäre-wenn-Situation bildhaft vor! Träume bewusst davon, wie schön etwas ist oder wäre. Fühle dich in die Situationen hinein, so gut du kannst. Du wirst rasch sehen, was passiert. So beschäftigst du dich mit dem Gelingen und den positiven Möglichkeiten, anstatt mit dem Negativen. Vor allem aber beginnen die neuronalen Verschaltungen, ein anderes, positives Netz auszubilden.

Dadurch verändern sich dein Erleben und deine Stimmung. Auch, wenn Verwirrung, Hilflosigkeit oder Nichtwissen auftauchen, bleibst du entspannt. Sie sind die drei größten Helfer, um Neues entstehen zu lassen. Mehr dazu im Kapitel 4.

3. Zusammenhänge erkennen

Heute bin ich überzeugt, dass jedes Ereignis, so wie es eintritt, richtig ist, und zwar für jeden, dem es widerfährt. Meiner Meinung nach sind Schicksale, Krankheiten, Unfälle und jede abrupte Veränderung eine Aufforderung des Lebens, sich intensiver mit sich und dem Erlebten zu beschäftigen und Zusammenhänge besser zu verstehen. Sie fordern uns auf, die Kontrolle aufzugeben. Unser Körper ist mit all seinen Ausdrucksformen ein guter Freund. Er folgt geduldig unseren Wünschen. Formt unsere Realität nach unserem Geist. Wenn jetzt keine Zeit für Gefühle ist, so meint er, *gut, das ist jetzt so*. Dennoch sagt er irgendwann *Stopp!, Nein!, Aus!,* wenn wir seine Signale zu lange ignorieren. Vielfach versuchen wir, Schmerz auszuweichen und ihn zu vermeiden. Möglicherweise hat der, der einen Schicksalsschlag erlebt, wichtige, anfängliche Signale übersehen. Oft haben sie sich beharrlich als Emotionen gezeigt, im Herz, in Stresssituationen, und wollen nicht mehr übersehen oder überhört werden. Es könnte auch sein, dass sich im Schicksal eine Erfahrung verbirgt, die sich die eigene Seele zum Lernen ausgesucht hat. Jedenfalls bedeutet, sich den Ereignissen zu stellen, auch zu entdecken, was unkontrollierbar ist! Wir können tief im Herzen erahnen, was Leiden und Krankheit verursacht, wenn wir uns für die Seele öffnen. Meist stehen wir vorerst vor einem Rätsel. Mir schenkte das Erkennen von Zusammenhängen eine tiefere innere Ruhe.

Was uns so überrascht, ist in Wirklichkeit eine Spiegelung unserer unbewussten Speicher und erlernten Prägungen. Die Erkenntnisse der modernen Forschungen rund um die neuen Wissenschaften beweisen uns: Was im Außen passiert, folgt einer inneren Entsprechung. Die Quantenphysik weist uns auf eine Verbindung und einen Zusammenhang der Geist-Materie und damit auf unser aller Erleben hin. Wir trauen gerne unseren Sinnen, schließlich können wir Materielles anfassen, es mit allen Sinnen in uns aufnehmen. Das bedeutet, dass das Sehen von Einzelheiten und Details zwar so manches vereinfacht, aber auch den Blick auf das Ganze verfälscht. Das Neue an dieser modernen Erkenntnis besteht darin, dass Materie nicht aus Materie aufgebaut sein muss, sondern aus winzigen Teilchen, die sich immer wieder neu verbinden. Beim Beobachten wird die Materie immer kleiner, bis hin zum Atom, und endet darin, dass es im Universum winzigste Formen ohne Substanz gibt. Diese winzigen Substanzen werden von den Physikern nur mehr durch ihr Beziehungsgefüge erkannt und wahrgenommen. Selbst der Beobachter verändert dieses sensible Gefüge durch seine bloße Beobachtung. Je genauer wir uns also in Details vertiefen, desto ungenauer werden die Ergebnisse. Das beweist auch Hans-Peter Dürr, deutscher Quantenphysiker und Nobelpreisträger. Er spricht statt von *Teilchen* und *Atomen* von *Wirks* und *Passierchen*, was ich nicht nur äußerst nett, sondern besonders passend finde, weil diese Passierchen Einfluss auf unsere Wahrnehmung und somit auf unser Erleben haben. Die Theorie von Hans-Peter Dürr lehrt uns also, dass wir nicht nur länger auf das Begreifen von Einzelheiten fixiert sein, sondern stattdessen eine Sichtweise ausprägen sollten, die uns einen Blick auf die Zusammengehörigkeit allen Seins erschließt. Er vergleicht den Blick auf das Ganze mit einem Orchester, das am schönsten klingt, wenn alle gemeinsam musizieren. Selbst wenn auch ein Einzelinstrument seine Schönheit und seinen besonderen Klang aufweist, ist das ganze Orchester vollkommener. Das Wesentliche sind die Beziehungsstruktur und das Zusammenspiel, das die Feinheit selbst ausmacht. Das gilt für den Körper, das feine Gefüge von Gedanken, Emotionen und tief gespeicherten Prägungen und zeigt sich in unserem Erleben. Verhaltensprogramme und Stress werden im Unbewussten gespeichert und über Generationen weitergegeben. Der Körper drückt diese unbewussten Speicher in seiner Sprache aus. Solange wir also an einer rein materiellen Vorstellung der Welt festhalten, bleibt uns das Wesentliche verborgen.

Wir sind von einer Art Informationsfeld umgeben, das auf uns wirkt. In jedem Moment sind wir Teil dieses Feldes und verändern es. Wesentlich ist es, sich auf diese lenkenden Felder einzustellen. Die Wirkung auf uns ist unschwer zu erkennen, wenn wir den kreativen Raum darin zulassen. In meinem Buch *Die Intelligenz der Zellen* erfährst du mehr über das Informationsfeld, die Matrix, und wie sie auf uns wirkt. Wir sind angebunden an das Universum, dessen Zugang für uns möglich wird, wenn wir, ohne zu bewerten, mit den Augen der Neugierde schauen, nicht mit den Augen der Sorge.

Kennst du das satte Gefühl im Herzen, die Beseeltheit, wenn du glücklich bist? Erinnere dich! Fühle einen Moment lang, wie sich das anfühlt. Erinnere dich. Fühle dich und deinen Körper. Wo nimmst du es wahr? Bleib kurz in deinen Empfindungen. Lege das Buch zur Seite und nimm wahr.

Wir verströmen Sicherheit und Kraft, wenn wir mit uns im Reinen und im Innersten zufrieden sind, wenn wir weder verpflichtet sind zu entsprechen noch uns ausgenutzt fühlen. Dann versprühen wir dieses starke Gefühl, stecken durch Fröhlichkeit und Lachen andere an. Wir erleben uns verbunden mit den Mitmenschen, nichts kann uns erschüttern. Frei, glücklich und zugetan fühlen wir das Leben. Es ist, als ob sich ein Puzzlesteinchen des Positiven zum anderen fügt. Wie von selbst passieren Zufälle und alles gelingt uns. Bruce Lipton, der Vater der Epigenetik, nennt es den Honeymoon-

Effekt und hat dazu ein gleichnamiges, sehr verständliches Buch geschrieben.

Dasselbe passiert auch umgekehrt. In belastenden Situationen oder unter andauerndem psychischem Druck fühlen wir uns isoliert und allein gelassen. Das Nervensystem ist angespannt und ständig wach. Wir können uns und unsere Bedürfnisse nicht mehr spüren. Kampf-, Flucht- oder Erstarrungsreaktionen dominieren. Um Spannung abzubauen, neigen wir zu Süchten. Die Biochemie im Körper und die negative Spirale nimmt genauso ihren Lauf. Erinnere dich: Geist konstruiert unsere Wirklichkeit. Mache dich daher mit allen Sinnen auf die Suche nach Lebensfreude.

Auch die derzeitige Medizin muss sich eingestehen, trotz enormer Weiterentwicklungen bei manchen Krankheiten noch immer vor großen Rätseln zu stehen. Die letzten Jahre der Pandemie haben uns gezeigt, dass nur die Behandlung von Einzelheiten nicht zum gewünschten Ergebnis, zu einer Heilung, führt. Vielmehr sollte es vom Detail und getrennten Sehen hin zum ganzheitlichen Blick auf den Körper kommen. Wir können die Sprache des Körpers und die der gespeicherten alten Prägungen und Emotionen lernen. Das Unsichtbare hinter dem Sichtbaren finden. Dann wird auch der Begriff *Psychosomatik* nicht mehr die Endstation von Beschwerden sein, sondern die Suche und das Einbeziehen anderer ganzheitlicher Ebenen zum zentralen Behandlungsschwerpunkt werden. Wir bestehen nun einmal aus dem Körper, aus gespeicherten Emotionen, aus unserer Art zu denken. Diese erzeugt jede Menge an biochemischen Substanzen, die in uns wirken. Die Biochemie und die Symptome, die durch Stress ausgelöst werden, sind uns sehr vertraut: Bluthochdruck, Herzklopfen, Schwitzen. Freude bewirkt genauso einen Überschwall an Glückshormonen und Reaktionen im Körper, nur erhält sie weniger Aufmerksamkeit in unserem medizinischen Regelwerk. Der Fokus liegt auf Krankheiten. Dann gibt es auch Einflüsse unserer Umwelt, unseres Familiensystems und unserer seelisch-geistigen Verbindung zum Feld der Nicht-Materie einzubeziehen, die auch zu Krankheit führen kann. Die Frage nach vererbten Krankheiten im Familiensystem wird schon oft gestellt. Der Glaube an vererbte schlechte Gene dominiert. Das Wissen um systemische Wirkungsweisen, übernommene Lasten, Prägungen und Verhaltensmuster wird allerdings noch zu wenig genutzt. Die Intervention der Vergebung, Versöhnung und Würdigung wirkt sehr stark und kraftvoll. Zum Glück werden die Listen ganzheitlicher Ärztinnen und Therapeuten, die diese Sichtweise vertreten, immer länger und ihre Behandlungsmethoden immer erfolgreicher.

Sich intuitiv auf das Universum einzulassen, kann etwas sehr Praktisches sein, wenn es richtig getan und verstanden wird. Der Mensch wäre niemals so hilflos, wie er zu sein glaubt und sich fühlt, wenn er sich nur in seine inneren Energien und die tiefen versteckten Quellen des Lebens einfühlen könnte, meint zum Beispiel der österreichisch-amerikanische Chiropraktiker Randolph Stone. Ich selbst habe jedenfalls mit alternativen Behandlungsmethoden, allen voran mit der Polaritätstherapie, der von Randolph Stone entwickelten Methode zur Behandlung des Menschen frei von Medikamenten, ausgezeichnete Erfahrungen gemacht.

Die Intuition ist das beste Hilfsinstrument, um diese Gesamtheit zu erfassen und die Warnsignale als Gelegenheiten wahrzunehmen. Ein Beispiel für diese Zusammenhänge ist meine Klientin Anna. Als sie erkannte, dass ihre Asthmaanfälle mit ihrem ungeliebten Vorgesetzten zu tun haben könnten, fiel es ihr wie Schuppen von den Augen. Jahrelang hatte sie die Ursache in medizinischen Lösungen gesucht. Ohne Erfolg! Erst als sie sich bewusster mit ihrem Körper und seinen Symptomen auseinandersetzte, fiel ihr auf, wann diese stärker wurden. Es gelang ihr, die Wurzel und den Auslöser zu finden. Gemeinsam machten wir uns vorerst auf die Suche in ihrem Familiensystem. Dort fanden wir den Ursprung ihrer Atemnot in ihrer Beziehung zu ihrem Vater. Als kleines Mädchen hatte er ihr immer wieder das Gefühl gegeben, nichts richtig machen zu können. Das nahm ihr buchstäblich die Luft zum Atmen. Dadurch stellte sich bei ihr auch ein Gefühl des Versagens ein. Durch die bloße Anwesenheit ihres Chefs, der sie unbewusst an die Autorität ihres Vaters erinnerte, wurde das gleiche Gefühl von damals erneut ausgelöst. Das Gefühl, nichts richtig machen zu können, äußerte sich in ihren Asthmaanfällen. Im entspannten, kohärenten Zustand suchten wir ihre Prägungen und alten Speicher und fanden die unliebsame »Erinnerung« in ihrem Unbewussten. Durch ein bewusstes Rückgaberitual in Form einer Vergebung und den ausgesprochenen Wunsch, den sie damals nicht formulieren konnte, veränderte sich ihr gesamter Zustand, und die »Wut im Bauch«, von der sie immer wieder sprach, verschwand genauso wie ihre Asthmaanfälle. Ihr Körper signalisierte ihr über ihre Atemnot, dass tief in ihr hinderliche Erfahrungen wohnten, die es Zeit war loszulassen.

Wir haben die Freiheit zu entscheiden. Wir können selbst wählen, den Signalen oder Impulsen zu folgen, etwas zu tun oder nicht zu tun, eine Sache zu verändern oder zu lassen. Hinweise gibt es meist viele, sie auch wirklich ernst zu nehmen, ist die Kunst, die jede und jeder trainieren kann. Wir können eruieren, woher unsere Gefühle und Empfindungen kommen. Ein Schlüssel zur Unterscheidung ist, innerlich klar zu werden und zu spüren, ob ein unbedingtes Wollen im Vordergrund steht, also der Wille Regie übernommen hat, oder ob der Körper einen Aufruf gestartet hat, etwas tatsächlich zu unterlassen oder zu lösen. Sich im Meditieren zu üben, hilft, die intuitiven Signale des Körpers zu entschlüsseln. Meist zeigen sich solche wichtigen Stoppzeichen kontinuierlich und mehrmals hintereinander, damit wir sie bemerken. Herzklopfen, das sich immer vor wichtigen Ereignissen einstellt und eine klare Entscheidung verhindert, kann ein Hinweis sein. Ein schlechtes Gewissen, wiederholende Schuldgefühle, Scham, Angst oder Unsicherheit können Hinweise sein.

Selbst nach der dritten Übersiedlung und dem fünften Jobwechsel hatte Alexandra beispielsweise immer noch das Gefühl, ihren Platz im Leben nicht finden zu können. Dieses Dauergefühl führte sie dazu, gemeinsam mit mir ihren Platz in ihrer Familie zu hinterfragen. Wir fanden heraus, dass sie als Jüngste ihrer sechs Geschwister bis heute ihren Platz noch nicht eingenommen hatte. Sie musste erst das Gefühl entwickeln, auch als jüngstes Mitglied ihrer Familie willkommen zu sein. Dadurch kam Alexandra zum ersten Mal bei sich und in ihrem Ja zum Leben an. Die Angst, verlassen zu werden, entspannte sich in einem Gefühl von »Ich darf bleiben«. Sie gewann ihre Lebensenergie zurück und hörte auf, sich selbst zu sabotieren, indem sie ständig nach »etwas« suchte.

Wenn wir die Wiederholung der Signale ignorieren, werden sie heftiger und unangenehmer. Eine hilfreiche Regel ist es, Ereignissen, die sich dreimal wiederholen, Beachtung zu schenken. Dieses Prinzip der Dreiheit finden wir sowohl im spirituellen Bereich als Körper – Geist – Seele als auch in den Religionen als Form der Dreifaltigkeit, ebenso in der Ayurvedischen Medizin als Pita – Vatha – Kapha. Das Trias-Prinzip finden wir beinahe in jedem Bereich unseres Lebens. In Kapitel 4 gibt es noch weitere Infos dazu.

Wenn wir die Wiederholung der Signale ignorieren, werden sie heftiger und unangenehmer.

Natürlich ist es gut, Botschaften unseres Körpers in positiver Weise für uns zu nutzen. Es wäre aber wahrlich schrecklich, wenn wir jeder Kleinigkeit eine Bedeutung umhängen würden und hinter jedem Scherbenhäuflein eine Drohung vermuten. Ein sensibles Wahrnehmen von Signalen und Warnungen ist leichter, als man annimmt. Eigentlich bedeutet es nur, zu lernen, ganz bei sich zu sein, achtsam und zentriert, und die innere Mitte über Atmen und Fokussieren zu spüren. Dann gelingt es besser, hinter einem äußeren Impuls eine wahre Botschaft zu erkennen, ohne dabei in Paranoia zu verfallen.

Für mich gab es genug äußere und innere Zeichen, die mich, hätte ich sie beachtet, davon abgehalten hätten, meine schicksalhafte Motorradfahrt im November 2010 anzutreten. Doch mein unbedingter Wunsch, an diesem Tag loszufahren, war stärker. Damals war ich nicht in der Lage, die Kette der Warnungen zu erkennen. Den ersten Hinweis sprach mein Mann aus, übertrieben besorgt und ängstlich riet er mir mehr als ein einziges Mal eindringlich, vorsichtig zu sein. Ich empfand seine Sorge damals als viel zu überzogen. Außerdem forderte er damit meine kindliche Trotzreaktion heraus, es auf meine Weise durchzuführen. Auch die Intuition der Menschen, die uns lieben, sollten wir nicht ignorieren! Das zweite Signal kam vom ÖAMTC-Pannenfahrer, der meinem Motorrad Starthilfe gab, weil es sich nach einer längeren Standpause nicht starten ließ. Er gab mir auch den Hinweis, mich doch etwas wärmer anzuziehen. Doch als ich die dickere Lederjacke anziehen wollte, ging der Reißverschluss kaputt. Spätestens jetzt hätte ich mir denken können: Vielleicht ist es besser, zu Hause zu bleiben. Doch dann sah ich die Sonne scheinen, und weg war die Sorge. »Nicht so zimperlich, Claudia – der Tag ist warm und schön! Nimm eine andere leichte Jacke!«, verscheuchte ich mein inneres Stimmchen. Ich wischte zur Seite, was meinem Wollen entgegenstand.

Das Wollen ist eines der stärksten Gefühle in uns, und daher ist es nicht verwunderlich, wenn es uns manchmal die zarten Töne und Warnungen der Intuition überhören lässt.

Eigentlich hätte mir selbst auffallen sollen, dass ich zu diesem Zeitpunkt oberflächlich betrachtet gesund wirkte, doch innerlich brodelte es in mir wie in einem Kochtopf. Die firmeninternen Vorgänge stressten und blockierten mich. Mein Kopf war nicht frei für die Stimme der Weisheit, die mich mahnte. Ich täuschte mir sogar vor, diese entspannende Motorradfahrt nötig zu haben, um meinen Kopf wieder freizubekommen. Das Wollen ist eines der stärksten Gefühle in uns, und daher ist es nicht verwunderlich, wenn es uns manchmal die zarten Töne und Warnungen der Intuition überhören lässt. Albert Einstein meinte: *Der intuitive Geist ist ein heiliges Geschenk und der rationale Geist ist ein treuer Diener. Wir haben eine Gesellschaft, die den Diener ehrt und haben dabei das Geschenk vergessen.*

4. Leben im Hier und Jetzt

Unser Denken wird aus der Vergangenheit bestimmt. Halte einen Moment inne, während du das liest. Woran denkst du? Hängst du den Worten nach, die du gelesen hast? Oder wartest du gespannt darauf, was nun folgt? Oder liest du den Abschnitt schon zum dritten Mal, weil deine Gedanken ständig abschweifen und es dir schwerfällt, dich zu konzentrieren? Geht es dir wie Maria?

Sie legt das Buch zur Seite und beginnt zu grübeln. Ihre Gedanken schweifen zu ihrer letzten Begegnung mit Klaus. »Wie schön war das gemeinsame Abendessen, so unbeschwert haben wir schon lange nicht mehr miteinander gelacht. Hoffentlich sehen wir uns bald wieder. Er ist immer so beschäftigt und die Zeit ist sehr knapp für ein ausgedehntes Treffen.« Sie hängt ihren Gedanken nach, und schon ist ihre Aufmerksamkeit in der Vergangenheit. Oder sie macht sich Sorgen um die Zukunft.

Unser Gedankengefüge folgt dem Muster unserer neuronalen Bahnungen im Gehirn. Der menschliche Geist versucht alles, was er wahrnimmt, in ein Geflecht aus Gedanken und Bedeutungszuschreibungen einzuspinnen. Studien zeigen, dass wir normalerweise unsere Aufmerksamkeit zu

40 Prozent in die Vergangenheit richten. 40 Prozent unseres Denkens konzentriert sich auf die Zukunft. Nur zu 20 Prozent unserer Zeit leben wir in der Gegenwart und im Augenblick. Sei präsent! Es hilft sehr, hier zu sein. Du hast 100 Prozent deiner Energie für dein Handeln zur Verfügung. Jeder Kampf gegen die Offensichtlichkeiten verbraucht die Energie, die so dringend für Erneuerung und Heilung benötigt wird.

Mir ging es auch lange so. Meine Gedanken und Gefühle während meiner Reha schrien nach Zuwendung, Sicherheit und Beachtung. Anfangs lag mir das Hadern mit dem eigenen Schicksal näher, als mich mit mir selbst und meinen Lernaufgaben zu beschäftigen. Doch das Hängenbleiben in der Vergangenheit und das Sorgenmachen kostet uns viel Lebensenergie. Widerstand gegen Neues oder Verbitterung sind Kampfansagen gegen das Leben. Meist haben Belastungen, äußere Turbulenzen, Schicksalsschläge oder innerlich geführte Kriege Ursachen in unseren gespeicherten Prägungen.

Martha führte seit Jahren einen Feldzug gegen sich selbst. Sie fühlte sich von ihrer Familie ausgenutzt und litt an der Last der vergangenen Ehejahre. Sie meinte: »Ich habe jahrelang nur gegeben, weiß, dass ich auf mich achten sollte, aber ich kann nicht! Ich lese Bücher, besuche Seminare, aber meine Gedanken kreisen ständig um meine Vergangenheit. Ich habe schreckliche Angst vor der Zukunft. Fast lähmt mich die Angst vor der Angst und macht mich handlungsunfähig. Einerseits sehne ich mich nach einer Veränderung, andererseits schaffe ich es nicht, es mir gut gehen zu lassen.«

Wo viel Altes stirbt, will Neues geboren werden! Beobachten, wahrnehmen, nicht bewerten: Daraus besteht die erste Phase des Prozesses einer Neubildung zu neuer Lebenskraft. Jede Methode, die die Seele entlastet, ist dabei hilfreich. Schreiben, Gespräche führen oder das Entrümpeln der Wohnung entleert Geist und Seele. Loslassen von Themen braucht Aufmerksamkeit. Doch loszulassen haben wir nicht gelernt, viel besser sind wir im Anhäufen und Sammeln von Dingen. Achtest du darauf, wie deine Umgebung aussieht? Oft hat sich viel Überflüssiges angesammelt, das entsorgt gehört. Schreibe alte Gefühle auf, verbrenne sie und schließe Frieden mit der Vergangenheit, das bringt den Geist zur Ruhe. Ändere in kleinen Schritten gewohnte Verhaltensmuster und breche dadurch Starres auf. Reduzieren und Fokussieren ist der erste Schritt für ein Leben im Hier und Jetzt. Loslassen und komplett aus den Programmen aussteigen, die uns fesseln und packen, ist der nächste Schritt. Im Jetzt ankommen bedeutet auch, dankbar zu sein und die Tatsachen als Tatsachen anzuerkennen, alle Erfahrungen zu integrieren und die Vergangenheit loszulassen. Beginne dich mit dir selbst und den Ereignissen zu beschäftigen, ohne in alte Muster der Angst oder des Ärgerns zu rutschen. Erkenne den Wert, ganz im Jetzt zu bleiben und sowohl die Vergangenheit loszulassen als auch die Zukunft ohne Sorgen zu sehen. Es bringt viel Leichtigkeit mit sich, sich von den echten Impulsen des Lebens, die wir im Augenblick, im Jetzt, intuitiv wahrnehmen, lenken zu lassen.

Wer den Krieg gegen sich selbst beendet, findet Frieden im Innen und Außen.

Frage dich: Bin ich bereit, alles zu verändern, um gesund und glücklich zu leben? Gegen wen führe ich noch einen inneren Kampf? Wo bin ich immer wieder in Konflikt? Lerne, präsent, achtsam und bei dir zu sein. Das macht still und ausgeglichen. Frage dich: Was ist, wenn ich still bin? Wie komme ich in die Stille? Das erfordert Mut, schenkt dir rasch wieder Kraft und legt Ressourcen frei. Wer den Krieg gegen sich selbst beendet, findet Frieden im Innen und Außen.

Als Martha sich mit ihrer Vergangenheit aussöhnte, wurden ihre Gedanken ruhig. Frieden und Stille stellten sich ein, die ihr halfen, ihre Ängste zu besiegen. Der neu gewonnene innere Raum erlaubte ihr, sich auf das auszurichten, was ihr wirklich Freude bereitete. Die Seele braucht Ruhe, um ihren intuitiven Wahrnehmungsapparat zu entfalten. Martha fand Inseln für ihre Seele, um die Informationsflut zu minimieren und die Reize von außen zu beruhigen. Sie wurde achtsam, fokussierte sich und lernte Atem- und Meditationstechniken, die wir brauchen, um im Hier und Jetzt anzukommen. Nach und nach wuchs ihr Gefühl, wertvoll zu sein. Es ging ihr gut, sie fühlte sich gesund und sie begann, das Leben wieder zu genießen.

5. Im Fluss des Vertrauens sein

Manfred war mit seinem Leben sehr unzufrieden. Depressiv und unglücklich, beinahe verbittert bat er um Hilfe. Obwohl er eine gute Ehe führte und zwei wundervolle Töchter hatte, die er auf keinen Fall verlieren wollte, hegte er düstere und depressive Gedanken und machte sich Selbstvorwürfe. Er sagte zu sich selbst: »Ich mache es den anderen niemals recht! Ich zweifle an allem und an jedem, ich traue kaum jemandem mehr. Ich habe Angst, meine Raten für das Haus nicht mehr bezahlen zu können. Die Sorgen und die Gedanken an meine Zukunft treiben mich zum Wahnsinn. Dabei sind die Schulden bald abbezahlt. Aber ich fühle eine riesige Last auf mir, die ich nicht mehr tragen kann. In mir schreit alles! Ich kann nicht mehr. Ich bin ausgepowert und müde!« Seine Selbstzweifel hatten mit seinem mangelnden Selbstvertrauen zu tun.

Ohne es zu wissen, sind wir immer nur ein paar Gedanken vom inneren Vertrauen entfernt. Im »Fluss des Lebens« zu sein bedeutet, anzunehmen, was ist. Erinnern wir uns, wie starke Stürme, Unwetter und Niederschläge einen Fluss aufpeitschen und in Unruhe bringen können. Danach folgen wieder Phasen der Ruhe, der kraftvollen Vorwärtsbewegung. Wir wissen: Gewitter reinigen die Luft. Chaos bringt wieder eine neue Ordnung. Diese positiven Aspekte erlebt jeder und jede auf unterschiedlichsten Ebenen. Vorausgesetzt, wir geben den Widerstand auf. Vielfach kämpfen wir jedoch gegen die Tatsachen an und erblicken in unseren Erfahrungen nur unliebsame Situationen. Wir sehen eher das Minus, bedauern uns selbst oder richten den Blick nur auf das, was fehlt. So werden belastende Emotionen auch noch zu Energiefressern.

Wir verlieren deshalb so viel Lebensmut, weil wir nicht bewusst hinter das Erlebte blicken und in ihnen »goldene Gelegenheiten« suchen wollen. Manchmal kommen Geschenke in etwas sonderbarem Papier eingewickelt daher. Vertrauen lässt sie dann in Lebensenergie und Lebenskraft wandeln. Ein abruptes Unglück, ein Schicksalsschlag oder eine Veränderung enthält eine große Chance. Sie lässt uns Förderliches von Hinderlichem und Brauchbares von Unbrauchbarem unterscheiden. Fast so, als ob man entrümpelt oder in ein neues Zuhause übersiedelt.

Manfred, mein Klient, lernte langsam und Schritt für Schritt, seinen Druck und die eigenen negativen Bewertungen zu sehen. Er lernte, seine eigenen Wünsche von äußeren Konventionen zu unterscheiden. Er begann zu erkennen, welches alte Muster er in seiner Ursprungsfamilie bezüglich Finanzen und Zukunft erlernt hatte. Was hatte er schon als Kleinkind für Geschichten über Geld gehört? Welche Mythen und Emotionen rankten sich bereits damals in ihm, wenn es um das Thema Geld ging? Welche Überzeugungen hatten sich tief in sein Unbewusstes geschrieben und seine Erfahrung mit und sein Erleben über Geld geprägt? Auch Schulden sind eine der häufigsten finanziellen Herausforderungen, mit denen Menschen zu kämpfen haben. Wenn Schulden überhandnehmen, fühlt man sich überfordert, beschämt und sogar hilflos. Anstatt Angst, Stress oder andere negative Gefühle lösten wir seine emotionalen Blockaden, die im Unbewussten gespeichert waren. Manfred gewann wieder Vertrauen, indem er sich darauf zu konzentrieren lernte, worauf er stolz war. Seine Art zu denken veränderte sich. Er lernte, seine Situation neu ordnen, mit ihr klarzukommen und sich schließlich von ihr zu befreien. Er verabschiedete sich von kraftraubenden Gewohnheiten und Gedanken und fand seinen Seelenfrieden. Außerdem legte er von nun an seinen Fokus darauf, worüber er sich freuen konnte und was ihm gelungen war, und machte sich all das bewusst, was er im Leben geschaffen hatte. Er begann, dankbar zu sein und lernte Bewertungen zu erkennen. Mit dem Blick auf das Positive kehrten auch wieder Freude und Ruhe ein. Sie erlaubten ihm, zu unterscheiden, was loszulassen und was festzuhalten war. Seine Depression war eine Einladung des Lebens und der Ausdruck seines Geist-Körpers, mit einer anderen Perspektive auf sich selbst zu blicken.

Das Sterben des Alten macht uns Schwierigkeiten. Wir reagieren verwirrt und unsicher, wenn wir etwas aufgeben sollen, ohne ein neues Ziel oder ohne eine neue Perspektive zu haben. Dieser Zustand von Instabilität ist etwas Unangenehmes. Doch Instabilität bedeutet nicht gleich hinzufallen und liegen zu bleiben, sie ist gleichzeitig die Basis für etwas Neues. Als Kinder haben wir Gehen, Radfahren, Skifahren, Schwimmen und alle anderen Sportarten erst einmal über Instabilität erfahren. Wir haben etwas ausprobiert und immer wieder versucht, sind gefallen, wieder aufgestanden, so lange, bis wir den Dreh heraushatten und uns sicherer fühlten. Als Erwachsene wollen wir die einmal erreichten Zustände nur noch festhalten. Wir wiegen uns in diesen Sicherheiten und haben verlernt, wie in unseren Kindertagen immer wieder Neues auszuprobieren.

Werden wir aus unseren Gewohnheiten gerissen, verlieren wir das innere Gleichgewicht. In der Zeit des Sich-Wiederfindens müssen Ansichten hinterfragt und längst überholte Überzeugungen losgelassen werden. Vertrauen in das Leben zu haben bedeutet, seinen inneren Impulsen zu folgen und sich vom eigenen Herzen leiten zu lassen. Sicherheitsgedanken entstehen aus Angst – dem Gegenteil von Vertrauen. Der Samen für Vertrauen wächst aus dem, was in unseren Herzen brennt; wir können uns darin fallen lassen und es kann etwas Neues entstehen. Denn vieles geschieht beinahe von allein, wenn wir Vertrauen haben. Erhöhe deine Glücksgefühle, indem du dem Leben vertraust, denn es ist für dich gesorgt. Erinnere dich an Situationen, als alles im rechten Moment da war, was du benötigt hast.

Eine neue Idee, eine Vision, ein Ziel, etwas, zu dem es uns hinzieht, kann sich überall zeigen. Man muss nur damit beginnen, sich wieder für das Leben zu öffnen und sich dafür zu interessieren. Vielleicht rufen wir spontan eine Nummer an, die wir gerade in einer Zeitung gelesen haben, und erhalten einen Auftrag. Oder wir treffen einen alten Freund, der uns etwas erzählt, das genau die Antwort enthält, die wir suchen. Wer es wagt, zu vertrauen und sich vom »Ich will« zu befreien, findet leichter das Neue. Wenn wir loslassen und wachsam zuhören, was uns das Leben in jedem Moment anbietet, kann uns unser Herz finden. Erst dann kann der Raum für Intuition entstehen, den wir meist Zufall nennen. Bilde dieses Vertrauen nicht erst dann aus, wenn du verzweifelt bist oder dir das Schicksal bereits übel mitgespielt hat. Es kann jeden Tag ein Teil unserer Haltung werden.

6. Landeplätze für das Neue finden

Das Neue braucht das Abstreifen von tief verinnerlichten Annahmen und Prägungen: »Das weiß ich schon«, »Das kenne ich schon«, »Das habe ich schon erlebt«, »Das wird so nicht funktionieren«. Das geht bis zum Gedanken »Ich bin unheilbar.« Deine Gedanken und Worte sind gleichzeitig die beste und die schlechteste Medizin. Denn Worte erzeugen sofort Bilder im Kopf. Wenn du nur an einen positiven Gedanken, an Heilung oder an die Kraft der Bewegung glaubst, kann es bis zu einer 70-prozentigen Verbesserung kommen. Der Neurowissenschaftler Joe Dispenza vertritt die Ansicht, dass Gedanken und Bewusstsein die einzige Medizin sind. Er selbst heilte seine Lähmung, die nach einem Unfall mit sechs zerschmetterten Wirbeln eintrat, ohne Operation. Seine wissenschaftlichen Belege und Erkenntnisse über die Neuroplastizität des Gehirns, Psychoneuroimmunologie und Epigenetik erweitern seit Jahrzehnten die Grenzen des Bekannten und den Horizont des Möglichen. Es lohnt sich, einen Blick in seine Bücher und in die Welt der neuen Wissenschaften zu riskieren.

MINIÜBUNGEN: **Gedanken als Medizin**

Nimm dir drei Minuten Zeit und schreibe deine Gedanken auf, die dir in den Sinn kommen, wenn du an eine ärztliche Diagnose oder Probleme denkst, die du verändern möchtest. Gelingt es dir, an eine Verbesserung, Heilung oder Problemlösung zu denken?
Deine Worte sind Schwingung deines persönlichen Zustands. Worte erzeugen deine Wirklichkeit. Lerne, worauf du deine Aufmerksamkeit richtest. Alle Krankheiten lassen sich über Gedankenmuster ändern. Der Weg zum Neuen führt über das In-die-Stille-horchen, aus der heraus das Noch-nicht-Manifestierte erscheint.
Führe eine Art Tagebuch, in dem du deine Gedanken über dich und deine Situation festhältst. Nimm wahr, wenn du etwas Negatives über dich selbst denkst. For-

muliere deinen Gedanken um und stelle dich auf das Positive ein. Verzichte bewusst auf alle negativen Gedanken zu deiner Prognose oder deiner Situation und visualisiere täglich deine Situation als gelöst oder dich als geheilt. Stelle dir 100-prozentige Heilung und Erleichterung vor.

7. Das Bewerten aufgeben

Unsere Bewertungen sind ein wichtiger Schlüssel. Wie wir eine Situation erleben und in dieser entscheiden, wird durch unsere Wahrnehmung gefiltert. Unsere inneren Bilder und wie wir die Situationen empfinden, ob negativ oder positiv, ist bei jedem Menschen unterschiedlich. Nicht die äußeren Ereignisse lösen unsere Gefühle und unser Verhalten aus, sondern wir wählen, was sie in uns auslösen. Erlernte und erlebte Gedanken, Bilder und Bewertungen erzeugen unsere Reaktion. Wir reagieren nur auf unsere Weltbilder, die wir im Kopf haben! Wie ein Computer wurden Emotionen und Bilder durch die synaptischen Verschaltungen vernetzt, archiviert und gespeichert.

Wenn wir Situationen negativ bewerten, uns verantwortlich, schuldig oder schlecht fühlen, kann es nützlich sein, uns selbst die Frage zu stellen: Welche ungeschriebenen oder übernommenen Gesetze, Programme und Überzeugungen trage ich in mir? *Es sind nicht die Dinge oder die Begriffe, die uns beunruhigen, sondern die Meinung, die wir über die Dinge haben*, schreibt Heinz von Foerster in seinem Buch *Wissen und Gewissen*.

Die Vielfalt der Welt wird über unsere Sinnesorgane in die neuronale Einheitssprache der inneren Bilder übersetzt und im Gehirn gespeichert. In der Kindheit lernen wir durch Beobachten und Kopieren Verhaltensmuster. Wir tragen diese Überzeugungen als Werte und Orientierungssystem für unser Leben in uns. Unbewusst übernehmen wir informelle Regeln, zum Beispiel, wie man zu sein hat, wie man sich benehmen soll oder, was gut und schlecht ist. Solche Gedanken, Gefühle und Einstellungen, die man immer wieder denkt oder fühlt, verfestigen sich im Gehirn und im Körper. Wir nehmen die Realität über unsere gespeicherten Erinnerungen wahr und kreieren auf ihnen eine moralische Instanz, eine Art inneren Richter. Daraus entstehen nicht nur Bewertungen von richtig und falsch, diese Urteilsbrille ist auch häufig Auslöser innerer Schuldgefühle oder von Ängsten. Was wir bewusst oder unbewusst glauben und für die Wahrheit halten, ist die Basis für Rechtfertigungen oder dafür, uns und andere für etwas zu bestrafen. Diese Verschaltungen im Gehirn werden durch die Sinnesorgane aktiviert. Wir glauben, was wir sehen, hören und fühlen und entfesseln so den ganzen Komplex an informellen, gespeicherten Regeln.

Das Großartige dabei ist, dass wir ein neues positives Erwartungsbild so oft in uns wiederholen können, bis wir dazugelernt haben. Das heißt, dass wir unsere Wahrnehmungen, Begrenzungen und Bewertungen über uns und andere immer ändern können. Wir entscheiden, welche Bedeutung wir unseren bisherigen Erfahrungen geben – auch darüber, ob wir innere Grenzen ziehen oder offen und wertneutral mit den Situationen umgehen. *Wir erzeugen zwar nicht unser Leben selbst, aber unser Erleben*, formuliert es der Mediziner Gunther Schmidt vom Milton-Erickson-Institut in Heidelberg.

Das Dilemma der Angst: Wie negative Erwartungen im Gehirn wirken

Angst macht unfrei. Sie blockiert Geist und Körper. Wir schütten dann vermehrt Adrenalin und andere Stresshormone aus. Derartig überschüttet, fühlen wir uns vor Angst erstarrt oder handlungsunfähig. Wir wünschen uns eine Veränderung oder eine Lösung. Nur wie? Die Glücksbotenstoffe Dopamin, Oxytozin, Serotonin und Endorphine belohnen uns mit Wohlgefühlen und mit körperlicher und mentaler Gesundheit. Üblicherweise beruhigen diese Botenstoffe den angesammelten Stress und reduzieren unsere Angst. Doch lang anhaltende belastende Situationen und Beziehungen führen zu einer Verringerung dieser Glückshormone. Die ausbleibenden endogenen Opiate, die ausgeschüttet werden, wenn wir Glück empfinden, würden unser Emotionszentrum im Gehirn entspannen. Doch anstatt den Fokus auf Freude und Zuversicht zu richten, begrenzen wir uns, indem wir alte Verhaltensmuster praktizieren.

Wir versuchen, Stress durch mehr Arbeit und längere Anwesenheitszeiten auszugleichen. Körperliche Symptome nehmen wir nicht ernst oder unterdrücken sie mit Medikamenten. Ängstigende innere Bilder, denen wir nachhängen und denen wir zu viel Aufmerksamkeit geben, wirken, als nährten wir ein inneres Ungeheuer. Dadurch überschwemmen wir unser Gehirn mit Wellen an Stresshormonen. Die Folge: Das Gehirn ist blockiert.

Medien beeinflussen maßgeblich, welche Informationen wir erhalten und wie wir über diese Informationen denken. In der Zeit der Pandemie wurden Bilder von Angst, Schrecken und Panik und damit negative Stimmung verbreitet. Uns wurde das Gefühl vermittelt, ständig auf der Hut sein zu müssen und permanent in Gefahr zu sein, sobald wir Kontakt mit anderen Menschen haben. Das Körpersystem wurde dadurch mit Stress und Angsthormonen überflutet. Das schwächt unser Immunsystem und öffnet geradezu die Türen für Krankheiten. Das Gehirn reagiert sofort auf die Bilder, die ihm vermittelt werden, denn das Gehirn kennt den Unterschied zwischen Vergangenheit und Zukunft und Fiktion und Realität nicht. Es regiert auf Bilder. Geschürte Angst schlägt sich auf unsere Psyche, und diese wiederum auf unser Immunsystem. Der Kampf dagegen ist oft eine Herausforderung. Doch sie ist zu meistern. Wie wir wissen, hängen Geist und Körper zusammen und beeinflussen sich gegenseitig.

Die Wissenschaft der Epigenetik ist in diesem Zusammenhang mit ihren Erkenntnissen weit voran. *Unsere Körperzellen sind wie Batterien. Negative Erwartungen und Bilder wirken auf uns. Jede Zelle ist mit positiver und negativer Energie geladen. Die Spannung entspricht zirka 1,2 Volt, wie die einer normalen Stabbatterie. Wenn diese Spannung in unseren 50 Billionen Zellen in Richtung Angst und Panik ausgerichtet wird, entsteht eine unvorstellbare Menge an negativer, schwächender Energie, die in unserem Körper freigesetzt wird,* formuliert es der Biologe Bruce Lipton. Dieselbe Stromspannung in einer einzigen Zelle kann mit positiven und optimistischen Bildern eine enorme Power in Gang setzen. Das beweist, dass jeder sein Verhalten umkrempeln kann, wenn er dazu ermutigt wird. Panik ist in jedem Fall kontraproduktiv.

Zu Beginn meiner Rehabilitation war es für mich vorerst sehr schwierig, eine emotionale Balance zu finden. Gedanken um meine Zukunft kreisten unaufhörlich in meinem Kopf. Ich hatte Angst. Die Angst vor dem Tod war geringer als die Angst vor dem Leben. Ich fragte mich fortwährend, was aus mir und meiner Behinderung werden sollte. Meine Gedanken belasteten mich. Ich wollte mir nicht vorstellen, dass Sätze wie »Ich kann nicht« oder »Es geht nicht« mein Leben bestimmen sollten. Angst ist existenziell, wenn sie eine reale Gefahr für Leib und Leben darstellt. Sie schien daher berechtigt, als ich das Pochen der Apparate in der Intensivstation wahrnahm, die meinen Herzschlag und meinen Blutdruck überwachten. Auch die reale Gefahr von zwei Lungenembolien und den damit einhergehenden hohen Fieberschüben löste berechtigt Angst aus. Doch Angst ist auch ein gewaltiges Täuschungsmanöver unseres Gehirns. Wir »quälen« uns in einem von uns selbst produzierten inneren Film, in dem wir und unsere Ängste die Hauptdarstellerinnen sind. Ähnlich wie in einem Hollywoodstreifen reihen sich Bilder an Bilder, Ängste an Ängste, Situationen an Situationen und vergeuden wertvolle Energie. Diese steht uns nicht mehr für unser Immunsystem oder für die Heilung zur Verfügung.

Ich muss dir sicherlich nicht beweisen, dass der unbewusste Umgang mit den eigenen Ängsten und Widerständen uns auf einen Energiepegel absinken lassen kann, der so niedrig ist, dass es uns sogar schwerfällt, den Mund zu öffnen, den Arm oder den Kopf zu heben oder aus dem Bett aufzustehen. Mitunter waren meine körperlichen Beschwerden in diesem Zustand so heftig, dass ich lieber aufgeben wollte als weiterzumachen. Aus dem Dilemma der Angst auszusteigen, schien mir zu diesem Zeitpunkt noch unmöglich. Wir können uns jedoch aus dieser Not befreien!

Zum einen, indem wir lernen, die Tatsachen anzunehmen und bewusst wertzuschätzen, was jetzt ist. Im Aufgeben des Widerstands liegt die »goldene Gelegenheit«, uns selbst zu begegnen und die Energie in pure Lebensenergie zu verwandeln.

Im Aufgeben des Widerstands liegt die »goldene Gelegenheit«, uns selbst zu begegnen und die Energie in pure Lebensenergie zu verwandeln.

Zum anderen ist Vergebung eine geheime, aber wichtige Zutat, um blockierte Energien wieder zu befreien – auch dann, wenn es negative Erfahrungen waren, die wir erleben mussten. Im Vergeben können wir sie als vergangen akzeptieren, ohne sie zu bewerten oder zu verdrängen. Wir können uns mit ihnen versöhnen und loslassen. Erst dann kommt die Bereitschaft, ihnen einen passenden Platz im Herzen zu geben, sie zu würdigen und beteiligten Personen zu vergeben. Vergebung heilt Wunden: Wann gelingt es dir, aus ganzen Herzen, »Ich vergebe dir« zu sagen? Ist es dir möglich, einer anderen Person gegenüber »Es tut mir leid« auszusprechen? Schaffst du es, dir Selbstliebe zukommen zu lassen, indem du dir vergibst, sodass du es auch innerlich fühlen kannst? Selbst der kleinste erste Schritt kann Erstarrtes in Bewegung bringen. Darin liegt ein enormer Energiezugewinn. *Hass bindet stärker als Liebe,* sagt der Psychotherapeut Bernd Hellinger und charakterisiert die Triebfeder des Hasses als ein tiefes Gefühl der Minderwertigkeit. Wenn sich alte innere Spannungen lösen, erleben wir die Gegenwart kostbarer, wir fühlen uns liebenswerter und freier. Die Beziehung zu uns selbst verändert die Beziehung zu anderen und ermöglicht es uns, eine andere Zukunft zu gestalten.

Sich getrennt, isoliert, krank und depressiv zu fühlen, ist eine höfliche Einladung des Lebens, einen Wechsel vorzunehmen, die eigene Perspektive zu ändern und eine neue Balance herzustellen. Unsere Bewertungen und Beurteilungen haften wie ein Etikett auf dem Erlebten. Wer Angst, Neid, Ärger, Eifersucht oder Enttäuschung in sich genau analysiert, wird feststellen, dass nicht die Situationen diese Gefühle erzeugen, sondern die Gedanken, die wir uns über eine Situation machen. Wir beobachten uns und andere und kleben das passende Schild daran: »Mein Nachbar ist unmöglich, er grüßt kaum zurück, wenn ich ihn sehe.« Etikett: Er ist ein arroganter Schnösel! Oder: »Ich bin so arm, denn ich muss so viel leiden.« Etikett: Ich bin bemitleidenswert! Oder: »Meine Kolleginnen behandeln mich unfair.« Etikett: Ich bin ein Opfer! Doch Selbstmitleid und Verbitterung bringen niemandem etwas, schon gar nicht uns selbst. Wir haben den freien Willen und können autonom entscheiden, wie wir ihn nutzen.

Verzweiflung und Ratlosigkeit haben aber auch eine positive Seite. Sie sind die Voraussetzung dafür, dass wir für einen neuen, geeigneteren Weg zur Bewältigung der Angst offen werden. Wer glücklich leben will, sucht in allen Lebenssituationen den Gegenpol zur Angst. Fragst du dich, was der Gegenpol der Angst ist? Was Licht und Buntheit in einen dunklen Alltag bringt? Die wichtigsten Gegenkräfte der Angst sind Liebe, Hoffnung, Vertrauen, Freude, Demut oder Dankbarkeit, um nur einige zu nennen. Was kompensiert zusätzlich unsere Angst? Innere und äußere Bilder, Fotos oder Zeichnungen von bewegenden Erlebnissen. Sie holen unser Glücksempfinden wieder neu hervor. Wenn wir sie uns vorstellen oder im Außen so anbringen, dass unser Unbewusstes sie wahrnehmen kann. Mittels freudiger Gedanken geben wir ihnen Nahrung und unser Gehirn lernt, wieder andere »Bahnen« zu bilden.

Die wichtigsten Gegenkräfte der Angst sind Liebe, Hoffnung, Vertrauen, Freude und Dankbarkeit!

Die Kraft der Worte nutzen

Uns wurde beigebracht, machtlose Opfer zu sein. Wer glücklich sein will, nimmt das, was auf ihn zukommt, an und macht sich nicht zum Diener anderer Meinungen und zum Sklaven von Besitztümern und Karrieren. Denn Gesundheit und Glück hängen vom Gebrauch der Sprache und den Gedankenenergien, die durch den Körper hindurchströmen und ihn mit Leben erfüllen, ab. Die Kraft der Worte drückt sich in der Alltagssprache, aus. Häufig sind diverse Aussagen Hinweise, wo eine unerlöste seelische Belastung schlummert und befreit werden will: »Ich trage eine Last auf meinen Schultern, die nicht mir gehört«; »Es fühlt sich an, als ob mich ein schwerer Stein hinunterzieht«; »Ich fühle einen Druck auf meiner Brust.« In so einer Situation schlage ich oft vor, als Symbole für die Last Steine oder schwere Gegenstände zu suchen, die etwa dem Gewicht der erlebten Last entsprechen. Die Steine machen erst einmal deutlich, wie schwer die Last ist, die herumgeschleppt wird. Lass dir Zeit, um wirklich spüren zu können, wie schwer die Last ist. Atme dieses Gefühl auch noch zusätzlich in den Stein hinein. Danach empfehle ich, diesen Stein oder den Gegenstand an einen *guten Platz im Ganzen* zu bringen. Damit meine ich einen Ort, der weg vom eigenen Zuhause ist, wie zum Beispiel einen Fluss, einen Berg oder unter einem Baum. Lege dort die Last ab und erleichtere dein Befinden mit dem Satz »Ich habe es lange getragen, doch jetzt ist es mir zu schwer geworden, daher gebe ich es zurück ans Ganze.« Erlebe die damit verbundene, wohltuende Erleichterung! Klientinnen und Klienten, die diese Erfahrung gemacht haben, berichteten mir, dass ihr Druck wesentlich leichter geworden ist oder sogar ganz verschwand. So erleichterst du deinen seelischen Druck und deine Angst. Lass dich dabei von deiner Intuition leiten!

Worte erschaffen deine Wirklichkeit. Negative Gedanken werden durch dauerndes Reden verstärkt. Ständig über die eigenen Probleme nachzudenken, sie zu diskutieren und jedem zu erzählen, wirkt wie Dünger auf sie. Natürlich entspannt uns das Reden auch. In stark belasteten Situationen kann ein Gespräch mit Freundinnen oder in der Therapie Erleichterung bringen. Doch das immer wiederkehrende Erzählen versetzt uns in eine Art

Worte erschaffen deine Wirklichkeit.

Trancezustand. Je mehr unsere Gedanken um das eigene Ich kreisen, desto unglücklicher werden wir. Weniger Ich-Bezogenheit hilft uns, mehr Selbstliebe zu entwickeln, denn unsere Gedanken und Emotionen sind das, was unseren Körper beseelt.

Die gute Nachricht: Wir können selbst Regisseure der eigenen Zukunft sein, anstatt Opfer der Umstände. Wir sind mehr als unser Körper. Wir können mit unserem Gehirn weit mehr Positives bewirken, wenn wir es richtig benutzen. Ein gesundes Gesamtbild von sich selbst vor Augen zu haben, ist positiv, denn dann werden im Gehirn positive Hormone erzeugt. Es werden neue Verschaltungsmuster konditioniert und gespeichert.

Mit Entschlossenheit und ein wenig Übung schaffst du es, selbst an grauen Tagen die Sonne wieder scheinen zu lassen. Lass dich nicht von dir selbst austricksen! Pessimisten malen die Gegenwart und die Zukunft in den schwärzesten Farben. Zeichne, denke und besprich deine Gegenwart und Zukunft bunt, farbenfroh und lebendig. Lass es nicht zu, dass vergangene Erfahrungen über dich bestimmen. Was und wie du denkst, entscheidest du selbst! Welche Bedeutung du deinen bisherigen Erfahrungen gibst und wie du sie bewertest, liegt ganz bei dir. Natürlich gelingt es nicht immer, positiv zu bleiben. Ich kann dir aber versichern: Wenn du dich aufmerksam auf dein Gelingen konzentrierst, findest du in winzigsten Kleinigkeiten die Möglichkeit, dich aufzurichten. Trainiere deine Gedanken so, wie sich eine Skirennläuferin auf einen Abfahrtslauf vorbereitet. Sie konzentriert sich mit inneren Bildern auf den Sieg und malt sich jede Stelle und jedes Hindernis so aus, dass sie es perfekt bewältigen kann.

Jedes innere Wachstum entsteht, wenn wir der Freude dienen und nicht

Jedes innere Wachstum entsteht, wenn wir der Freude dienen und nicht der Angst.

der Angst, denn Freude ist eine mächtige Energie, die wir für uns einsetzen können. Mit der Freude wächst die Liebe zum Leben, die Selbstliebe, die Liebe zur Natur, die Liebe zur Kunst und das stabile Gefühl, wertvoll zu sein, egal, was passiert ist.

Lebenskrisen zeigen uns, wie wir uns und unserer Liebesfähigkeit näherkommen können. Der Psychiater Carl Gustav Jung wusste: *Alle Konflikte, alle Lösungen sind in unserem Unbewussten vorgeformt, daher wird der Weg für uns Menschen leichter, wenn wir Unbewusstes und Bewusstes näher aneinanderrücken.*

Bewusstsein und Transformation

Anita fühlt sich seit Langem ausgepowert. Obwohl sie als junge Frau viel unternimmt und sich aktiv in Vereinen engagiert, fühlt sie sich einsam. Sie grübelt viel und ist tief in ihrem Inneren überzeugt: »Ich bin es nicht wert, eine Beziehung zu haben und glücklich zu sein.« Seit einigen Jahren lassen sie Albträume nicht mehr schlafen.

Erinnerungen können Kerker sein und beinahe lähmend auf uns wirken. Vielfach bleiben wir nach traumatischen Erlebnissen in der Vergangenheit gefangen, und das Erlebte bestimmt unsere Gedanken. Unser kultureller Überbau und die Erziehung, die wir erfahren haben, beeinflussen die Bewertung dieser Gedanken. Bewusstsein und Aufmerksamkeit erschaffen unsere Wirklichkeit. Was im Außen passiert, besitzt eine innere Entsprechung.

Bewusstsein und Aufmerksamkeit erschaffen unsere Wirklichkeit. Was im Außen passiert, besitzt eine innere Entsprechung.

So wie bei Anita, die sich sehnlichst eine Beziehung wünscht. Ihr Glaubenssatz, nicht wertvoll zu sein oder nicht sein zu dürfen, drückt sich im Außen aus. Sie lebt ohne Beziehung! Um aus der Gefangenschaft auszusteigen, bat ich sie, positive innere Bilder zu suchen. Sie soll sich einige Wochen lang vorstellen, dass kein Problem vorhanden ist und stattdessen 21 Tage lang nur Glücksmomente visualisieren. Anita kreierte positive Bilder, in denen sie sich geliebt fühlte. Gemeinsam mit einem imaginären Partner erlebte sie sich als wertvoll und gesehen. Sie begann, sich an die wunderbaren kurzen oder auch langen Momente der Freude in ihrem Leben zu erinnern: Erinnerungen und innere Bilder der ersten Verliebtheit, ein erfolgreich geschaffter Abschluss. Diese Erinnerungen veredelten ihre Glücksenergie, und so gewann sie ihre Begeisterung und ihre Ausstrahlung wieder zurück.

Mit derartigen Gedanken laden wir die Bilder jedes Mal von Neuem mit Energie auf und fühlen uns wohler. Die glückliche Hochzeit, die bewegende Geburt deines Kindes, all das kann zu deiner Anti-Depressions-Strategie werden. Es funktioniert! Lass dich überraschen. Falls dir das zu simpel erscheint, hast du recht. Es *ist* einfach. Doch es wirkt. Du wirst es merken, wenn du dir in Krisenzeiten die Mühe machst, es selbst auszuprobieren. Wirf alten Ballast ab, indem du dich auf das Gute, das Gelingen und das Positive konzentrierst. Anita zum Beispiel begann zu malen und zu tanzen. Dadurch gewann sie wieder ein neues, wundervolles Körpergefühl. Sie verlor Gewicht und nach und nach ihre Angst.

Entdecke in dir, was dir am meisten bedeutet und was du glaubtest, verloren zu haben. Hole dir deine Glücksmomente bewusst zurück!

Ein Mangel an Liebe zeigt sich in einem Mangel an Vertrauen in das Leben. Jeder Gedanke, jedes gesprochene Wort und jede Handlung wird zum Dünger für die Liebe und bringt uns unserer Liebesfähigkeit und unserer Heilung näher.

Entdecke in dir, was dir am meisten bedeutet und was du glaubtest, verloren zu haben. Hole dir deine Glücksmomente bewusst zurück!

Führe eine Dankbarkeitsliste!

Notiere dir Situationen, für die du dankbar sein kannst. Führe eine Liste, die du ständig erweiterst. Auch im Kleinen und Kleinsten liegt das Große. Wenn du dir deine Liste ab und zu durchliest, tut dir das gut und gibt dir Kraft. Vielleicht fällt es dir anfangs noch schwer, doch ich bin sicher, dass dir etwas einfällt, auch wenn es nur Kleinigkeiten sind.

Anfangs fühlte es sich für mich an, als ob ich Wasser aus einem Stein pressen sollte. Daher begann ich, Selbstverständliches als großartig zu betrachten. Etwa einen Körper, der funktioniert, denn ich konnte mich wochenlang nicht bewegen. Freude und Dankbarkeit über kleinste Bewegungen war Teil meiner Dankbarkeitsliste. Damals wollte ich meine Finger verstecken, umhüllen, unsichtbar machen. Ich fühlte mich als fremdes Wesen in einer perfekten Welt. Daher konzentrierte ich mich auf etwas Schönes, nicht Schmerzhaftes: auf mein Leben, auf mein Lachen, die Freude und all die schönen Begegnungen.

Halte an Magic Moments fest!

Sammle Glücksmomente in einem kleinen Glückstagebuch. Beginne diese Momente, deine Magic Moments, die dich glücklich machen, zu zelebrieren und aufzuschreiben.

Unser Gehirn und unsere negativen Gedanken ändern sich, wenn wir unsere schönen Erfahrungen sammeln und uns daran erinnern. Außerdem tut es gut, sein Glückstagebuch in Momenten lesen zu können, in denen wir es besonders brauchen. Das verändert die Perspektive und lenkt von trüben Gedanken ab.

Vertraue auf die Baby-Steps!

Wenn du mit einer Aufgabe, einem Projekt oder deinem Verhalten sehr zufrieden bist, mache dir bewusst, was passiert ist und versuche, in den nächsten Tagen mehr davon zu tun. Selbst gesteckte Ziele lassen sich so wunderbar erreichen. Die Glückshormone, die dabei ausgeschüttet werden, bringen den Körper in Bewegung.

Aus meinen ersten fünf Schritten wurden Tage später zehn. Auch wenn ich müde war: Die Ministeigerung von fünf Prozent half mir zum Erfolg. Kurze Zeit später schaffte ich 15 Schritte, plus zwei Schritte mehr, und so weiter. Ich weitete meinen Gehradius auf Stockwerke aus und danach auf die Runden im herrlichen Park der Rehabilitationsklinik. Das tägliche Quantum mehr lohnte sich. Es war leichter, ein wenig über meine Grenze hinaus zu trainieren – auf das, was ich gerade noch schaffen konnte. Sich selbst unter Druck zu setzen und sich ungeduldig zu überfordern, dient der Sache nicht. Übereifer bewirkt nur das Gegenteil.

Wenn man weiß, was gut funktioniert, macht man damit weiter. Es lohnt sich, sich an jedem kleinen Erfolg aufzurichten. Nur bitte ohne Druck! Druck und Stress lassen Gehirnzellen absterben. Im entspannten Zustand können wir oft beobachten, wie neue, zündende Ideen entstehen. Wenn wir das Wissen-wollen loslassen und darauf vertrauen, dass eine Idee für eine Lösung auftaucht, wird sie entstehen. Wer hat nicht schon die Erfahrung gemacht, dass eine glorreiche Idee beim Duschen, beim Laufen oder bei der Gartenarbeit entstanden ist? Genauso ist es mit den inneren Bildern. Sie wirken auch dann, wenn wir unseren Geist auf einer bewussten

Ebene gebrauchen. Mit Übung können sie zu deinem persönlichen Glücksdurchbruch führen.

Meine Beharrlichkeit lohnte sich jedenfalls! Es ist der 10. April 2011, sechs Monate nach meinem Unfall: Aus meiner ferrariroten Schiene blitzten schamhaft drei kleine verkürzte Fingerchen. Sie sind noch immer unförmig und dick, die Spitzen kalt und gefühllos. Der lange Zeigefinger war noch nicht einsatzbereit. Der Bruch im obersten Gelenk wollte seit fünf Monaten nicht so richtig zusammenwachsen. Daher kleidete ihn eine beige Fingerschiene, die mir bei allen Handgriffen und beim Halten von Gegenständen zusätzlich hinderlich war. Der Daumen, der einen wichtigen Auftrag zu erfüllen hätte, nämlich die anderen, kleinen Fingerchen beim Greifen zu unterstützen, konnte seine Funktion ebenfalls nicht erfüllen. Seine Beugesehne hatte sich mit der künstlich angenähten Haut über Elle und Speiche verklebt. Die Schiene war unerträglich heiß. Selbstverständlichkeiten des Alltags wurden mir zur besonderen Herausforderung. Doch ich richtete mich an den kleinen Erfolgen auf. Wie Haltegriffe in einer steilen Felswand lotsten sie mich sicher, Millimeter um Millimeter, weiter.

Oft, viel zu oft, versuchte ich Birnen oder Äpfel aus dem in der Klinik bereitgestellten Obstkorb des Buffets zu nehmen. In der gesunden Hand die Krücke und meine Habseligkeiten, wollte ich es mit meiner linken Hand versuchen. Mehr als fünf Minuten benötigte ich für diesen einfachen Handgriff. Von meiner »Beute« dann auch noch abbeißen zu können, stellte aber noch einmal eine schwere Hürde dar. Was ich nicht wusste: Kraftvoll in einen Apfel beißen zu können, ist eine Bewegung, die von der Schulter mitgelenkt wird. Erst einige Monate später wirkten sich meine Vorstellungen vom Erfolg auch in der Realität aus. Dank meiner Sturheit, es immer wieder zu versuchen und nicht aufzuhören, selbst wenn es wehtat, gelang es mir. Die Freude war unbeschreiblich! Sie war Resultat meiner intensiven mentalen Arbeit, meiner Beharrlichkeit, meines Vertrauens an mein Unbewusstes und der Erlaubnis, auch Mini-Schritte zu würdigen.

Wenn man gesund ist, denkt man nicht darüber nach, wie es ist, wenn selbstverständliche Handgriffe nicht funktionieren. Ich konnte damals einfachste Dinge nicht festhalten, tragen oder angreifen. Zupacken war nicht möglich. Sowohl der Schmerz als auch die Kraftlosigkeit in meiner Hand erlaubten mir keine natürlichen Bewegungen. Es funktionierte nicht. Gegenstände, die ich anfassen wollte, fielen zu Boden. Gläser zersprangen, Speisen landeten auf dem Teppich, Küchenkästchen wurden angespritzt, Essen verteilte sich in der Küche … und ich mitten im Chaos! In meiner Verzweiflung liefen mir Tränen über die Wangen und mischten sich mit einem unbändigen Zorn über mich und meine Behinderung. Ein eigens für mich angefertigter Beugehandschuh, ein Unterstützungsinstrument im Rahmen der Ergotherapie, der per Klettverschluss meine Finger in Richtung Handinnenfläche spannte, unterstützte meine Bestrebungen, die Finger wieder abbiegen zu können. Immer wenn ich ihn trug, wurden die Knöchel und Sehnen gedehnt, bis sie weiß wurden und schrecklich wehtaten. Nach einer halben Stunde war die Spannung meist nicht mehr auszuhalten. Doch nach und nach wurden die Finger biegsamer und schlanker. Die tägliche Millimeterarbeit lohnte sich. Beim Tippen musste ich die Tasten meines Laptops im »Adlersuchsystem« drücken, weil meine Finger noch kein Gefühl für die Tastatur hatten. Mühevoll schrieb ich meine Texte, oft auch nur mit einer Hand.

Als der Frühling mit voller Kraft und Energie erwachte, wurde mir der Unterschied der Kräfte noch deutlicher. Das Streben der Natur nach Wachstum, die aufstrebende Energie der Pflanzen, alles unterliegt einem Naturgesetz. Heilung unterliegt einem sehr individuellen Rhythmus. Ich war noch immer mit einer Krücke unterwegs. Meist fielen mir meine Lernerfolge nicht sofort auf. Dank meiner erfahrenen Ergo- und Physiotherapeuten wurde jedoch in regelmäßigen Abständen meine Beweglichkeit getestet. Jede neue Messung ließ mich erkennen, wie großartig meine Erfolge tatsächlich waren, und vergessen, wie schwer ich es vorher gehabt hatte. Positiv gedacht, freute ich mich über die weite Strecke, die bereits hinter mir lag, anstatt darüber nachzudenken, welch langer Weg noch auf mich wartete.

Damals habe ich gelernt, meine Grenzen zu erkennen und im Kleinen das Große zu sehen. Ich habe gelernt, das Ja zu mir größer werden zu lassen, Hilfe anzunehmen und mich mit positiven Menschen zu umgeben. Ich habe seither bewusst Menschen gesucht, die in der Lage sind, sich selbst und damit andere zu lieben. Ich wurde achtsamer für jene Fragen, die das Leben beharrlich stellt. Vor allem aber hatte ich gelernt, dem Unbewussten zu vertrauen und meine Wahrnehmungsfähigkeit für die inneren und äußeren Signale zu entfalten. Ich entwickelte meine Intuition und den Mut, diesen Impulsen der inneren Führung zu folgen, selbst dann, wenn mein Verstand anfangs damit nicht einverstanden schien. Einfach vertrauen, in die eigene Stimme und in die eigene Fähigkeit, und sich von seiner Intuition leiten zu lassen, ist das, wozu ich heute als *Mutmacherin* Menschen ansporne. Höre auf dein Bauchgefühl!

Steige aus der Negativspirale aus!

Im Rehabilitationszentrum traf ich viele Menschen mit komplexen Verletzungen und Amputationen, wie ich sie auch hatte, und sehr schwierigen Schicksalen. Schnell wurde aus einer einfachen Frage eine Erzählung aus dem Jammertal. Opferstorys und Sensationsgeschichten sind sehr ansteckend, besonders, wenn man selbst unter Problemen oder Schmerzen leidet. Schwupp, schon sitzt man in der Falle und fühlt sich nicht gut!

Negatives ist klebrig und ansteckend. Wenn du derartige Gedanken und Gespräche bemerkst, rufe innerlich »Stopp!«. Vertraue deinen Gefühlen, damit sich dein Bewusstsein ändern kann. Ändere die Richtung und beginne, über etwas Gutes zu sprechen. Das ist manchmal gar nicht so einfach! Unterstützung kannst du dir in deinem engsten Umfeld holen, indem du Freundinnen und Freunde darum bittest, dich aufmerksam zu machen, wenn du ins Negative abgleitest. Stoppe auch negative Informationen über Medien, denn auch sie wirken unbewusst auf uns und lassen uns in schwerer, angstvoller Energie zurück. Es mag sein, dass Zeitungen und Nachrichten am Frühstückstisch zu deiner Routine gehören, doch die negative Stimmung, die sich aus den Nachrichten ergibt, schwappt oft über und begleitet dich den ganzen Tag. Wen wundert es, wenn positives Denken dann sehr schwerfällt und Energie kostet? Experimente beweisen, dass bestimmte Hirnareale aktiviert werden, wenn wir uns oft mit negativen Informationen beschäftigen; seien es Krimis im Fernsehen oder Schreckensmeldungen in Zeitungen oder im Alltag. Wir konditionieren unser Gehirn damit förmlich auf Negatives. Im Gehirn werden die Bahnen der Synapsen, also die Wege des Denkens, mit Negativem verbunden. Bekanntlich sind die ausgetretenen Pfade jene, die am leichtesten zu begehen sind. Wenn uns dann selbst etwas Negatives passiert, was uns frustriert oder verärgert, nehmen wir das viel schneller wahr, weil wir auf negative Wahrnehmungen bereits gut trainiert sind. Man könnte sagen: Sorgen sind der negative Gebrauch unserer kreativen Vorstellungskraft.

Sorgen sind der negative Gebrauch unserer kreativen Vorstellungskraft.

Viele Gedanken in unserem Kopf sind Wiederholungen. Wir wiederholen und rezitieren ständig unsere gelernten, alten Programme und Gedankenmuster, Sichtweisen und Prägungen unserer Erzieher und Erzieherinnen. All das sind Sätze, die wir irgendwann als innere Wahrheiten akzeptiert haben. 90 Prozent dieser Glaubenssätze und Überzeugungen haben wir unbewusst in uns gespeichert. Nur zehn Prozent aller Erfahrungen sind neu, meinen die Hirnforscher. Ich musste mir eingestehen, dass auch ich voller alter Muster war, die in mir wirksam waren. Beispielsweise dachte ich mir »Ich bin so arm und kann doch eigentlich gar nichts dafür.« »Das Leben meint es nicht gut mit mir.« »Nicht zu früh freuen, denn wer weiß, was noch kommt.« Wenn ich nicht wachsam war, hinderten sie mich daran, mich auf den Neustart und eine neue Ausrichtung zu konzentrieren.

Träume dir positive Situationen ins Leben!

Übe Müßiggang und träume in Ruhephasen oder vor dem Zubettgehen bewusst deinen Traum vom Glück, vom Wohlstand, vom Überfluss, von Gesundheit und von Erfolg. Beim Tagträumen, beim Meditieren oder auch bei anderen Entspannungsübungen erleben wir eine Art Trancezustand. In diesem natürlichen Alphazustand sind Lernen und die Bereitschaft zur Veränderung am wahrscheinlichsten. Du kannst sogar deine kleinen, alltäglichen Probleme leichter machen, weil du eher bereit bist, innere Stimuli und den Rat der inneren Weisheit zu hören. Du legst damit einen Grundstein für dein Erleben im Alltag. Aus dieser Quelle reicher innerer Erfahrung kannst du so manche hoffnungslose Situation überwinden. Mache dir keine Sorgen, wenn es dir nicht gelingt, innere Bilder zu sehen. Es genügt, sie zu spüren, sie sich einzubilden oder sie zu denken. Wichtig ist die Tatsache, dass du deinen Traum träumst und dabei Spaß empfindet. Sollten deine Gedanken dabei ständig abschweifen, fange das nächste Mal wieder damit an, ohne streng mit dir ins Gericht zu gehen.

TRAUMÜBUNG:
Tue so, als wäre dein Traum Realität

Jede Auseinandersetzung mit dir und deiner Innenwelt ist ein erster Schritt in die Gesundung deines Körpers und deiner Seele. Angst ist auch nur ein Bild, das du selbst kreierst. Höre auf, diese Bilder zu erschaffen, damit deine Lösungsträume Realität werden können. Lasse am nächsten Tag eine Münze entscheiden, ob du einen Teil deines Traums auch am Tag umsetzen willst. Kopf oder Zahl? Bei Zahl tue so, als ob heute dein Traum-Wundertag ist – mindestens zehn Prozent davon. Verhalte dich so intensiv, wie es dir möglich ist. Gestalte dir deinen Alltag, als ob ein Teil des Traums wie durch ein Wunder bereits Auswirkungen auf dich und dein Verhalten hat. Was würdest du tun, wenn du völlig gesund wärst? Was, wenn du nicht mehr traurig, sondern glücklich wärst? Wie würdest du mit Niedergeschlagenheit und Ängsten umgehen?
Vielleicht gelingt es dir auch, andere erkennen zu lassen, dass dir so ein kleines Wunder passiert ist! Woran könnten die anderen das merken? Angenommen, jemand würde dich mit einer versteckten Kamera beobachten oder aufnehmen, was würde diese Person von dir sehen? Was machst du anders als sonst? Woran würde die Person merken, dass du dich gut fühlst? Schreibe deine Beobachtungen auf. Dadurch näherst du dich Schritt für Schritt deinen inneren Bildern und löst einen innerlichen Findungsprozess aus. Lasse dich überraschen, was für dich anders sein wird. Wenn die Münze aber Kopf zeigt, verbringe den Tag so, wie du ihn gewohnt bist. Die vielen positiven Erfahrungen an deinem Traum-Wundertag schreibst du am besten gleich auf deine Dankbarkeitsliste.

Ein volles Jahr verbrachte ich in Spitälern und in Reha-Kliniken, um wieder laufen und greifen zu lernen. Meine mentale Bilderwelt wurde, so wie die Zeit, meine Verbündete, und die Geduld wurde meine Mentorin. Statt in eine Opferrolle zu fallen, gab ich mir selbst Zeit. Der Körper verlangte nach Ruhe, und ich gewährte sie ihm. Die »Erlaubnis« der Langsamkeit erlebte ich als riesigen Energiezuwachs. Die Vorstellung, wieder völlig gesund zu sein, ließ mich meine psychischen Kämpfe vergessen und mich auf mein Wunder konzentrieren. Den Rest regelte das Leben für mich. Wir alle besitzen Kräfte, Emotionen und Absichten, die wir viel zu wenig nutzen, um ein neues Leben zu erschaffen!

Wir alle besitzen Kräfte, die wir viel zu wenig nutzen!

Schmerz entsteht im Kopf. Linderung können wir mit Optimismus und positivem Denken trainieren. Dafür verantwortlich sind neuronale Netzwerke, die das persönlich geprägte Schmerzempfinden ins Gehirn weiterleiten. Abhängig von den Erwartungen, von der Angst oder der eigenen Aufmerksamkeit variiert auch die Schmerzantwort. Daher begann ich, mein Denken in eine neue Richtung zu lenken: »Ich schaffe es trotz Mühsal.« »Ich kann Schmerzen aushalten, selbst wenn ich meine Medikamentendosis reduziere.« »Ich kann meinen Arm besser und besser bewegen. Alles ist gut!« Im Ruhezustand stellte ich mir jede Bewegung so vor, wie ich sie als Gesunde vor meinem Unfall getan hatte. Wie ein Mantra rezitierte ich »Alles ist gut«. Als ob diese beschwörende Zauberformel all meine Beschwerden auf einmal erleichtern könnte. Ich glaubte an mich und meine Heilung und fühlte die Freude darüber. Mein skeptisches und ängstliches neuronales Verschaltungsmuster im Gehirn entspannte sich mit jedem neuerlichen Bild des Gelingens. Täglich freute ich mich ein Stückchen mehr darüber und erzeugte damit eine stärkere emotionale Erregung, die vermehrt Botenstoffe ins Gehirn schickte. Die tägliche Dosis Morphium und die der anderen Medikamente verringerte sich.

Monate später wurde mir der Zusammenhang meines Erfolgs klar. Ich hatte in meiner Hartnäckigkeit eher unbewusst als bewusst viele Techniken der modernen Neuroplastizität und der Hirnforschung angewendet. Dadurch hatte ich die Eigendynamiken des Schmerzes unterbrochen. Durch mein starkes Wollen, frei von Schmerz und voll »funktionstüchtig« zu sein, änderte ich eine wesentliche Bahnung im Gehirn. Ich wurde optimistischer und mutiger, um Neues auszuprobieren. Offensichtlich war ich eine »sture« Patientin, die neben den herkömmlichen Therapiewegen auch noch eigene, unkonventionelle Wege ausprobierte. Forschungen zeigen, dass glückliche Patientinnen und Patienten unter weniger Schmerzen leiden und raschere Erfolge in der Therapie erreichen.

Das Gehirn und damit auch der Mensch wird so, wie man es benutzt, meint auch Gerhard Hüther, Gehirnforscher an der Uniklinik Göttingen. Er stellt fest: *Das Gehirn lernt immer, ein Leben lang, bis ins hohe Alter!* Wie wir handeln, wie wir denken, was wir fühlen, und der passende Körperausdruck gehören demselben neuronalen Netzwerk an. Verändern wir durch eine neue Einstellung unseren inneren Zustand, führt das dazu, dass wir auch anders handeln. Beginnen wir unsere Gefühle wertzuschätzen und zu akzeptieren, ändert sich auch unsere Körperhaltung. Richten wir uns auf Bilder des Gelingens aus, verändert sich die Gefühlswelt. Jeder unserer Sinne reagiert mit. Und voilà! Schon befinden wir uns auf dem Weg zur Freude und Leichtigkeit. Es funktioniert ähnlich wie bei einem Mobile: Wenn wir eines der vielen Teilchen bewegen, reagieren und verändern sich die anderen mit. Damals wusste ich das noch nicht, doch scheinbar war meine Intuition schon immer eine starke Ratgeberin.

Hüthers Erkenntnisse aus der Gehirnforschung sind

hochinteressant. Er sagt: *Was uns als Mensch ausmacht, sind unsere Erfahrungen.* Selbst früh gemachte Erlebnisse und Erinnerungen können wieder neu bewertet und quasi überschrieben werden. Jene Ereignisse, die unter die Haut gehen, strukturieren unsere Bahnen und unser Netzwerk im Gehirn und bilden sie aus. Freude, Glück oder Verliebtheit bilden im Gehirn Botenstoffe und endogene Opiate aus, die die Rezeptoren im Gehirn anregen. Diese setzen die emotionalen Zentren in Gang, und so wiederum unser Erleben. Wir erinnern uns daher lange an Geschehnisse, die »besonders« waren. Sofort tauchen in unserem Gehirn die Bilder, die Gerüche oder die damit verbundenen Gefühle auf.

Wolfgangs Großmutter zauberte für ihn, den achtjährigen Jungen, die tollsten Germknödel mit Pfirsichfüllung. Jedes Mal, wenn er sich seither Germknödel servieren lässt, tauchen diese wohltuenden Bilder in ihm auf. Germknödel und Süßspeisen blieben daher ein Leben lang für ihn die stärksten Wohlfühlspeisen. Ähnliches erlebte Maria im negativen Sinn, als sie als Mädchen, am Bahnhof auf einen Zug wartend, durch den Sog eines durchfahrenden Lastzugs fast mitgerissen wurde. Seither steht Maria immer weit hinten am Bahnsteig, wenn ein Zug oder eine U-Bahn in die Station einfährt. Wenn wir also etwas erleben und dabei Gänsehaut spüren, gehen die emotionalen Erfahrungen sprichwörtlich unter die Haut. Diese Erfahrungen, die über den Körper laufen, helfen uns, ein Leben lang zu lernen und unser Verhalten zu verändern.

Die Interpretation von Ereignissen bestimmt unsere Handlungsmöglichkeit.

Gerald Hüther ist überzeugt, dass selbst ein 90-Jähriger Chinesisch lernen könnte, wenn er das nur wollte. Vorausgesetzt, er würde es mit Begeisterung tun. Es stehen uns also alle Möglichkeiten offen, und wir haben es selbst in der Hand, wie wir mit emotional bedeutsamen Erlebnissen umgehen, selbst dann, wenn Veränderungen vorerst einmal Stress erzeugen. Während die einen es also als schlimm empfinden und eher in eine Depression abgleiten, sind andere geradezu motiviert, neue Wege zu finden. Sie lassen die neuen Gedanken zu, reagieren positiv und nicht mit Angst. Die Interpretation von Ereignissen bestimmt unsere Handlungsmöglichkeit.

Jedes Erlebnis hängt von der subjektiven Wahrnehmung und der inneren Bewertung der gemachten Erfahrungen ab. Es entsteht eine Art Download alter Geschichten, die unser Erleben beeinflussen. Dadurch prägt oder ändert die Vergangenheit unser aktuelles Verhalten und beeinflusst nicht nur unsere Reaktionen im Heute, sondern auch unsere Entscheidungen. Wir können mit unserem Kopfkino, mit bewussten inneren Bildern, die uns berühren und die quasi eine positive Gänsehaut erzeugen, die Vergangenheit überschreiben. Neuronale Verbindungen, die wir nicht nutzen, lösen sich auf. *Use it or lose it,* heißt das allgemeine Prinzip für Gehirnnutzerinnen und Gehirnnutzer. In diesem Zusammenhang erinnere ich mich gern an den liebenswürdigen und etwas schrulligen amerikanischen Psychotherapeuten und Autor Steve de Shazer, der den Ausspruch prägte: *Es ist nie zu spät, eine glückliche Kindheit gehabt zu haben!*

Als Robert von seiner schwierigen Kindheit erzählte, wies er immer noch den sorgenvollen Blick auf, den er schon als Zwölfjähriger gehabt hatte. Denn er, als Ältester von fünf Geschwistern, musste früh Verantwortung für den Haushalt und seine Brüder übernehmen, als die Mutter an einer Lähmung erkrankte und nur noch sitzende Tätigkeiten ausüben konnte. Robert übernahm damals die Rolle des Versorgers so gewissenhaft, dass er sie jetzt als Erwachsener ebenfalls lebte. Allerdings wurde ihm diese Rolle nun, mit 40 Jahren, viel zu anstrengend, und er schien an dieser Last beinahe zu zerbrechen. Kraft- und energielos saß er vor mir und ersuchte mich um Hilfe. Die größte Erleichterung fand Robert, als ihm klar wurde, dass er zwar als Zwölfjähriger so handeln musste, aber jetzt als 40-Jähriger auch einmal entspannen durfte. Er freundete sich mit dem jüngeren Robert in sich an und würdigte und schätzte dessen großartige Leistungen in der Vergangenheit. In inneren Dialogen und Bildern stellte er sich den jungen Buben vor, sprach mit ihm, lobte ihn, drückte ihn an sich und erlebte dabei starke Emotionen. Die Bürde der Verantwortung fiel damit von dem jungen inneren Anteil in Robert ab. Seine Dankbarkeit und das Versprechen, ihn immer wieder zu besuchen und jetzt mehr auf seine eigenen erwachsenen Bedürfnisse zu achten, brachte ihm große Entspannung. Indem Robert den jungen Anteil in sich würdigte, begann er, sich auch als Erwachsener selbst wertzuschätzen.

Steve de Shazer meinte, es ist nie zu spät, sich ein glückliches Leben selbst zu gestalten. Und das nicht halbherzig, sondern aus voller Überzeugung! Robert hatte zum Beispiel die Sicherheit in sich gewonnen, Verantwortung übernehmen zu können. Daher brauchte er keine Sorgen mehr zu haben, dass er andere vernachlässigen würde, weil er künftig mehr auf seine eigenen Bedürfnisse achtete. Indem er seinen inneren Zustand, so handeln zu müssen, liebevoll veränderte, löste sich der Druck. Sein inneres Kind konnte wieder lachen – und er als 40-Jähriger auch.

Es mag sein, dass das Öffnen des Herzens ganz schön viel Mut erfordert. Manche Erfahrungen und Erinnerungen sind mit dem jeweiligen Gefühl und mit Bildern im Gehirn stark gekoppelt. Darin gespeicherte Kränkungen lösen Angst aus, wieder gleiche Erfahrungen zu machen oder erneut zu scheitern. Daher vermeiden wir unbewusst oder bewusst ähnliche Situationen und nehmen uns so wertvolle Lernchancen. Verändern wir jedoch nur einen Bereich im Denken, Erleben oder in den inneren Bildern oder probieren eine andere Ordnung aus, ändert sich automatisch, wie bei einem Mobile, auch ein anderer Bereich mit; denn die Bereiche gehören alle zum selben neuronalen Strang.

Wir sind hier, um den Fahrplan der Seele zu erfüllen

und nicht den Fahrplan des Verstandes. Denn nicht der Verstand, der Wille, formt unser Leben, sondern das Herz – und da sitzt bekanntlich die Seele! Das Gehirn dient dem Herzen, nicht umgekehrt. Mir wurde klar, wie bedeutend diese Tatsache für mich und meine Genesung war. Denn der einzige Mensch, der mich unglücklich oder glücklich machen konnte, war ich selbst! Ist diese Erkenntnis nicht unbeschreiblich wertvoll? Für mich war sie das.

Lösche negative Gedächtnisspuren in deinem Kopf! Wer negative Erinnerungen mit sich trägt, zum Beispiel Gedanken an Menschen, die mit Wut, Ärger, innerer Kränkung oder mit Verachtung verknüpft sind, bindet viel Energie in seinem Körper. Das ist Energie, die für die Heilung, Leichtigkeit und Freude so dringend benötigt wird. Auch Trauer, Frustration, Verunsicherung und Zweifel sind Emotionen, die Stresshormone im Gehirn auslösen können. Stresshormone wirken sich ungünstig auf die Neuronen aus. Sie vermindern die Glukoseaufnahme im Gehirn und reduzieren damit das zur Verfügung stehende Energieangebot. Da hilft es nur, sich mit den Erinnerungen auszusöhnen und die benötigte Energie zu befreien. Das räumt den Weg frei für die Intuition und das Glücksempfinden. Wir tragen deshalb die Erinnerungen so lange mit uns herum, weil bei jedem geistigen Rückblick das Gehirn viele neuroplastische Botenstoffe freisetzt, die das gesamte emotionale Erinnerungsnetz aktivieren. Diese Botenstoffe geben dem Körper Impulse, auf die er reagiert. Am Beispiel Adrenalin, dem Stresshormon, wissen wir: Der Blutdruck steigt, das Herz beginnt schneller zu schlagen, wir beginnen zu schwitzen. Diese körperlichen Reaktionen wirken tief in die Zellen des Körpers. Selbst dann, wenn eine Erinnerung Jahre zurückliegt. Die Wissenschaft der Epigenetik spricht von Zellerinnerungen. In meinem Buch *Die Intelligenz der Zellen* beschreibe ich, wie wir diese negativen Zellerinnerungen lösen und löschen können. Denn die inneren Archive sind es, die uns immer wieder zu ähnlichem Verhalten, zu Krankheiten und Problemen führen. Die Erinnerungen in Geist und Zelle hindern uns also an einem Leben in Leichtigkeit und voller Gesundheit.

Die dunklen Gedanken in eine Kiste zu stecken und gedanklich im »tiefen Meer« zu versenken, reicht nicht aus. Besser ist es, sich innerlich mit den Situationen zu versöhnen, sich selbst zu vergeben und in unserem Kopf ein harmonisches Bild zu erzeugen. Verzeihe dir! Akzeptiere dich so, wie du bist! Es gibt keine Schwächen und Fehler, sondern nur Erfahrungen. Diese existieren in deinem Kopf und werden mit Biochemie bis in die Zellen gespeichert. Sage dir immer wieder: »Ich bin, wie ich bin. Ich bin es wert, dass es mir gut geht. Ich sage Ja zu mir und der Situation, in der ich bin. Ich vertraue. Ich gewinne meine Lebensenergie zurück. Ich bin glücklich, meine Augen leuchten, und ich genieße das Leben.«

Wenn du wieder lernst, dich für etwas zu begeistern, dich des alten emotionalen und belastenden Mülls zu entledigen, entfaltest du auch dein Potenzial. Außerdem erweisen dir alle Methoden einen guten Dienst, die dich emotional entlasten und belastende Erfahrungen ins Positive umwandeln können. Es funktioniert. Dazu, wie du deinen emotionalen Müll loswirst, findest du Literaturtipps im Anhang. Wer sich dabei schwertut, sollte professionelles Coaching in Anspruch nehmen. Ich habe dazu die Matrix-Methode entwickelt. Sie ist deshalb so wirkungsvoll, weil das Mitgefühl und das Erleben »unter die Haut geht« und die emotionalen Zentren ausbalanciert werden. Dadurch werden wir zum Magneten für ein leichtes, gesundes und glückliches Leben.

Das Geheimnis der Spiegeltherapie

Einen Monat nach meinem Unfall wurden meine Phantomschmerzen fast unerträglich. Ich hatte das Gefühl, meine Finger würden mir im Wachzustand mit einem Messer abgeschnitten. Selbst immer höhere Dosen an Schmerzmitteln brachten nur kurze Zeit eine Erleichterung. Nach Abklingen der Mittel kam der Schmerz rasch wieder. Dies war bestimmt eine der entsetzlichsten Erfahrungen während meiner Heilungszeit, und bald wurde mir klar, dass ich mich für einen anderen Weg zur Linderung meiner Schmerzen öffnen musste. Ich hatte Glück! Das Team des Krankenhauses begann, die Wirkung einer neuartigen Methode gegen Phantomschmerzen zu erproben. Meine großartigen und kompetenten Ärztinnen und Ärzte sowie Ergotherapeutinnen und -therapeuten ermunterten mich, mit der neuen Spiegeltherapie-Methode zu arbeiten und zu üben.

Im Krankenzimmer saß ich, so gut es ging, vor einem Spiegel über meine rechte gesunde Hand gebeugt. Ich bettete den schmerzenden Arm und die verletzten Finger wohlig auf eine dicke, weiche Unterlage hinter dem Spiegel, also an der Rückseite. Mein heiler rechter Arm lag vor dem Spiegel auf der Seite des Spiegelbilds. Dadurch konnte ich die gesunde Hand im Spiegelbild betrachten. Meine Augen sahen zwar nur das Spiegelbild meiner rechten Hand, doch mein Gehirn nahm zwei heile, gesunde Hände wahr. Deshalb lernte mein Gehirn das Bild von zwei gesunden Händen und die Botschaft »Alles ist gut«. Mein Gehirn sah im Spiegel wieder die Normalität. Die Spiegeltherapie half mir durch eine positive Stimulation, den Phantomschmerz zu »überschreiben«. Drei Wochen danach verlor dieser Phantomschmerz seine Heftigkeit und war nach einer weiteren Woche verschwunden. Er ist nie wieder aufgetaucht.

Anfangs war ich skeptisch. Was sollte das bringen?

Übungen mit meiner gesunden Hand vor einem Spiegel sollen die Schmerzen meiner amputierten Finger lindern? Ich verstand gar nichts. Erst viel später erkannte ich, welch ungeheure Wirkung in der Anwendung der Spiegeltherapie steckt. Heute wird sie erfolgreich bei intensiven Amputationsschmerzen oder in der neurologischen Rehabilitation, zum Beispiel nach Schlaganfällen, eingesetzt. Die Erfolge sind beachtlich. Wir können das Prinzip, mit oder ohne Spiegel, täglich in unserem Gehirn erzeugen und damit einen Durchbruch erarbeiten. Schmerzen haben viel mit deiner Einstellung zu tun. Es beginnt im Kopf, bei dir selbst. Spiegeltherapie kann Unmögliches möglich machen.

Spiegeltherapie kann Unmögliches möglich machen.

Diese Methode der Spiegeltherapie ist ein besonderer Segen, den wir der Entdeckung der Spiegelneuronen verdanken. Spiegeltherapie ist eine 1996 von Vilayanur S. Ramachandran erfundene Imaginationstherapie, die mithilfe eines Spiegels und von Übungen mit einem gesunden Körperteil im Gehirn neue Bilder erzeugt und damit Phantomschmerzen und andere »Störungen« sehr effizient ausgleicht. In Untersuchungen wurde herausgefunden, dass bei einer ausschließlichen Bewegungsvorstellung dieselbe Aktivität im Cortex des Gehirns stattfindet wie bei der tatsächlichen Bewegungsausführung. Die mentale Vorstellung und das tatsächliche Sehen der Bewegungen im Spiegelbild erzeugen im Gehirn ganzheitliche Bilder. Das Gehirn lernt wieder, ein funktionierendes Ganzes oder eine Bewegung durchführen zu können. Durch das Üben vor einem Spiegel und das Beobachten im Spiegel sieht das Gehirn wieder zwei komplette Körperteile, die funktionieren. Da unser Gehirn ein bildgebendes Organ ist, speichert es einen gut funktionierenden Zustand ab.

Phantomschmerz entsteht, weil die Repräsentation, das Bild eines kompletten Körperteils im Gehirn, abgespeichert ist. Wie gewohnt feuert nun das Gehirn seine Reize auch zu den fehlenden Körperteilen, bekommt aber keine Rückmeldung und reagiert mit Schmerz. Die Spiegelneuronen übertragen den Reiz des tatsächlichen Spiegelbilds in das jeweilige Gehirnareal und lehren die Synapsen, sich wieder neu zu vernetzen. Das Gehirn wird ausgetrickst: Die Illusion bildet eine neue Verbindung, und Schmerzen verschwinden.

Mittlerweile begeistert die Methode viele Menschen. Denn sie stellt nicht nur für Personen mit Phantomschmerzen und anderen schweren Beeinträchtigungen eine enorme Hilfe dar, jeder, der eine Krise durchlebt, kann sich an diesem Prinzip wieder aufrichten, Schritt für Schritt an inneren Bildern arbeiten und gute und positive Zustände verankern. Der Reiz des neuen Bildes wirkt. Wenn Schulter, Knie oder Hüfte wieder aktiviert werden sollen, hilft es auch, sich Bewegungsabläufe der gesunden Körperhälfte bewusst vorzustellen, oder die beeinträchtige Seite des Spiegels abzukleben, um nur die gesunde Körperhälfte zu sehen. Das ist neben der aktiven Bewegungstherapie und Physiotherapie eine große Hilfe für die Regeneration. Kollagen, Bilder und individuell gedrehte innere Imaginationen setzen einen neuen Reiz und verhelfen zum Durchbruch. Die modernen Neurowissenschaftler, allen voran Joe Dispenza, haben dazu großartige Forschungen gemacht und viele Bücher geschrieben. Der Paradigmenwechsel hat bereits stattgefunden. Das Bewusstsein, der Glaube an das Positive, an ganzheitliche Zusammenhänge, selbstbejahende Bewältigungsstrategien, an die Kraft innerer Bilder, gepaart mit dem Wissen, wie unser Gehirn funktioniert, führen zu Heilung und Transformation.

Damals bedeutete es für mich die Hoffnung auf Schmerzfreiheit, doch der Erfolg ermutigte mich, mehr von dieser Idee anzuwenden. Als ich mich später mit den neuen Wissenschaften beschäftigte, erkannte ich die großartige »Zauberkunst« dieser Methoden. Ich wollte dieses Wissen selbst in die Welt tragen. Jeder soll von dieser Methode erfahren, besonders jene, die ein hartes Schicksal zu meistern haben, dachte ich. Ich schrieb dazu zwei Bücher, zahlreiche Artikel, drehte Videos und veröffentlichte in meinem *Mutmachinstitut* Material dazu.

Eine bewegende und mutmachende Geschichte dazu erzählt die Schweizer Schriftstellerin und Regisseurin Edith Gloor. Aus heiterem Himmel bricht sie eines Morgens zusammen. Diagnose: Paraplegie. Querschnittlähmung der Beine. Man gibt ihr eine Heilungschance von fünf Prozent. Nur ein Jahr später steht sie dennoch wieder selbstständig auf den Beinen. Ihre eindrucksvolle Geschichte *Holy Shit! Meine Weltenreise von der Querschnittslähmung zum aufrechten Gang* erschien im Scorpio Verlag. Als sie die Diagnose schwarz auf weiß vor sich sah, überkam sie eine tiefe, dunkle Trauer. Drei Tage lang kam sie nicht unter ihrer Decke hervor. Trotzdem: Aufgeben kam für Edith nie infrage, im Gegenteil, erzählt sie: *Ja, ich hatte Angst. Aber ich habe nie gehadert. Denn das schwächt. Das ist die Arbeit eines jeden Patienten, egal, um welche Krankheit es sich handelt: Mit sich selbst eins zu werden, seine Mitte zu finden, Neues aufnehmen zu können. Und vor allem alle Möglichkeiten anzunehmen.* So beschloss Edith, sollte sie für immer auf einen Rollstuhl angewiesen sein, *wenigstens eine Senioren-Paralympics-Gruppe zu gründen. Mehr lag nicht mehr in meinen Händen.* In dem Wissen darüber, dass das Gehirn nicht zwischen realen und imaginierten Handlungen unterscheidet, versetzte sie sich gedanklich in ihren Körper, insbesondere in ihre Nervenzentren, um sich dann so plastisch wie möglich die eingebildeten Nervenimpulse bis hinunter in die Zehen zu senden. Und das immer und immer wieder. Das tat sie so oft wie möglich, bis sie ein Jahr später wieder gehen konnte.

Unmögliches zu schaffen, ist erlernbar.

Wenn wir wissen, wie unser inneres System funktioniert und wie wir unser Bewusstsein trainieren, wird tatsächlich Unmögliches möglich. Es beweist auch: Unmögliches zu schaffen, ist erlernbar.

KAPITEL 3

Wie wir unser Herz nähren und Liebe gedeiht

Im Herz findet die stille Erinnerung an Hingabe, Heilung und Selbstliebe statt. Es ist der Kompass, den wir immer und überall bei uns tragen. Im Herz sitzen die Wahrheit und die Weisheit. Bewusstsein ist im Herz verankert. Es bietet uns so unendlich viel an, wenn wir uns mit dieser Quelle als Ratgeber verbinden. Vielleicht erleben wir dann, dass Angst, Wut, Ärger, Misstrauen und Neid Täuschungen und Illusionen sein dürfen. Das Herz hilft uns, diese illusionären Erfahrungen aufzulösen. Wir beginnen dann wieder mehr zu vertrauen und mutiger zu werden. Mut ist die Courage, mehr auf das »Herzhören« zu bauen und das Wesen der Dinge zu erfassen. Unsere Augen lieben es, uns in die Irre zu führen. Wir glauben, unsere Umwelt zu sehen, dabei ist es doch nur Oberfläche, die wir wahrnehmen. Wir sagen aus Angst, es bleibt uns das Herz stehen. Gleichzeitig hat das Herz, in dem die Liebe fließt, die Macht, die Bitterkeit, den Zorn, den Groll zum Schmelzen bringen.

Im Herz sitzen die Wahrheit und die Weisheit.

Das Herz kann aus dem Rhythmus geraten. Wir können ihm wieder seine Stimme geben. Wer zum Beispiel an Höhenangst leidet, kann sie überwinden, indem er immer wieder auf unterschiedlich hohe Türme und Berge steigt und die Erfahrung der Sicherheit in sich erlebt. Angstmachende Situationen werden als bewältigbar erlebt, wenn wir uns mit Baby-Steps und Neugierde nähern. Mehr und mehr wächst dann Vertrauen und das Gefühl *Ach, ist doch gar nicht so schlimm.* Die innere Vorstellung von Angst und Panik löst sich allmählich auf. Aus unbewussten Bildern entsteht Bewusstsein, das im Herz seine Wurzeln bildet. Die energetische Blockade schmilzt, denn Ängste existieren nur in der Vorstellung. In der Abwesenheit von Angst kann die Liebe gedeihen. Damit sind nicht existenzielle Ängste, Todesangst oder Angst vor einer realen Bedrohung gemeint, sondern die irrealen Ängste; zum Beispiel, zu versagen, etwas falsch zu machen oder nicht gut genug zu sein, genauso wie Gedanken an Spinnen oder Schlangen, deren angstmachende Bilder schwitzende Hände verursachen. Ängste tauchen deshalb auf, damit wir erkennen können, dass sie überflüssig sind. Ängste sind Bilder und Vorstellungen, die wir uns von etwas oder einer möglichen Situation machen. Sie haben sehr häufig nichts mit einer realen Bedrohung zu tun, sondern mehr mit der Vorstellung davon, dass eine Bedrohung kommen *könnte.* Nur unser Glaube und unsere Bewertung, das Bild, das wir im Kopf festhalten, ist das Problem. Angst ist ein Bild, eine Illusion – genauso wie die Vorstellung, wie sich ein Glückszustand zeigen soll. Das Gesetz der Anziehung macht unseren Glauben und unsere Bilder, die Beziehung zu anderen und zur Welt wahr. Wenn wir uns mehr auf das Helle und Schöne, auf positive Momente und erfolgreiche Gedankenbilder konzentrieren, ziehen wir sie auch an. Das Leben wird magisch, es beschenkt uns mit Lebensmut, gibt Hoffnung und Leichtigkeit. Das beeinflusst nicht nur unseren inneren Zustand der Liebe, sondern auch unseren inneren Frieden, den wir im Herzen fühlen können.

Wenn wir uns mehr auf das Helle und Schöne, auf positive Momente und erfolgreiche Gedankenbilder konzentrieren, ziehen wir sie auch an.

Was passiert, wenn wir uns wieder selbst zuhören

In der Zeit nach meinem Unfall hielten mich meine Angstgedanken innerlich fest. Ich konnte noch keine sinnvolle Perspektive für mich finden. Zwei Wochen vor meinem Unfall hatte ich meine Anstellung gekündigt, meine Selbstständigkeit erforderte Kräfte und Eigenmotivation, an die ich damals nicht einmal denken konnte. Das soziale, allgemeine Gesundheitsnetz bezahlte ein Jahr lang meine Behandlungen und meine Spitals- und Reha-Kosten. Nach einem Jahr war ich nun »ausgesteuert«, so bezeichnet die Krankenkasse das Ende ihrer Geldleistungen nach Erreichung der Höchstdauer. Geheilt war ich dadurch aber noch nicht. Die letzte Operation, bei der mir ein Hüftspan entnommen und in den Arm transplantiert worden war, war erst zwei Monate her. Die Heilung nach dieser Operation ging sehr schleppend voran. Gleichzeitig blieb ungeklärt, wer für meine weiteren Kosten aufkommen sollte. Der Streit der Versicherungsträger aus meiner selbstständigen und meiner angestellten Tätigkeit darüber hatte erst begonnen und dauerte meinem Empfinden nach schon ziemlich lang. Völlig im »freien Fall« und ohne sicheres finanzielles Netzwerk brachten mich meine Zukunftsängste in einen erhöhten Spannungszustand. Hartnäckig blockierten sie weiterhin mich und meine Lebensenergie. Wie sehr mich das belastete, zeigte sich besonders nachts. Kaum eingeschlafen, wachte ich verschwitzt und mit klopfendem Herzen auf, erlebte Angstträume, in denen ich glaubte, den Boden unter meinen Füßen zu verlieren, oder ich fiel in eine nicht enden wollende Leere. Der Umgang mit diesem Phänomen beeinflusste meine Lebensqualität entscheidend. Es wollte mir nicht gelingen, meine Lebensenergie wiederzufinden.

Damals schrieb ich folgenden Text in mein Tagebuch:

14. Dezember 2011:
Manchmal, so wie heute, lässt mich meine Angst einfach nicht schlafen. Ich wache nach einem kurzen Schlaf auf. Mein Herz klopft aufgeregt und ich kann es mit keiner meiner üblichen Methoden beruhigen. Eine innere Unruhe plagt mich, ich weiß nicht, wie ich reagieren soll. Mein Herz weiß offensichtlich mehr als mein Verstand. Ein Jahr ist seit meinem Unfall vergangen. Noch immer muss ich täglich zur Physiotherapie. Weder mein zukünftiger Beruf noch meine Berufung und schon gar nicht der wahre Zweck meines Daseins wollen sich mir zeigen. Mein früheres Leben erscheint nicht mehr passend. Ich ahne, dass meine Erfahrungen anderen Menschen auf eine besondere Weise helfen könnten, aber wie ich mein neues Wissen beruflich nutzen soll, ist mir einfach noch nicht klar. Tausende Fragen blitzen durch meinen Kopf. Aus welchem Traum soll ich erwachen? Was will durch mich zum Ausdruck kommen? Das Ego wegschalten? Wonach sehnt sich mein Herz? Ich fühle mich weit weg von mir und bemerke, wie ich zwischen Optimismus und dem Gefühl, nie wieder ein »normales« Leben führen zu können, hin- und herpendle. Das Herz zieht sich zusammen wie eine Auster. Unruhe erzeugt mir Herzklopfen und einen Druck auf der Brust. Nervenschmerzen zucken wie Blitze durch meinen verletzten Arm. Ich kämpfe wie Don Quijote gegen die berühmten Windmühlen, kann mich nicht entspannen. Angstgedanken führen die Regie in meinem Kopf. Meine innere Stimme schreit in mir. Wo wird mein Weg hingehen? Wie werde ich meinen Lebensunterhalt verdienen? Was wird aus mir in Zukunft? Welchen Sinn sollte mein Unfall haben?

Meine Sehnsucht produzierte Bilder von Menschen, die ihre Talente leben und dabei glücklich und erfolgreich waren. Von Sängerinnen und Malern, die mit ihrem Gesang und ihren Pinselstrichen anderen besondere Momente bereiten und sich selbst zum Ausdruck bringen können. Dabei verdienen sie mit Leichtigkeit ihren Lebensunterhalt. Glück und Erfolg als natürliche Folge gelebter innerer Berufung. Sie hatten ihren Herzensweg gefunden, und das Leben »sprudelte« lebendig und leicht aus ihnen heraus.

Es wirkte auf mich, als würden mir aus jeder Ecke Erfolgsgeschichten winken, deren Signale und Zeichen ich nicht deuten konnte. Der Verstand übernahm das Ruder und steuerte den Wagen voller Befindlichkeiten. Lärmend und überquellend wollte nur mein Ego recht bekommen. Doch die innere Stimme spricht in der wortlosen Sprache des Herzens. Also war mein Innerstes aufgerufen, diese Herzenssprache zu entschlüsseln. Ich konzentrierte mich darauf, was durch mich in die Welt wollte. Ich suchte nach meinem Sinn, meinen persönlichen Freudemomenten und der eigenen Berufung. Indem ich mir auch Empfindungen wie Neid gestattete, konnte ich eine tiefere Verbindung zu mir selbst halten. Mit heftigem Herzklopfen nahm ich neidvoll Erfolgsgeschichten zur Kenntnis. Gründerinnen, Filmproduzenten, Schauspielerinnen bis zu Preisträgern, alle hatten sie etwas, das ich auch so gerne wollte: Sie hatten den Mut, der Spur ihrer Träume zu folgen und ihre eigenen inneren Überzeugungen in die Realität umzusetzen. Sie folgten der Stimme ihres Herzens und fanden ihren ganz persönlichen inneren Weg. Es war deutlich: Jede Energie folgt dem, was im Herzen brennt. Erfolg folgt der Entschiedenheit.

Lärmend und überquellend will nur das Ego recht bekommen. Die innere Stimme spricht in der wortlosen Sprache des Herzens.

Manchmal zerren uns zu viele Stimmen hin und her. Die Räder des Wagens der Befindlichkeiten wackeln und steuern immer wieder denselben holprigen Weg an. Kennen sie keinen anderen? Unsere Verwirrung in solchen Situationen mahnt uns, Stille zu suchen, damit wir hören können und wieder Harmonie finden. In der Stille entwickeln wir

Vertrauen zur Intuition, der wir folgen können. Die meisten haben Angst vor der Stille. Präsent sein und bei sich sein, sich nicht ablenken lassen, beobachten, was sich zeigen möchte, sind die ersten Schritte, sich mit der Stille anzufreunden. Die Hand aufs Herz legen, im Moment ankommen und fühlen, das ist ein guter Beginn. Dadurch gelingt auch das Loslassen von alten Konzepten. Fühlen wir den Widerstand, der sich auch als Herzklopfen zeigen kann. Stellen wir uns Bilder in uns vor und lassen wir die Barrieren fallen, bis der Atem wieder ruhig zu fließen beginnt und der Stress weicht.

Meine unruhigen Zustände dauerten monatelang an und ich fand keinen Weg, sie zu besänftigen. Wochenlang rang ich damit, meine Konzentration und Ruhe wiederzufinden. Die meiste Kraft kostete es mich, mich gegen die Tatsachen zu stellen, dass in diesem Moment nichts anderes zu tun war, als die Ablehnung gegen meine Körperbehinderung zu akzeptieren. Das Leben schleuderte mir eine Wahrheit ins Gesicht, die mir unangenehm war. Doch damit kam ich mir und meinen Irrtümern des Lebens näher als jemals zuvor. Ich war schwach, verletzbar und ängstlich. Das waren Gefühle, die ich bis dato verdrängt und im Keim erstickt hatte.

Leben bedeutet, das anzunehmen, was gerade da ist. Wahrzunehmen und wertzuschätzen, ohne zu bewerten. Es braucht Mut und Kraft. Es braucht eine Willensanstrengung, eine klare Entscheidung, sich auf den Weg zur besten Version von sich selbst zu begeben. Genau um diese Kraft geht es. Erst dann gelingt es uns auch, mit unseren Gefühlen und mit unserer Intuition in Kontakt zu treten und aufrichtig sagen zu dürfen: Es ist, was es ist!

Leben bedeutet, das anzunehmen, was gerade da ist.

Traumata und Krisen zählen zu den wichtigsten Kräften menschlicher Entwicklung und des psychischen, sozialen und spirituellen Erwachens. Sie fordern unsere Bereitschaft, uns weiterzuentwickeln, nicht wissend, wie es ausgehen wird.

Respektieren wir ihre vielfältigen Auswirkungen auf uns als Menschenseelen, kann das transformierend wirken. Meist richten wir in solchen Krisen zu viel Aufmerksamkeit, Gedanken und Energie auf das, was wir nicht wollen, anstatt auf das Gewünschte. Aus der Arbeit mit meinen Klientinnen und Klienten kannte ich Techniken, um sie von schweren Rucksäcken der Vergangenheit zu befreien. Ich wusste um Methoden, wie man Entspannung bei Unruhe schafft. Mit hoher Konzentration, erheblicher Achtsamkeit und sehr bewussten, positiven Imaginationen erreichte ich langsam den gesuchten inneren Frieden. Ich zwang mich förmlich, Atemtechniken zu praktizieren, mir keine Sorgen um die Zukunft zu machen und meine Vergangenheit nicht zu bedauern. Bei stiller Meditation und positiven inneren Bildern fand ich Zentrierung und Ruhe. Zögernd wurde ich gelassener. Zum ersten Mal war ich wirklich entspannt, ohne geistiges Geschnatter. Mein innerer Kampf löste sich auf, es herrschte Frieden und Stille.

Frage dein Herz: Was wäre anders, wenn du nicht mehr auf dem gewohnten Weg marschierst? Gibt es ein Zeichen? Wo winkt es längst mit einem Fähnchen und sagt Stopp? Lasse die zarte Herzstimme in dir lauter und klarer sprechen. Höre ihr zu. Das Wesen der Dinge und ihre Substanz können wir nur mit dem Herzen erfassen. Das gelingt dann, wenn der Lärm in dir leiser gedreht wird. Wenn die Egostimme von der Herzstimme unterschieden werden kann. Das Herz braucht deine Zuwendung, und es braucht Licht. Verzage nicht, wenn es Wochen oder sogar Monate dauert, bis du wieder zu deinem Vertrauen findest. Wer gründlich sucht, der findet Antworten! Denn wir sind es, die uns selbst aus der Gefangenschaft befreien können.

Das Wesen der Dinge können wir nur mit dem Herzen erfassen. Das gelingt dann, wenn der Lärm in dir leiser gedreht wird. Wenn das geistige Geschnatter aufhört.

Herzenspflege lässt Träume real werden

In uns schlummern persönliche Fähigkeiten wie Samenkörner, die nur darauf warten zu keimen und sich zu entfalten. Bester Nährboden für ein gutes Wachstum sind unsere Gedanken. Dabei geht es darum, sensibel die Ohren zu spitzen und zu hören, was im Inneren wachsen will, unser Gehör und unser Gespür zu jenen Themen zu lenken, die wirklich in unserem Herzen brennen. Nicht immer ist es leicht, das, was wir wirklich wollen, auch umzusetzen.

Karl will nicht mehr in seinem Ursprungsberuf als Mechaniker arbeiten. Noch hat er seinen Traumjob nicht gefunden. Er liebt es zwar, seine Familie und Freunde zu bekochen und kreiert dabei köstliche und außergewöhnliche Mahlzeiten, doch seine Begabung als Beruf auszuüben, schien ihm lange Zeit undenkbar zu sein, weil er doch »keine passende Ausbildung« hatte. Daher bewarb er sich weiter intensiv für Berufe, die seinem erlernten Beruf annähernd ähnlich waren. Jedoch ohne Erfolg!

Das Nicht-gelingen-Wollen kann uns darauf hinweisen, dass wir einer alten Vorstellung nachlaufen, einer Fantasie darüber, wie wir leben und wirken wollen. Vielleicht wollen wir so sein wie unser Vater, unsere Mutter oder jemand, dem wir nacheifern. Was hast du über Erfolg gelernt? Was wurde dir als Kind vermittelt? Erlernte Prägungen und Glaubenssysteme wirken in uns. Diese gilt es zu hinterfragen. Denn damit übernehmen wir Verantwortung für unsere Bilderwelt und für unser Erleben. Möglicherweise schlummert hinter der Fassade des unbedingten Wollens, des Ehrgeizes oder des Festhaltens das authentische Ich und wartet nur darauf, sich zu zeigen.

Karl lernte einige Techniken, um zu sich selbst zu finden und praktizierte sie täglich. Er erforschte sich, indem er all seine Sinne stimulierte. Wenn er etwas sah, roch, schmeckte oder berührte, hielt er Ausschau danach, was ihn mit Freude erfüllte. Er wurde zur sinnlichsten Person, die er sein konnte. Er erlebte jeden Moment wach, veränderte seine Routine und suchte in seinem Herzen nach dem Hochgefühl, um seiner Berufung auf die Sprünge zu helfen. Zuerst kochte er in seiner Freizeit für Freunde und Verwandte, und schon bald wuchs seine Bekanntheit. Er fasste Mut, seiner Kreativität zu vertrauen und kreierte köstliche, raffinierte Gerichte. Bald erhielt er so viele Aufträge, dass er sich selbstständig machen konnte. Seine Begeisterung fürs Kochen war so ansteckend, dass er begann, Kochkurse abzuhalten und Kochbücher zu schreiben. Er wuchs an der Herausforderung und wurde damit glücklich, zufrieden und sehr erfolgreich.

Wer ständig mit der Angst vor der Zukunft beschäftigt ist, formt seine Zukunft ängstlich. Die immer gleichen Angstgefühle fixieren die Angst. Jene Gedanken, die du täglich denkst und mit denen du dich ständig beschäftigst, erzeugen das, was du erlebst. Gedanken sind Schwingungen, mit denen du dich, deinen Körper bis in die Zellen deiner Organe auflädst. Die Außenwelt und dein inneres Erleben zeigen dir, wie du dich energetisch aufgeladen hast. Verbinde dich mit kraftvollen und positiven Gedanken. Ziehe hochfrequentes Licht über Meditation in deinen Körper. Das Herz ist dabei ein wichtiger Transformator, es lässt uns fühlen, was richtig für uns ist. So gewinnst du den Glauben an das eigene Können, an die eigenen Fähigkeiten wieder zurück. Es beginnt ein Dialog zwischen dem Herzen und der Bildersprache des Gehirns.

Jene Gedanken, die du täglich denkst und mit denen du dich ständig beschäftigst, erzeugen das, was du erlebst.

Deine Intuition und dein intuitives Wissen siegen selbst über eine mächtige Außenwelt. Entscheidend ist, wohin wir unsere Gedankenenergie und Aufmerksamkeit lenken. Alles, was uns guttut und Freude bereitet, was uns mit Leichtigkeit von der Hand geht, gehört wahrlich zu uns. Wie ich es schon im Kapitel 2 formuliert habe: Wir kreieren uns unsere Wirklichkeit selbst. Wie eine noch grüne Samenkapsel, die darauf wartet, dass aus ihr endlich eine wunderschöne Blume wächst, ist es auch uns möglich, Träume wahr werden zu lassen. Es benötigt eine emotionale Herzenspflege. Das bedeutet, sich auf die Suche nach der Freude zu begeben, mutig zu werden und Schritt für Schritt dem zu folgen, was sich lebendig anfühlt. Es bedeutet aufzuhören, Dinge zu tun, die andere von uns erwarten, Frustration als Zeichen zu erkennen und etwas zu ändern. Es bedeutet, Ängste gegen Zuversicht zu tauschen, denn dann wird die Stimme im Herzen deutlicher und wir sind in der Lage, sie zu hören. So können wir zu dem werden, was in uns schlummert, denn in jedem Herz pocht das verschlossene Leben.

Die Forschungen des *Institute of HeartMath* haben ergeben, dass unser Herz, die Freude und die Liebe die kraftvollsten Eigenschaften für unser Überleben bereitstellen. Wie bei allen anderen Intelligenzformen müssen sie entwickelt werden. *Die Intelligenz des Herzens ist im Gegensatz zur Intelligenz unseres Gehirns umfassend und »universal« und wirkt vornehmlich zum Wohle des Individuums,* beforschte Joseph Chilton Pearce. Er beweist die tragende intelligente Kraft des Herzens. Das Gehirn dient dem Herzen, nicht umgekehrt. Das Herz produziert messbar ein 5000-mal stärkeres Magnetfeld als das Gehirn. Pearce entwickelte die sogenannte *Herzintelligenz®-Methode*, um Menschen zu mehr Vitalität, Widerstandskraft und Lebensfreude zu verhelfen. Positive Gefühlszustände stärken das Immunsystem, während negative Emotionen den Herzrhythmus bis zu sechs Stunden danach verändern. Ärger, Angst, Wut, Frust und ähnliche negative Gefühle lassen den Rhythmus des Herzens unregelmäßig werden. Wie hoch der aktuelle Grad an Erschöpfung beziehungsweise Stressbelastung gerade ist, wird mit der Herzraten-Variabilitätsmessung festgestellt. Wenn das Gefühl mit dem Denken und der Körper mit dem Geist in Einklang ist, entsteht ein stark schwingendes Herz-

Kohärenzfeld, das über die Körperebene hinausreicht. Diese Energie hat eine hohe Frequenz und erzeugt ein Magnetfeld, das auf uns und andere wirkt. Meditation, Yoga und Atemübungen erzeugen ein höheres Herz-Kohärenzfeld. Diesem Thema habe ich in meinem Buch *Die Intelligenz der Zellen* ein eigenes Kapitel gewidmet. Wer kennt nicht das Gefühl, die ganze Welt umarmen zu wollen, wenn wir glücklich sind? Die Herzensenergie, die Freude oder das Glück ist dann ansteckend. Wir strahlen Freude aus und werden zum Magneten unseres Erlebens, wesentlich mehr als über die Verstandeskraft.

Unsere innere Verbindung ist der Motor des Lebens

Liebe ist die größte Kraft, die alles zusammenhält. Wenn wir keine Liebe haben, haben wir keine Verbindung. Um nach Krisenzeiten wieder den Weg in ein neues Leben zu schaffen, ist Wissen, das sich auf den Kopf beschränkt und nicht im Herzen wurzelt, nutzlos. Der einzige Zustand, in dem wir ein erfülltes Leben führen können, ist der, in dem wir mit unserer Herzenskraft verbunden sind. Denn sie ist vom ersten Moment unseres Lebens bis zum letzten Atemzug unser Überlebenswerkzeug.

Das Denken ohne das Fühlen erleben wir als kalt. Wir sprechen dann von »herzlosen« Menschen, die keine Verbindung zu sich und ihren Gefühlen haben. Es fällt ihnen schwer, Beziehung zu erzeugen, weil sie nicht mit sich selbst in Kontakt sind. Sie können weder sich noch ihre Umgebung fühlen. Eine tiefe, herzliche Begegnung einzugehen, wirkt auf sie bedrohlich. Es ist ihnen lieber, mit einer rationalen und distanzierten Sprache zu sprechen. Wann ist ihnen die Liebe abhandengekommen?

In unserer wissenschafts- und computerorientierten Welt häufen sich psychische Störungen. Viele verbringen ihr

Leben in der Cyberwelt, und es fällt ihnen schwer, reale Kontakte zu knüpfen. Fehlende Wärme führt zu steigenden Suizidraten. Doch Krisenzeiten und Krankheiten fordern uns auf, wieder in Beziehung mit uns selbst zu treten, nährend und stärkend mit uns umzugehen, sich mit Demütigungen oder Geringschätzung auszusöhnen und bei Kränkungen zu vergeben. Frage dich: »Was kämpft in dir? Was braucht Ausgleich und Balance?« Wenn wir bereit sind, den Krieg in uns selbst zu beenden und der Leichtigkeit im Herzen zu folgen, dann sind wir auch bereit, unserer Intuition zu vertrauen.

Wenn wir bereit sind, der Leichtigkeit zu folgen, dann sind wir auch bereit, unserer Intuition zu vertrauen.

Unser Körper leistet dabei Hilfe, denn er will, ob bewusst oder unbewusst, Gefühle in Handlungen ausdrücken. So wollen wir etwa bei Ärger mit der Faust auf den Tisch schlagen oder nehmen einen erhöhten Herzschlag wahr. Der Körper reagiert. Unter psychischem Druck wird er müde. Typische Reaktionen bei Angst ist das Anspannen der Schultermuskulatur, Bluthochdruck, vermehrtes Schwitzen oder Rückenschmerzen. Widmen wir uns den Signalen des Körpers, sind wir in der Lage, Neues zu erleben und alte Muster und Programme in uns zu durchbrechen und zu löschen. Dabei zwingen uns Krankheiten oder Unfälle zum Nach- und Umdenken. Sie stellen uns vor neue Aufgaben. Menschen, die getrennt von ihren Gefühlen leben, werden durch Krankheit und Krisen nach innen geholt. Der Körper schützt uns vor der Getrenntheit von unserem Selbst. Die Ursache von Krankheiten liegt auch in der Abkopplung von der Natur. Jeder von uns besitzt ein inneres Reparatursystem, dem wir vertrauen können, wir brauchen dazu keine Pillen, die uns helfen. Wir benötigen nur eine innere Anbindung und ein Bewusstsein, was wir essen, was wir tun und wie wir einander begegnen, wie verantwortungsbewusst wir für uns selbst handeln. Dann brauchen wir nicht kontrollieren, weder die Natur noch uns, denn wir sind die Natur.

Tatsächlich wachsen Kinder nach Krankheiten, und die Literatur ist voll davon, wie Erwachsene aus Krisen gestärkt hervorgehen. Krisenerfahrung ermöglicht uns neue Erkenntnisse, doch es geht auch weniger schmerzhaft. Lassen wir uns wieder auf neue Erfahrungen ein, auf jemanden, der uns ermutigt und inspiriert. Es gibt eine Fülle von Angeboten moderner Körpertherapien, die uns helfen, den eigenen passenden Körperausdruck, neue Lebensgefühle und Stimmungen zu entdecken. Wir können damit auf eine neue Weise erleben, was wir als Kinder schon gekonnt haben: neugierig und mit Entdeckerfreude unser Herz wieder weit zu öffnen für uns selbst und für unser Gegenüber.

Die inneren Stimmen beruhigen und ruhig werden

Meine inneren »Kritikerstimmen« ließen mich nicht in der Gegenwart ankommen. Manchmal blickte ich besonnen vorwärts in die Zukunft, doch dann hörte ich wieder verzweifelt und voller Bange auf sie. In mir tobten abwechselnd Gedanken und Gefühle der Hilflosigkeit, von Schmerz und Trauer, von Verzweiflung und Ausweglosigkeit. Emotionen von Wut und Scham, Zorn und Schuld wechselten sich mit Vorwürfen und Tröstungen ab. Beharrliche Selbstanklagen hinderten mich daran, Versöhnung zu finden. Wie bringt man diese Stimmen zum Schweigen? Habe ich mich genug mit meinem Trauma beschäftigt? Wollte ich die Wut und den Zorn in mir nicht wahrhaben? Hatte ich mich genug »ausgezürnt«?

Selbstvorwürfe sind versteckter innerer Zorn: »Wenn ich doch nur aufgepasst hätte, hätte ich den Unfall vermeiden können!« Ich fühlte mich schuldig, konnte mich aber an nichts erinnern. Bruchstückhaft und vage tauchten Anhaltspunkte an meine Motorradfahrt auf. Der sonnige und warme Herbsttag, der die Blätter der Bäume schon merklich in ein buntes Kleid getaucht hatte. Das großartige Erleben, den Wind vorbeiströmen zu fühlen und trotzdem durch meine Motorradkleidung geschützt zu sein. Die Landschaft, die sich mit jedem gefahrenen Kilometer veränderte, all das erfreute mich an diesem besonderen Samstag, dem 6. November 2010. Erst durch ein dumpfes Geräusch des Aufpralls meines Körpers auf Metall und Glas wurde ich aus meiner Erlebniswelt gerissen. Auch als mich zwei fremde, große Augen anblickten und ich einen heftigen, stechenden Schmerz im linken Arm spürte, war mir nicht bewusst, was da eben passiert war. Scheinbar war ich abgelenkt. Meine Fahrt war unkonzentriert gewesen, meine Probleme und Sorgen waren mit mir gereist. Hätte ich den heftigen Windstoß bemerken können, der mich in die Mitte der Fahrbahn versetzt hatte? »Wenn ich mehr Routine beim Motorradfahren gehabt hätte, wäre es mir vielleicht möglich gewesen, angemessener zu reagieren«, kreisten meine Gedanken. Schuldgefühle vergifteten meine Lebenskraft. Selbstvorwürfe, kritische Fragen, Selbstanklagen und Groll über mich selbst machten es mir unmöglich, mich aufzurappeln. Schuldgefühle sind der Widerstand zum Glück, sie lassen uns wertlos erscheinen. Bleischwer blockierten sie meine Lebensenergie. Hilflosigkeitsgefühle und eigene Schwächen wollte ich nicht zulassen. »Ich muss stark sein, Hilflosigkeit ist Schwäche, ich bin schuld« – diese »Desasterprogramme« stellten sich meiner Heilung in den Weg, sie schluckten all meine Kräfte wie ein Auto das Benzin.

Solche und andere Gedankenspiralen bremsen uns, im Kleinen das Schöne zu sehen. Sie sind Lern- und Wachstumsblockaden. Denn hinter jedem Konflikt, auch jenem mit uns selbst, liegt ein Verlangen nach Verbindung. Daher bringt uns respektvolles Annehmen in den Zustand, Schwierigkeiten in einem blockierten Lebensbereich zu lösen und zu sagen: Es ist, wie es ist. Mein innerer Kritiker war weder zimperlich noch sparte er mit Anklagen: *Streng dich nicht so an, du schaffst das eh nicht; Ich habe immer schon gewusst, dass es nicht funktioniert; Letztlich bist du schuld, also lass es; Ich kann es nicht; Ich schaffe es nicht; Das tut man nicht; Ich muss stark sein und mich anstrengen; Nimm dich selbst nicht so wichtig.* Kritikerstimmen reden uns ein schlechtes Gewissen ein, stellen unfaire Vergleiche her oder demotivieren uns mit überhöhten Standards oder mit Perfektionismus. Neben einem schlechten Gewissen faseln uns diese inneren Saboteure mit alten, längst überholten Glaubenssätzen zu. Mein Kritiker schaffte es sogar, die kleinsten Gedanken, Wünsche und Träume als unbedeutend zu bewerten: *Kannst du das überhaupt?, Wer glaubst du, dass du bist?, Was bildest du dir ein? Wenn der Arzt sagt, es wird schwierig, dann ist das so. Du bist klein und unbedeutend und willst großartige Dinge in diese Welt setzen?* In meinem Herzen regte sich Entrüstung über so viel inneres Geplapper, das auch noch so wehtat.

Ablehnung intensiviert, was wir eigentlich gar nicht wollen, weil wir in die Abwehr viel mehr Kraft und Energie investieren. Wir kämpfen gegen eine Krankheit, strengen uns an, schmerzfrei zu sein und konzentrieren uns dabei genau darauf. Wir setzen unsere ganze Kraft gegen etwas ein, anstatt uns zu entspannen und harmonisch mit der Energie des Erlebten zu arbeiten. Das Abenteuer unserer Heilung ist im Wesentlichen ein emotionales Abenteuer. Es ist wie Surfen auf der Welle. Bewusstheit ist das Geheimnis für Lebensenergie. Allem ohne Bewertung ins Auge zu blicken, löst auf, was wir verdrängen wollen. Statt kämpfen oder siegen zu wollen, können wir tiefen Kontakt entwickeln und das Leben umarmen. Die Konzepte der Angst fließen davon und

Statt kämpfen oder siegen zu wollen, können wir tiefen Kontakt entwickeln und das Leben umarmen.

machen Platz für Liebe und Licht. Das transformiert die Beziehung zu uns und der Welt.

Dazu fällt mir die Geschichte von Morihei Ueshiba, dem Begründer des Kampfkunst Aikido ein. Als er gefragt wurde, ob er jemals Furcht empfinde, erwiderte er: *Ich fühle, was Sie fühlen, aber Sie nennen es Furcht. Ich nenne es einen Appell zu handeln. Anstatt die Furcht in einer Schlacht loszuwerden, verneige ich mich respektvoll vor ihr und erkenne ihre Vitalität an. Dadurch achte ich auf die Erfahrung der Energie in meinem Körper, anstatt den Geschichten in meinem Kopf Aufmerksamkeit zu schenken.*

Wertimagination ist eine Methode der Logotherapie des österreichischen Neurologen und Psychiaters Viktor Frankl. Die Trias-Übung stammt von dem Psychotherapeuten Uwe Böschemeyer. Sie entspannt innere Stimmen und den Kampf, den wir in uns austragen. Die Trias-Übung verbindet Gegensätze, indem man lernt, die Stimme des Kritikers und dessen Gegenspieler, die wohlmeinende Lebensbejaher-Stimme, wahrzunehmen. Eine abgewandelte Form dieser Methode stelle ich dir hier vor. Sie ist hilfreich, um die Aussagen, die dir ohnehin dauernd durch den Kopf schwirren, zu harmonisieren. Die «Gedankenleier« hält uns nämlich vom Glücklichsein ab.

GEDANKENINVENTUR-ÜBUNG

Ich möchte dich ermutigen: Traue dich, diese Gedankeninventur-Übung durchzuführen – speziell, wenn du viel über dich selbst urteilst und dich ständig in deinem Gedankenkreisel befindest.
Wähle einen Ort, an dem du ungestört bist. Atme bewusst tief ein und aus. Beruhige deinen Geist, indem du deinen Atem beobachtest. Bleibe mit deiner Aufmerksamkeit für einige Minuten bei deinem Atem. Spüre, wie deine Schultern mit jedem Atemzug entspannter werden und sich deine Gesichtsmuskeln lockern.
Nimm Papier und Bleistift zur Hand und notiere, was dir durch den Kopf geht, was dein innerer Kritiker über dich und deine Lebenssituation zu sagen hat: Woran zweifle ich an mir selbst? Wofür kritisiere ich mich? Nimm dir dafür Zeit und beende diesen Abschnitt der Übung erst, wenn du genügend Vorwürfe deines inneren Kritikers aufgeschrieben hast.
Atme erneut durch und denke jetzt an deinen Lebensbejahrer, jene wohlmeinende Stimme in dir, die dich unterstützt. Vielleicht willst du dich dafür an einen anderen Ort setzen, um Abstand vom Kritiker zu bekommen. Schreibe auf, was dir dein Lebenbejaher zu sagen hat: Was mache ich großartig? Worauf bin ich stolz? Schreibe auf, was dir dein Bejaher aus der positiven Perspektive zu berichten hat. Schreibe wieder so lange, bis die Stimme verstummt.
Jetzt ist es Zeit, zu überlegen, was du selbst darüber denkst. Dazu kannst du wieder an einem anderen Ort Platz nehmen. Lies dir durch, was du aufgeschrieben hast. Notiere dann deine Ich-Gedanken, das, was du über dich denkst, womit du eher einverstanden bist.

Markiere jene Aussagen, die dir gefallen, und ergänze jene, die dir noch einfallen.
Schreibe jeden deiner Gedanken auf, ohne zu zensieren, auch wenn dir im Moment wenig einfällt. Bleibe ganz auf deine Fragen und deine Antworten konzentriert. Vertraue darauf, dass es Bewegung im Stillstand gibt. Wenn du magst, dehne diese Übung auf mehrere Tage aus. Frage in jede Richtung weiter, in der du Lösungen suchst. Die Schätze liegen in dir! Du musst sie nur aus dem Wirrwarr der sich ständig wiederholenden Gedankenknäuel deiner Lebensthemen heben.

Ich habe diese Übung einige Male wiederholt. Meine Gegenspielerstimme klagte mich an: »Du bist schuld, dass alles so gekommen ist! Da gibt es keine Ausreden, es war dein Fehler! Na ja, Leben ist Leiden, du weißt, dass nur über Leiden lernen möglich wird! Du hättest die Warnungen ernst nehmen und zu Hause bleiben können. Wärst du nicht so stur und trotzig gewesen, hättest du bemerkt, dass es keine gute Idee war zu fahren,« und so weiter, und so weiter. Die Liste wurde länger und länger, und bald reichte mir diese Form des Gesprächs. Ich wandte meine Aufmerksamkeit meiner Lebensbejaher-Stimme zu. Ich schrieb auf, was sie flüsterte: *Deine Erfahrungen stärken dich und sind die Basis für deine sprudelnde Energie und Kraft. Durch deine Erlebnisse bist du ganz du selbst geworden, du wurdest zum Original. Du wurdest authentisch. Trotz deiner Schmerzen bist du positiv geblieben. In dir leuchtet deine ansteckende Lebensfreude.* In Anbetracht meiner Situation schmeichelten mir einerseits ihre Worte, andererseits fand ich sie viel zu übertrieben.

Sehr bewusst schrieb ich nun auf, was ich in diesem Moment wirklich brauchte und bereit war zu denken: »Nimm einfach an, was ist, mehr nicht! Akzeptiere, was du im Moment nicht verändern kannst! Werde gedankenfrei und frei von deinen Bewertungen, dann kannst du dich mehr auf deine Gefühle verlassen! Vertraue deiner inneren Stimme.« Erstaunlicherweise waren meine Antworten weniger, als ich zuerst angenommen hatte. Das Geschwätz hörte fast auf. Das Gedankenkarussell stoppte und ich wurde still. Ich war präsent und konnte mich konzentrieren. Im Hier und Jetzt fühlte ich, was für mich wichtig war.

Diese Art des »Sprechens auf Papier« klärt den Kopf. Das Schreiben erweitert Gedankenräume. Es bringt Klarheit, baut Frust und schlechte Laune ab und ist daher auch eine wunderbare Hilfe gegen Depressionen. Das Ergebnis beruhigter innerer Stimmen ist Stille. Sie erleichtert jedem, die Heimat in sich selbst zu finden. Wer sich Zeit nimmt, sich mit den Stimmen zu beschäftigen, wird mehr psychisches Wohlbefinden finden. Denn viel zu oft machen wir uns Sorgen und Gedanken über Dinge, die wir im Moment nicht ändern können. Wir beurteilen alles und jeden und kleben ein Etikett darauf. Jedes Festhalten und Bewerten erzeugt Angst. Loslassen, zulassen und wertfrei sein befreit uns von Angst. Selbst »holprige« Lebenswege lassen sich wieder gut ausrichten, wenn wir uns nicht ständig selbst behindern. Das Ergebnis beruhigter innerer Stimmen ist innere Stille. Sie erleichtert jedem, die Heimat in sich selbst zu finden.

Durch das Schreiben betreten wir den eigenen Herzensraum und können uns dabei achtsam fragen: Fühle ich, was ich denke, oder denke ich, was ich fühle?

Die meisten Gedanken kreisen darum, was wir nicht haben und was nicht ist. Wir lassen viel zu oft die Fülle des Augenblicks ungenutzt vorbeiziehen, ohne sie auszuschöpfen und ohne uns vom Leben zu nehmen, was uns Tag für Tag geschenkt wird.

Durch das Schreiben betreten wir den eigenen Herzensraum und können uns dabei achtsam fragen: Fühle ich, was ich denke, oder denke ich, was ich fühle? Wir nehmen unsere Seele wahr und beginnen zu erkennen, dass wir mehr sind, als wir mit Bewertungen über uns wähnen.

Aus deinen Schwächen werden deine Stärken gesponnen!

Durch meinen Schicksalsschlag entfernte sich mein Arbeitsumfeld und ich wurde einsamer. Manche Menschen, die von meinem Schicksal berührt waren, rückten sehr nah an mein Herz, wurden treue und behutsame Begleiter. Andere wiederum waren jetzt nicht mehr Teil meines Lebens und meiner Geschichte. Unsere Gemeinsamkeit ging durch mein körperliches und geistiges Unvermögen verloren. Ich bleibe ihnen zutiefst verbunden. Durch sie lernte ich, dass wir an nichts festhalten müssen, weder an Gedanken noch an liebgewonnen Menschen noch an Materiellem, nicht an Verstorbenen und schon gar nicht am Leben selbst. Loslassen ist bedingungslose Liebe. Freunde loszulassen, schien mir das Schwierigste, weil ich das Gute vermisste. Selbst der Tod, der kurz an meine Tür klopfte, bedrückte oder ängstigte mich nicht. Im Ja zum Tod gewinnen wir das Ja zum Leben, weil wir an nichts mehr haften und das Leben in Leichtigkeit genießen lernen. Sterben ist eine Form von Loslassen. Lernen wir loszulassen, wird Leben leichter.

Eine andere Gelegenheit, das Loslassen zu trainieren, erhielt ich durch den Ausfall meines Gedächtnisses. Hervorgerufen durch ein Schädel-Hirntrauma und durch eine Kombination vieler Narkosen und hoher Dosen Medikamente und Schmerzmittel hatte ich Erinnerungslücken. Ich fand keinen Zugang zu meinem erlernten Wissen und meinen Fähigkeiten. Minutenlang rang ich um banale Worte. Teile meiner Wissensarchive waren verschlossen. Da die behandelnden Ärzte das Phänomen bagatellisierten, blieb mir nichts anderes übrig, als mich noch mehr meinen inneren Impulsen anzuvertrauen. Ich begriff, dass meine Persönlichkeit nicht nur über Wissen existierte, sondern vor allem durch meine Herzensbildung. Das Leben lädt uns zum Stehenbleiben ein, damit wir im Spürbewusstsein ankommen.

Das Leben lädt uns zum Stehenbleiben ein, damit wir im Spürbewusstsein ankommen.

Die großartigste Hilfe empfing ich aus den Tiefen meines Unbewussten. Die Kraft innerer Imaginationen verwandelte traurige in kostbare Momente. Imaginationen führen uns aus dem Labyrinth des Lebens. Sie sind kraftvolle innere Bilderreisen, die uns zu Orten des Vertrauens oder zur Quelle der Herzenskraft, zum inneren Angebundensein oder zur inneren Sicherheit lotsen. Alles, was wir im Außen erleben, findet im Inneren eine Entsprechung. Die transformierende Wirkung diente nicht nur meiner Heilung, sondern wirkte auch entspannend auf mein Umfeld. Je kräftiger mich meine Familie erlebte, desto mehr schwanden ihre Sorgen um meine Behinderung. Ähnlich wie bei Tagträumen machen Imaginationen das Unbewusste verfügbar, während das Denken, besonders das Probleme-wälzen, unsere Existenz ruinieren kann. Die Bilder in uns können nur Gedachtes sein. Je mehr wir uns entspannen, desto mehr können aus der Tiefe unseres Unbewussten Seelenbilder auftauchen. Mithilfe dieser inneren Wanderungen lernen wir, uns für Impulse des Heil-werdens zu öffnen. Wie bei der Meditation sind auch Imaginationen ein Weg zur Heilung von Seele und Körper. Vom Sichtbaren ins Unsichtbare! Daher bauen Imaginationen unser Identitätshaus wieder auf und schenken uns geballte Kraft. Sie sind eine Quelle für neue Lebensenergie. Das innere Geistesleben erschafft unser Erleben. Der Geist erschafft unsere Realität.

Manche sperren sich immer noch gegen das Unbekannte und vertreten sogar die Meinung, dass nicht sein kann, was nicht wissenschaftlich erklärbar ist. Ihre erlernten Glaubens- und Denkmuster stehen ihnen dabei im Weg. Wer sich und das Leben verstehen will, tut gut daran, sich mehr Fühlbewusstsein zu erlauben, denn die Seele ist ein brillanter Regisseur. Sie lässt sich nicht austricksen, anerkennt keine Lügen und will kontinuierlich weiter die Wahrheit finden. Die Kunst im Leben ist es, in allem das Licht und das Helle zu sehen. Imaginationen helfen, den hellen Lebensfaden wiederzufinden. Ich habe am eigenen Leib erfahren, wie der Geist Materie verändern kann. In Krisen neigen wir dazu, nur auf die problematische Seite zu schauen und übersehen dabei, dass wir im Entdecken der Perlen Freude, Kraft und Lebensenergie tanken können.

Die Seele ist ein brillanter Regisseur. Sie lässt sich nicht austricksen, anerkennt keine Lügen und will kontinuierlich weiter die Wahrheit finden.

ÜBUNG: Imagination zur Quelle meiner Orientierungslosigkeit

9. März 2011

Definiere vor dem Beginn einer Imagination oder des bewussten Tagtraums dein Ziel.

- Wohin soll deine innere Reise gehen?
- Zu einer aktuellen Situation?
- Zu Orten des Glücks, des Trostes, des Angenommenseins?

Beginne deine innere Wanderung immer mit Entspannung. Unterstützung dabei können gesprochene, begleitete Meditationen sein, die du auf meiner *Mutmachinstitut*-Webseite zum Download findest.
Atme tief und entspannt und lasse dabei alle Gedanken abfließen, so gut es eben geht. Spüre deine Fußsohlen, deine Körpermitte und löse ein wenig deinen Unterkiefer. Atme tiefer ein und aus und öffne dich für die inneren Bilder. So gelingt dir der Wechsel von Bewusstem zu Unbewusstem leichter. Beginne, Bilder in dir auftauchen zu lassen, ohne Zutun und ohne Bewertung von richtig oder falsch. Nützlich ist es dabei, sich einen »inneren Garten« oder eine Treppe vorzustellen, von der aus du zu den inneren Orten wandern kannst. Es ist jedem Menschen möglich, einen Zugang zu einer tieferen geistigen Basis der Persönlichkeit zu finden. Selbst Skeptiker werden begeistert sein, wenn sie es wagen, sich für diese Form der Selbstbegegnung zu öffnen.
Ich möchte dir von einer wesentlichen Imagination erzählen, gestehe aber ein, dass ich das mit einer gewissen Scheu tue. Denn was ich erlebt habe, war höchst persönlich und tief ergreifend. Es ist eben ein Unterschied, ob man eine Erfahrung aus tiefstem Herzen erlebt oder »nur« darüber liest. Bei der Beschreibung meiner Imagination verwende ich eine etwas verkürzte Form. Für meine Heilung war diese Innenschau jedoch wesentlich. Sie erlaubte mir einen Zugang zu meinen seelisch-geistigen Kräften und damit zu einer Einsicht, die mir half, weiterzumachen.
Ich wanderte an der Seite eines alten, mir bereits vertrauten Medizinmannes, den ich aus früheren inneren Reisen kannte. Links von uns ging eine kleine, gedrungene, sehr sympathische alte Frau in weiten Gewän-

dern, ähnlich wie ich sie aus indianischen Filmen kannte. Auf ihrem Kopf trug sie geschickt ein dickes Bündel weicher Decken. Beide gaben mir zu verstehen, mich auf eine innere Wanderung mitnehmen zu wollen. Sie reichten mir die Hände und ich erlebte, wie ich mit jedem Schritt den Berg hinauf erwachsener und reifer wurde. So, als ob der Weg mich vom kleinen Mädchen zur erwachsenen Frau werden ließ. Wir erreichten ein Kloster, klopften an die Tür und traten in einen wunderschönen Klosterhof. Schon beim Eintreten war eine besondere Ruhe zu spüren. Die alte Frau nahm ihre Dekken vom Kopf und breitete diese im Klostergarten aus, damit wir darauf Platz nehmen konnten. Während sie ihre Decken abstreifte und unsere Liegestatt vorbereitete, begann ihr Gewand heller und heller zu werden, so als ob ein inneres Licht in ihr plötzlich nach außen dringen wollte. Wir setzten uns nieder. Dann passierte lange nichts, wirklich gar nichts. Stille und Ruhe. Ich hörte eine Stimme sprechen: *Du brauchst Ruhe, denn mit ihr kommt deine Kraft.* Danach tauchten Bilder und Menschen in unserem Klostergarten auf, die meiner aktuellen Lebenssituation entsprachen. Lebhaft und laut unterbrachen die Menschen mit ihren Tönen die Stille des Gartens, in dem noch vor Kurzem die Ruhe so heilsam gewesen war. Bilder von konkreten Situationen entstanden vor meinem geistigen Auge und wurden durch das bloße Betrachten und Wahrnehmen geklärt, entspannt oder gelöst. Dankbarkeit machte sich in mir und meinem Herzen breit, so stark, dass sie aus meinem Herzen strömte und bald den Raum des Klostergartens ausfüllte. Der Raum strahlte mit einer besonderen Kraft. Während die Medizinfrau uns und allen Beteiligten wohltuende Kräuter und Getränke reichte, entspannten sich die Menschen, die mit uns in diesem Garten weilten und ließen sich sanft und ruhig bei uns im Kreis nieder. Die weichen Decken verstärkten die Energie der Ruhe und des Sich-Sammelns. Es wurde wieder still. Lange genossen wir die Stille. Mitten in dieser wunderbaren Ruhe hob die Medizinfrau ihre Hand und ließ einen Tropfen Wasser in den weichen, goldfarbenen Sand gleiten. Aus diesem Tropfen entsprang eine Blüte, und auf wunderbare Weise entstand auf dem Blütenboden ein Haus, ein Tempel, eine Stadt, eine Welt, die sich ausweitete und immer weiter ausdehnte. Unter einem beinahe himmlischen, großartigen Strahlen tauchte ein Seelenland auf. Es handelte sich um mein Seelenland. Die Wasser sprudelten lebendig und strahlend und tränkten meinen Körper und meine Wurzeln. Ich fühlte mich gesegnet, gegenwärtig, angenommen und völlig ich selbst.

Das Gefühl war so unbeschreiblich, so kraftvoll, so dynamisch und stark, und zugleich voller Stille, ruhig und lebendig. Das konnte nur das Leben sein. Alles pulsierte. In mir breitete sich Wissen, Weisheit aus. Darin erkannte ich, dass Freude, aber auch Leid Teile des Lebens sind. Sie entstehen aus unserem Selbst, aus unserer eigenen Schöpferkraft. Wir existieren einzig und allein in dieser polaren Welt. Ich fühlte meine eigene Kraft und die Liebe, die im Nicht-Anhaften liegt. Ein inneres Wissen verdeutlichte mir, dass Vertrauen und Zuversicht eine ganz starke Sinngebung haben. Ich hörte eine Stimme sagen: *Aus allem, was dir zu schwer ist, wird der Stoff deiner Stärken gesponnen. Wenn du dein Herz in beide Hände nimmst, hast du die Kraft, die Welt zu verändern!*

Ich spürte eine Verschmelzung der Gegensätze von männlich und weiblich in mir, von Tag und Nacht. Jegliche Dualität vereinte sich in meinem Herzen. Tief in mir selbst verbunden erkannte ich ein All-Eins. Licht und Liebe erfüllte mich, durchströmte meinen Körper, wirkte bis in jede Körperzelle und lud mich energetisch auf. Ich erfuhr Menschenfrieden und Seelenfrieden. Dieses Bewusstsein bestimmte jeden Moment eines jeden Tages und die Welt meiner Erfahrungen. Das stärkste Gefühl aber war die Gewissheit, dass meine Erlebnisse und mein Unfall nicht sinnlos gewesen waren.

Leider gab es auch missglückte Imaginationsversuche. Besonders zu der Zeit, als mich Schmerzen, Medikamente und Ängste voll im Griff hatten. Sie erlaubten mir keine Entspannung, und der Zugang zu meiner Seelenwelt war verschlossen. Dumpfheit und Schmerz verhinderten meine Konzentration. Die erlebten Traumata blockierten mein Inneres, mein körperliches und geistiges System. Die verborgene Lernaufgabe war Stabilisierung. Um über die Seele, die Gesundheit und einen vollkommen regenerierten Körper nachzudenken, braucht es keine Sorgengedanken oder eine obsessive Beschäftigung mit den Umständen. Wenn sich Gedanken im Kreis drehen, heißt es, vollkommene Präsenz zu lernen. Nur so gelingt es, sich innere Bilder und eine sinnliche Vorstellung von Veränderung zu erlauben. Einmal waren es die Gedanken an den vollen Therapieplan. »Verpasse ich auch nichts? Habe ich die Zeit, die ich brauche?« Ich wollte jede erdenkliche Hilfe in Anspruch nehmen, um wieder ganz zu gesunden, denn ich sah in den Blicken meiner Ärzte und Therapeutinnen immer die großen Fragezeichen, wenn ich nach meinen Heilungschancen und meiner körperlichen Wiederherstellung fragte. *Ruhig werden!*, flüsterte meine innere Stimme. Doch ich war unkonzentriert. Immer wieder meldete sich mein körperlicher Schmerz und meine Gedanken kreisten. Ich nahm mich intensiv in meiner »Action« wahr, hatte ständig Sorge, nicht zu entsprechen, etwas zu vergessen oder die strengen Regeln des Rehabilitationszentrums zu missachten. »Mittagessen nicht versäumen! Schiene tragen! Visite nicht vergessen! Therapiesitzung, Blutabnahme, Kontrolltermine! Mein Arm schmerzt! Die Nervenschmerzen blitzten bis in die Fingerspitzen durch! Meine Dosis Morphium holen, oder schaffe ich es diesmal ohne Schmerzmittel?« Ich führte einen inneren Kampf mit mir selbst. Ich kämpfte im Glauben zu siegen, und konnte mich dabei einfach nicht entspannen. Bis es plötzlich in mir *Stopp!* schrie. *Ruhe!* Etwas in mir hatte vom ständigen Geplapper genug. Fast schien es mir, als ob eine innere weise Frau mir mit aller Vehemenz eine deutliche Aufforderung geben wollte: *Lerne, zur Ruhe zu kommen! Bringe deine Gedanken in Balance und lerne, dich nur auf eine Sache zu konzentrieren!* Ich öffnete meine Augen und erkannte die tiefe Bedeutung von Zur-Ruhe-kommen. Erst als ich mich deutlich ruhiger fühlte, gelang es mir zu meditieren. Es löste sich etwas in mir auf und es herrschte Frieden. Selbst meine imaginativen Reisen und inneren Wanderungen kehrten zurück. Mit der Zeit konnte ich den gefühlvollen Reichtum der inneren Welt wiedergewinnen. Doch das Wichtigste war: Ich wurde jedes Mal ein Stück heiler, und meine Hoffnung wurde ein Stück fester.

Die Essenz meines Erlebens war die Gewissheit, dass durch das Ziehen an den Blättern kein Wachstum beschleunigt werden kann und das Wollen ein Hindernis für alles Lebendige darstellt, ja, dass es Leben sogar verhindert. Man könnte sagen, das Wollen kontrolliert Veränderung und ist der Feind des Vertrauens. Doch nur mit Vertrauen gelingt es, inmitten des Unbekannten zu lernen und sich seiner inneren Führung anzuvertrauen und so mit sich selbst wirklich in Resonanz zu sein.

Das Wollen kontrolliert Veränderung und ist der Feind des Vertrauens. Doch nur mit Vertrauen gelingt es, inmitten des Unbekannten zu lernen.

Geduld war eine Eigenschaft, die ich lange trainieren musste. Mir und sicherlich vielen Menschen unserer Zeit fällt es schwer, bei den Dingen zu bleiben, weil tausend Informationen, das Sollen und das Müssen, das Scheinen, das Glänzen und das Wollen im Vordergrund stehen. Den Kontakt mit unserem inneren Wesenskern herzustellen, ist herausfordernd. Als soziale Wesen brauchen wir die Beziehung zu anderen. Sie beginnt in mir selbst, geht dann zu anderen und endet in einer Beziehung zu allem Lebendigen. In dieser Präsenz werden Gedanken und Gefühle zum Erleben. Der Körper erkennt den Unterschied zwischen Vergangenheit und Zukunft nicht, und so wird Geist zur Materie.

Sei mutig! Gib nicht auf! Mach weiter!

Monatelang herrschte ein Auf und Ab. Dazwischen fühlte es sich an, als ob ich mich in einem dichten Nebel, den kein Sonnenstrahl durchdrang, verlaufen hätte. Es wechselten Erfolg und Misserfolg. Meine verunfallten Knochen wollten nicht heilen. Die Ärzte versuchten mit neuen medizinischen Methoden das Wachstum der Knochen anzuregen. Ossatron oder Stoßwellentherapie nennt sich eine spezielle Behandlungsart, in der mit starken, wellenartigen Stromstößen die Dichte der Knochenstruktur gefördert werden soll. Eigentlich verdanken wir diese Methode einem glücken Zufall. Bei der Zertrümmerung von Nieren- oder Gallensteinen haben Mediziner festgestellt, dass neben der gewünschten Wirkung, nämlich der Zertrümmerung der Steine, die Knochen um die behandelten Zonen eine wesentlich höhere Dichtheit aufwiesen. Diesen wunderbaren Nebeneffekt setzt die Medizin heute sehr erfolgreich für die Unterstützung der Knochenheilung ein.

Für mich bedeutete das abermals Narkosen und eine neuerliche Ruhigstellung meines Arms für weitere vier Wochen. Leider ohne Erfolg! Meine zertrümmerten Ellen- und

Speichenkochen wuchsen trotz dieser wunderbaren Methode nicht zusammen. Zwischen Elle und Speiche fehlte ein beachtliches Knochenstück. Also riet mir mein Arzt zu einem weiteren größeren chirurgischen Eingriff. Dabei wurde aus meinem linken Hüftknochen ein Span entnommen und in die Elle eingesetzt. The same procedure as last time! Drei Tage Krankenhaus, vier Wochen Ruhigstellung, keine Bewegung und zusätzlich eine Hüftoperation. Muskeln verlieren bereits nach zwei Wochen ohne Bewegung ihre Kraft und ihren Tonus. Für mich war daher klar: Ich musste wie im Mensch-ärgere-dich-nicht-Spiel zurück an den Start!

Selbst meine sonst so felsenfeste Das-Glas-ist-halbvoll-Mentalität wurde gehörig auf die Probe gestellt. An manchen Tagen, wenn die Schmerzen zu heftig waren oder ich so gar keine Besserung erkennen konnte, verebbte sie. Da erwischte es mich: Wie ein Rudel hungriger Präriewölfe schlichen depressive Gefühle um mein Herz und warteten nur auf den einen schwachen Moment. Und den gab es! Zum Beispiel, wenn Schritte, Bewegungen und einfache Handgriffe extra schmerzhaft waren und nicht gelingen wollten, oder meine morgendliche Reinigung im Bad zum Hindernislauf wurde, teure Cremetöpfe aus meiner Hand glitten und am Boden in tausend Teile zersprangen. Das Aufräumen und die Körperpflege kosteten mich viel Zeit und Energie. In solchen Momenten legte sich eine dunkle Wolke der Trauer, der Wut und der Verzweiflung um mein Herz. Mir schien, als ob meine sonst so positive und seelenstarke innere Burg dem Druck nicht mehr standhielt. Mein Gegner: die Schmerzen, die Behinderung und die Zeit.

Worte des Trostes halfen mir nicht. Mitleid und Bedauern bewirkten in solchen Phasen nur eine Verschlechterung meines Zustands. Was ich brauchte, war Ermutigung und Motivation, waren anfeuernde und mitreißende Worte. Wahrscheinlich war dieser Umstand ein Motor, warum ich zwei Jahre später mein *Mutmachinstitut* eröffnete.

Meine Freundin Uta war so eine Ermutigerin in diesen Tagen. Sie fühlte in meiner letzten E-Mail meine depressive Stimmung und schrieb mir. Ihre Worte sprudelten nur so vor Entrüstung über meine trüben Gedanken: »Aber hallo, liebe Claudia! Wer hat sich immer wieder Konzepte erarbeitet – nicht nur für das ÜBERleben, sondern für sein ERleben der Welt? Wem gelingt es, für ein liebendes Umfeld zu sorgen und mit Mut und auch Nachsicht den Schwächen oder Kleinheiten anderer zu begegnen? Wer verfügt über das Lachen und das Sich-freuen-können, auch über die kleinen positiven Begebenheiten? Was ist mit deinem Humor? Mit der Empathie? Mit der Wahrnehmung, die mit viel Erfahrung und Wissen verbunden ist? Wohin schaust du, wenn du dich bewertest? Nach welcher Skala beurteilst du dich? Gibt es jemanden in deinem Umfeld, der dir die Noten dafür gibt? Wenn sich eine Tür des Glücks schließt, dann öffnet sich immer eine andere. Leider schauen wir meist auf jene Tür, die sich geschlossen hat, statt auf jene, die sich geöffnet hat.«

Getroffen! Mitten ins Herz! Betroffen und berührt rang ich nach Luft und erkannte, wie wertvoll es ist, das Herz offen zu lassen. Nur so kann uns das Leben tragen. Die Zeichen und Signale kommen als Wegweiser. Die positiven Impulse kommen unerwartet aus allen Richtungen, in diesem Fall von meiner Freundin. Sie war mein persönliches »Licht ins Dunkel«, dem ich mich nicht entziehen konnte. Ihre Worte wurden zum Seelenbalsam. Immer dann, wenn ich mich wieder einmal schmerzvoll im Jammertal befand, las ich ihre Zeilen, die mir zur Quelle der Kraft wurden. Wer Glücksmomente sammelt und sie sich in Momenten der Schwere bewusst macht, tankt neue Energie. Für mich wurde das eine meiner wichtigsten Überlebensstrategien.

Der römische Philosoph Seneca sagte: *Nicht, weil es schwer ist, wagen wir es nicht, sondern weil wir es nicht wagen, ist es schwer,* und der chinesische Philosoph Laotse meinte: *Was die Raupe das Ende der Welt nennt, nennt der*

Rest der Welt Schmetterling. Vielleicht willst du dich auch gleich auf die Suche nach deinen positiven Fingerzeigen des Lebens machen – es lohnt sich!

Der heilende Effekt der Gedankeninventur

Durch meine körperlichen Veränderungen änderten sich auch meine eigenen Wertvorstellungen. Ich hatte den Eindruck, im Außen nichts mehr zu haben, über das ich meinen Wert definieren konnte. Früher waren es Äußerlichkeiten, perfekte Kleidung, das schicke Cabrio, Schmuck und einige andere Statussymbole, die mir wichtig erschienen. Damals erwartete ich, meine Anerkennung über Leistung zu erhalten, in den Augen der anderen »jemand zu sein«. Erfolg und Karriere standen lange im Mittelpunkt meiner Aufmerksamkeit.

Sicherheit über meine kommenden Einkünfte und meinen Beruf konnte ich selbst eineinhalb Jahre später noch nicht empfinden. Welche Auswirkungen würde mein Handicap haben? Etwas in mir rief nach dem alten Leben, und etwas anderes wusste, dass das alte Leben nicht bleiben konnte. Dieses innere Paradox stellte meine Geduld auf die Probe. Ich suchte nach Möglichkeiten, um mich aus dieser Illusion der Sicherheit zu befreien. Welch ein Lebensplatz, welch ein Lebensauftrag wollte durch mich in die Welt?

Allem voran begann ich, Papiergespräche zu führen, erst mit mir selbst, danach mit meinem Mann, später mit Freundinnen und Freunden. Ich schrieb alles auf, was mich bewegte. Jedes Gefühl bekam Platz, Ausdruck und Wertschätzung. Mir schien, als müsste ich meine Seele befreien, mich freischreiben, ohne Zensur Erlebtes zu Papier bringen. Das

Schreiben ist ein Geschenk an die Seele.

Schreiben zog mich in den Bann, und die Freude, eine gesunde rechte Hand zu besitzen, verdoppelte sich mit jeder Zeile. Durch das Zu-Papier-bringen meiner Empfindungen fühlte ich Erleichterung und rückte mir selbst Zeile um Zeile näher. Im Schreiben konnte ich meine Gefühle sortieren. Es half mir, mich wieder in meiner Mitte zu spüren und erlaubte mir, mein Denken über mich gründlicher infrage zu stellen. Ich erkannte, wo ich mich in meiner Opferrolle befand und wie es dazu kommen konnte. Das Schreiben war ein Geschenk an meine Seele.

Suchst du auch nach Momenten des Glücks? Papiergespräche stellen eine unmittelbare Verbindung zwischen Denken und Fühlen her und erhellen die Gedanken. Vielleicht kann es auch deinen Regenerationsprozess unterstützen, in welcher Veränderung du dich auch befindest. Der Verstand will immer hinterfragen, einordnen und vergleichen. Mit dieser Methode kommt er zur Ruhe.

SCHREIBÜBUNG: **Papiergespräche**

Am besten beginnt man morgens nach dem Aufstehen mit dem Schreiben. Schon 20 Minuten oder etwa drei Din-A4-Seiten helfen, den Kopf freizubekommen. Drückende Sorgen können sich lösen und Träume verarbeitet werden. Ein »Wirrwarr« der Gedanken findet seinen Ausdruck auf Papier. Das Konzept stammt von Julia Cameron, einer US-amerikanischen Kreativexpertin, und wird in ihrem Buch *Der Weg des Künstlers* beschrieben. Das Schreiben von *Morgenseiten* bringt Ruhe und Klarheit und lässt uns hinter das »Allerlei«

schauen, das in unseren Köpfen schwirrt. Hinter häufig wiederkehrenden Gedanken, Fragen, Sorgen und To-dos schlummern oft ungeahnte Potenziale, die sich durch das Schreiben zeigen können.
Morgenseiten schreibst du am besten mit der Hand in ein Heft oder in ein Notizbuch; mit einem angenehmen und idealen Schreibgerät, denn es soll Spaß machen; mit der Erlaubnis, alles, was im Kopf herumschwirrt, aufzuschreiben - ohne Zensur; indem du dir zwischendurch selbst Fragen stellst und sie beantwortest. Lies in den ersten Wochen nicht, was du geschrieben hast, denn der innere Zensor ist unerbittlich und würde sonst deine angenehme Erfahrung verhindern. Wenn das Schreiben am Morgen gar nicht deinem Biorhythmus entspricht, hilft es, eine konstante Tageszeit einzuführen, in der es sich gut anfühlt zu schreiben. Du wirst bald bemerken, wie diese Inventur deinen Gedanken guttut. Wahrscheinlich wirst du so manchen Irrtümern auf die Schliche kommen oder ruhiger und mit klarem Kopf in den Tag gehen. Vielleicht kannst du auch aus deinen inspirierenden Gedanken schöpfen.

Die Entdeckung der Langsamkeit war das nächste Abenteuer, das sich meine Seele zum Lernen ausgesucht hatte, und auf das ich mich jetzt einlassen musste. Irgendwann nach meiner intensiven Betreuung begann für mich mein Alltag außerhalb des Kliniklebens. Langsam musste ich mich an die Erfahrung gewöhnen, nach einem Jahr den Schutz des Reha-Zentrums zu verlassen und mich einer »realen Welt« zu stellen. In meinem bisher durch Therapien diktierten Alltag hieß es nun, meine eigene Struktur zu finden, Aufgaben zu suchen und mich auf ein neues Ziel zu fokussieren. Nicht den ganzen Tag im Bett zu verbringen, war eine zusätzliche Herausforderung, obwohl mir nach den langen Monaten medizinischen Termindrucks ein Laissez-faire sehr willkommen gewesen wäre. Jetzt war ich auf mich allein gestellt. Einfach nur leben – das war für mich eine völlig neue Erfahrung.

Wie kann ich mein Leben wieder »in den Griff« bekommen? Sollten mir meine amputierten Finger im übertragenen Sinn zeigen, wo meine Grenzen neu zu ziehen sind? Der Richtungswechsel, den mein Leben damals vorgab, war wohl die härteste Herausforderung. Ergebnisoffen versuchte ich, die hinterlassenen Spuren meines Körpers als »Fingerzeige« zu erforschen, die Tiefen und die Höhen, das Schwierige und das Einfache, und tatsächlich fand ich auch hier mein inneres Gleichgewicht: in der Langsamkeit. Nicht, was uns zustößt, bestimmt, wer wir sind, sondern wie wir auf uns wirken lassen, was uns zustößt.

Nicht, was uns zustößt, bestimmt, wer wir sind, sondern wie wir auf uns wirken lassen, was uns zustößt.

Krankheiten und schwierige Lebenssituationen sind eine Einladung zum Wachsen. Sie sind die Herausforderung, uns weiterzuentwickeln. Wo möchtest du wachsen? Wo hast du den Verstand benutzt, um dich sicher zu fühlen oder das Leben auf Distanz gehalten? Kennst du deine Sabotagemechanismen? Jede Verlangsamung erlaubt uns, mehr im Körper zu fühlen, was in uns in Resonanz geht, wo das Körper-Echo gespeicherter Emotionen wahrzunehmen ist. Was ist im Moment in dir lebendig? Welche Situationen hat dir das Leben zugespielt, mit denen du nun Frieden schließen könntest? Wo spürst du diese körperliche Empfindung, wenn du an ein Problem denkst?

Wir sind umgeben von einer Welt, die wir selbst formen – aus unserem Herzen, in unseren Gedanken und in unseren Zellen. Lebenskrisen, Krankheiten und emotional aufreibende Erlebnisse sind für unsere Entwicklung so wichtig und wertvoll, weil wir in diesen Zeiten mehr Bereitschaft haben, uns mit den Schattenseiten und mit jenen Aspekten unseres Lebens zu beschäftigen, die wir lieber ausblenden. Die hektische Betriebsamkeit und die Dynamik unseres Egos, das nach »besser« und »mehr« hungert, decken die innere Empfindsamkeit und das Anliegen zu, sich mehr um das Sein als um den Schein zu kümmern. Wer einige Zeit dem Treiben der Leistungsgesellschaft enthoben ist, wird aufgefordert, innezuhalten und sich mit seinen Lebensumständen auseinanderzusetzen. Er wird zum Loslassen gezwungen, um sich an Vergessenes und Verdrängtes zu erinnern.

Meist glauben wir, wenn wir im Außen etwas verändern, kommen wir wieder ins Lot. Doch jeder Mensch hat eine einzigartige Komposition aus Wünschen, Zielen und Bedürfnissen, aus Talenten, Stärken und Schwächen, aus Ängsten und Zweifeln, aus Motivation, Hoffnung und Zuversicht, aus persönlichen Verboten, Geboten und ethnischen Vorstellungen. Jeder von uns hat andere körperliche, geistige, emotionale und charakterliche Eigenschaften. Mit einem Satz: Jeder ist etwas Besonderes. Lösungen für die eigene Situation brauchen daher ein inneres Bewusstsein.

Jeder ist etwas Besonderes. Lösungen für die eigene Situation brauchen daher ein inneres Bewusstsein.

Wenn du langsamer wirst, dich zentrierst und dich mit deinem Innersten verbindest, findest du das eigene Gefühl für dich wieder und trainierst deine Intuition. Du lernst, aus deiner Mitte zu fühlen, was für dich stimmig ist und du wirklich benötigst. Überlasse in unkontrollierbaren Zuständen die Entscheidungen vertrauensvoll deiner Intuition.

Du wirst dadurch bewusste Gestalterin deines Erlebens und kannst die Opferrolle ablegen. Bewusstsein bringt dich raus aus konditionierten Mustern, die dich in diese Situation geführt haben. Fasse den Mut, ausgetretene Pfade zu verlassen und neue Wege zu suchen. In der Langsamkeit. Wie das Schreiben kann die Langsamkeit eine heilende Kraft entwickeln und deine Gedanken neu ordnen.

Was die zarte Macht der Liebe verändert

Liebe bedeutet, uns tief mit dem zu verbinden, was lebt. Liebe ist nicht nur auf Menschen beschränkt. Wir sind mit allem verbunden, was beseelt und lebendig ist. Mit Pflanzen, Tieren, Steinen, mit Wasser, Licht oder dem Meer. Neue Forschungen der Quantenphysik liefern immer mehr Beweise, dass nichts isoliert vom anderen existiert. Alles ist durch ein unsichtbares energetisches Netz verbunden. Diese Erkenntnis veränderte in den letzten Jahren unsere Art zu leben und tut es immer noch. Wenn wir in tiefer Harmonie mit uns und allem um uns herum sind, dann leben wir in der Liebe. Mit ihr werden Konkurrenz und der Kampf ums Dasein durch Miteinander und Kooperation abgelöst. Liebe ist also nichts, was schmerzt, einschränkt oder verunsichert. Wenn es das tut, ist es keine Liebe. Sie ist voller Respekt und Achtsamkeit auch uns gegenüber. Altruistische Liebe ist nicht ausbalanciert, denn es fehlt die Selbstliebe. Nur auf dieser Basis können Heilung und Frieden geschehen. Heilung ist die Erfahrung dieser Harmonie mit allem, was ist und was wir erleben, im Bewusstsein, dass alles, was wir erleben, auch in uns begründet ist. Wir sind ehrfürchtig vor dem, was in und um uns herum passiert. Wir akzeptieren ohne Bewertung jede Erfahrung, die wir machen, als eine Einladung, mehr Harmonie und Leichtigkeit zu entwickeln. Wenn nichts mehr fremd ist, wird alles leicht. Wenn nichts mehr abgelehnt wird, ist alles passend, wie es gerade ist. Wenn wir respektvoll und liebevoll sind, werden diese Energien immer die stärkste Kraft sein, weil sie keine Widerstände in anderen hervorrufen. Dann kann sich jede Erfahrung wandeln und zu dem werden, was wir uns in unserem Alltagsleben wünschen.

Doch statt innezuhalten und zu spüren, was derzeit in Unordnung geraten ist und wieder neu ausgerichtet werden soll, werden Symptome verdrängt. Medikamente, Aufputschmittel und Symptombehandlungen stellen den alten Zustand rasch wieder her, und so werden wir schnell wieder fit, um im Konkurrenz- und Erfolgsstreben nicht behindert zu sein. Die innere Stimme wird überhört und der Druck, im Außen nach Lösungen zu suchen, erhöht sich. Wir lenken uns mit äußeren Aufgaben wie unserer eigenen Karriere ab, rücken Berühmtheiten ins persönliche Interesse, erwerben Wissen, tun alles, um uns nicht mit uns selbst beschäftigen zu müssen. All diese Ablenkungen erzeugen ein High-Gefühl, das stärker betäubt als so manche Droge. Mentale Betäubungsmittel machen abhängiger, und ihr Ausbleiben erzeugt Gefühle der Schwere, Verspannungen und Verhärtungen bis hin zum völligen Ausbrennen. Wir verstärken das Kontrollverhalten und verhindern so, offen zu sein und zu vertrauen, dass alles richtig ist, was uns passiert. Der Schriftsteller und Rhetoriktrainer Matthias Pöhm behauptet sogar: *Wer das Leben kontrollieren will, will das Leben nicht.* Mitten in den Verstrickungen des Egos fühlen wir uns getrennt vom Leben. Oft werden aus lauter Leistungs- und Erfolgsdruck Familie und Freunde unwichtig, und innere Dynamiken und Existenzängste treiben uns voran. Der Glanz der *Ich*-Persönlichkeit hat auf Kosten echt gelebter Potenziale und Lebensqualität gesiegt. Die Seele wird härter und der Körper verspannter. Unsere Handlungsspielräume und der Blick über den Tellerrand werden enger.

Vielen geht es dabei wie Liane: Zwei Jahre zuvor hatte sie gedacht, im richtigen Job zu sein und dort auch bis zu ihrer Pensionierung zu bleiben. Im Laufe von 22 Berufsjahren hatte sich einiges verändert. Mit den Entwicklungen der Firma war Liane auch nicht immer einverstanden gewesen. Sie kannte als Führungskraft das Auf und Ab, den Erfolg und den Misserfolg, hatte viele neue Ideen mitgetragen und ihre Erfahrungen gemacht. Jetzt war sie nicht mehr so blauäugig wie früher, sondern äußerte sich kritisch zu neuen Vorschlägen oder hatte sogar zynische Bemerkungen auf den Lippen. Immer wieder tauchte in ihr ein Gefühl auf: *Ich passe da nicht mehr dazu!* Doch sie ignorierte ihre Gefühle. Ihr Körper sandte Hilferufe: ein Bandscheibenvorfall, Kopfschmerzen und Migräneanfälle, bleierne Müdigkeit und noch viel mehr. Liane war allerdings nicht bereit, tiefer zu blicken.

Halt und Stabilität entstehen, wenn wir uns ins Leben eingebettet fühlen, lernen, Zugang zu unserer Intuition zu finden und die Signale unserer inneren Weisheit hören können. Doch vielfach halten wir, wie Liane, am »Haben-wollen« oder am »Nicht-wollen« fest, statt die Gefühle des Herzens zu hören und sie als Sprache des Lebens zu verstehen. Wir ziehen die Grenzen im Herzen, wenn wir über die anderen oder über uns selbst urteilen und trennen uns tief im Inneren vom ganzen Zusammenhang. Wenn wir Situationen bewerten, verhindern wir Freude. Bei Liane drückte sich ihr Festhalten durch innere Unruhe, negative und schwere Gedanken aus. Statt wie früher Bücher zu lesen, in Konzerte zu gehen oder sich an Reisen zu erfreuen, war für sie alles belastend. Ihren inneren Kampf und

> **Oft halten wir am »Haben-wollen« oder am »Nicht-wollen« fest, statt die Gefühle des Herzens zu hören und sie als Sprache des Lebens zu verstehen.**

Ärger, die tief sitzenden Kränkungen und ihre Schmerzen versuchte sie hinter einer Rüstung der Anpassung und Höflichkeit zu verbergen. Liane begann sich innerlich minderwertig zu fühlen und vermisste die Wertschätzung ihres Tuns. Mehr und mehr bezog sie Aussagen auf sich, fühlte sich schuldig und glaubte, versagt zu haben. Aber sie blieb in der Firma, in der sie schon so viele Jahre arbeitete. Aus Angst und Mangel an erkennbaren Möglichkeiten fiel es ihr schwer, eine Entscheidung zu treffen.

Anscheinend meint etwas in uns, wir könnten fixieren, festhalten und damit kontrollieren, was wir glauben, dass zu uns gehört. Wir wiegen uns in Sicherheit und übersehen dabei manchmal die Fingerzeige und Hinweise auf notwendige Weiterentwicklungen. Nur dann, wenn der Druck von außen sehr stark ist, beginnt eine Entwicklung. Oder wenn wir erkennen, dass derselbe zu bleiben mit größerem Leid verbunden wäre, dann lassen wir nach. Daher sind Veränderungen, innerlich oder äußerlich, beinahe immer gewaltsam oder so ungemein aufrüttelnd, verwirrend und destabilisierend. Liane war aufgefordert, wieder eine Welt der Harmonie und Leichtigkeit zu suchen, in der sie sich wohlfühlen konnte. Sie rang mit der Entscheidung, die Firma zu verlassen oder sich zu verlieren. Beharrlich löste sie ihre alten Denkprogramme auf und fand ihren Frieden wieder.

Das Ego und der Verstand wollen immer einordnen, vergleichen und Zusammenhänge klarmachen. Doch das Hirn dient nur dem Herzen. Das Gehirn hat sich im Laufe der Zeit gut entwickelt, jetzt geht es um das Herz. Die Zukunft wird im Herzen gebildet, weil das Herz höher schwingt. Also liegt der Königsweg menschlicher Entwicklung im Weicher-werden und im Bewusster-werden, im Zulassen, darin, mit unseren Gefühlen in Kontakt zu bleiben und sie auszudrücken, selbst wenn das erst wieder erlernt werden muss. Wir haben uns schon weit von unserem Inneren entfernt. Im Ausbilden des Herzgehirns liegt die größte Chance für ein wertvolleres Miteinander. Im Babyalter lernen wir im behüteten Umfeld, das Wagnis des Neuen und Fremden einzugehen und auszuprobieren: Vom ersten Schritt an der Hand der Eltern bis zum Radfahren-lernen vertrauen wir. Wir entdecken, testen, sind neugierig und probieren aus. Wir lernen die Möglichkeiten kennen, die uns das Leben schenkt. Daraus entsteht der Glaube, alles, was wir lernen, ist richtig und gut, so wie es ist und erlebt wird. Mit diesem Erfahrungswissen ausgestattet, wiegen wir uns in Sicherheit. Wir wollen diese Sicherheit nicht aufgeben, wir hinterfragen sie oft gar nicht mehr. Teils aus Gewohnheit oder aus Mangel an Alternativen bleiben wir dabei, was uns vertraut ist, selbst wenn wir darunter leiden. Wir beginnen, uns an das Leiden zu gewöhnen und vermuten, dass eine Veränderung viel zu schmerzlich wäre. Bernd Hellinger, einer der Pioniere für systemische Familienaufstellung, meint: *Leiden ist leichter als Lösen* – und er hat damit recht. Denke nur an so manche Beziehung, in der die Partner lieber streitend nebeneinander herleben, als sich zu trennen. Sie empfinden eine Trennung als zu schmerzhaft oder lassen sich von finanzieller Sicherheit leiten und bleiben in ihrer unglücklichen Verbindung. Die alten Beziehungsmuster sind vertrauter als das Neue.

Wir können aus dieser Hilflosigkeit ausbrechen. Das hilfreiche Prinzip lautet: öffnen und ausdehnen. Gemeint ist, die Gefühle und Empfindungen im Herzen und in der Gegenwart erkennen und ausdrücken. Denn Worte wirken. Sie erzeugen Verbindung oder Trennung. Mit Worten können wir unterschiedliche Emotionen klären. Das geht nur, wenn wir mit unserem Herzen verbunden sind. Jegliche Konflikte weisen darauf hin, dass uns Abgrenzung nicht guttut. Vielleicht willst du eine neue Art zu sprechen entwickeln – eine, die mit dem Herzen verbunden ist.

Wie nehmen wir eine wachsende Verbindung zum Herzen wahr?

- Emotionen und die eigene Sensibilität nehmen zu. Schädigende negative Nachrichten und Gewalt, etwa in den Medien, werden unangenehmer.
- Die Ernährung ändert sich, wir essen bewusster Gemüse und gesunde Nahrung.
- Wir nehmen uns mehr Zeit für uns, suchen Frieden, Stille und Kontemplation. Die Natur wird eine wichtige Energiespenderin. Sie beruhigt uns und bringt uns näher an unsere eigene Natur.
- Wir werden bewusster und öffnen uns für neue Menschen. Wir können Menschen, die nicht mehr zu uns gehören, leichter loslassen.
- Wir suchen nach dem Sinn des Lebens. Wir suchen nach Wahrheit, Daseinssinn und Daseinszweck.
- Mit dem Öffnen des Herzens erwacht das Mitgefühl, die Empathie.
- Aus dem Chaos entsteht etwas Neues, eine neue Ordnung.

Wir beginnen, uns mit einem Feld zu verbinden, das die Physiker Quantenfeld nennen. Der deutsche Physiker und Essayist Hans Peter Dürr meint: *Der kleine Raum, der entsteht, wenn wir die Kontrolle über unsere Gedanken, unser Leben und unser Sein aufgeben, ermöglicht es uns, aus einem kreativen Feld zu schöpfen. Im Nichtwissen liegen die Offenheit und damit der Keim für das Neue, genau darin.* Er spricht auch vom Punkt höchster Sensibilität, in dem der »Zufall« wir-

Wenn wir die Kontrolle abgeben, werden überraschende Wendungen möglich. Jetzt kann sich das Gefühl verdichten, dass alles, was uns passiert und was wir nicht planen, für uns genau richtig ist.

ken kann. Mehr über die Kraft des Nichtwissens folgt in Kapitel 4.

Wer hat nicht schon die Erfahrung gemacht, dass plötzlich und überraschend eine Wende, ein Ausweg, ein Hoffnungsschimmer auftaucht, wenn wir nicht mehr damit rechnen oder schon fast aufgegeben haben? In diesem Moment hört das Ego auf, sich so wichtig zu nehmen und wir beginnen, mehr mit dem Herzen wahrzunehmen. Jetzt können wir offen und spontan für die Signale des Alltags werden und darauf reagieren. Das bedeutet, die Kontrolle abzugeben und etwas zu riskieren, das nicht mit dem Sicherheitsdenken übereinstimmt, das uns sehr vertraut ist. Überraschende Wendungen oder »zufällige« Schlüsselsituationen sind dann möglich und können eine wundersame Wende herbeiführen. So kann sich langsam das Gefühl verdichten, dass alles, was uns passiert und was wir nicht planen, für uns genau richtig ist. Nur so können wir unser Leben wirklich leben, mit viel mehr Leichtigkeit.

Verbinden von Getrenntem: Rituale für Körper und Seele

Der Wert »Kontinuität« bekam durch meinen Unfall einen neuen, wichtigeren Stellenwert. Meine innere Werteskala richtete sich völlig neu aus. Stabilität, dauerhafte Beziehungen, Kontinuität und natürlich Gesundheit rückten in den Vordergrund und halfen mir bei meiner Traumabewältigung. Früher kreisten meine Gedanken öfter darüber, was ich *nicht* hatte und weniger darüber, was ich hatte. Vor meinem Unfall hatte ich im Großen und Ganzen ein ausgewogenes Leben ohne allzu große Schicksalsschläge geführt. Nur manche Begegnungen, beruflich und auch privat, gingen mit unbearbeitetem Streit oder Zorn unversöhnt auseinander. Jeder von uns ging dann seiner Wege und verlor keine Gedanken mehr an den anderen. Dadurch ließen wir so manchen Reichtum, der im Versöhnen liegt, ungenutzt vorbeiziehen, ohne die Möglichkeiten auszuschöpfen und die darin verborgenen, kostbaren Geschenke abzuholen. Manch inneren Ärger, vor allem aus meinen Kindertagen, schleppte ich wie einen schweren Rucksack mit mir herum. Das Zeichen für diese innere Disharmonie war ein plötzlicher und für andere ganz unerwartet auftauchender Zorn. Das irritierte sehr oft meine Mitmenschen, auch wenn sie teilweise geduldig und entschuldigend meinten, dass mein Unfall und die lange Rehabilitationszeit Ursache für meinen Zorn wären. Nur ich selbst ahnte, welche Wurzel meinen Emotionen zugrunde lagen, woher also mein Groll auf meine Umwelt und auf mich stammen könnte.

Der Körper ist der Übersetzer der Seele. *Energy flows where attention goes! – Energie folgt der Aufmerksamkeit!* Diese Haltung stammt aus dem hawaiianischen Schamanismus und ist hilfreich, um zu erkennen, worauf wir uns konzentrieren. Ärger ist so eine Konzentration. Nicht nur, dass Ärger eine starke und elementare Kraft darstellt, ist sie auch imstande, uns zu blockieren. Letztlich behindert der Ärger jene Energie, die in uns fließen will. Wut ist mit der Angst verwandt. Während sich die Angst meist auf die Zukunft richtet, bezieht sich die Wut häufig auf die Vergangenheit. Je mehr wir sie verdrängen, desto eher drückt sie sich in körperlichen Störungen oder in Stresssituationen aus. Wir schleppen schwere Rucksäcke mit Emotionen wie Wut und Angst mit uns herum, obwohl sie längst vergangen sind, und kommen dadurch nicht in unsere Her-

> **Der Körper ist der Übersetzer der Seele. Er will mit uns ins Gespräch kommen.**

zensverbindung. Meist zeigen sich solche »Altlasten« in Rücken- oder Nackenschmerzen, in Verspannungen oder Verkrampfungen des Körpers. Er weist uns darauf hin, welche Themen längst bearbeitet werden sollten. Der Körper will mit uns ins Gespräch kommen. Doch wir reagieren nicht auf seine Hinweise. Ganz im Gegenteil, wir wollen sie so schnell wie möglich in den Griff bekommen. Doch Wut ist gebundene Energie, die in uns steckt. Erleichterung schafft es, sich auszusöhnen und sie loszulassen. Die freigewordene Energie steht uns zur Verfügung oder kann in eine neue Richtung fließen. Dadurch holen wir eine neue Heilungsfrequenz in unseren Körper.

Der erlebte Ärger, eine Kränkung oder eine Enttäuschung sind erlebte Tatsachen. Sie als ein natürliches und zutiefst menschliches Geschehen vorerst einmal anzuerkennen und sich bewusst zu machen, dass »es war, wie es eben war«, ist ein wichtiger Meilenstein der Heilung. Persönliche Rituale der Vergebung sind eine weitere wertvolle Hilfe im Rahmen des Heilungsprozesses, denn es entspricht einem natürlichen Bedürfnis der Menschen, das Erlebte hinter sich lassen zu können und sich für Transzendenz zu öffnen.

Lenke deinen Blick auf dein Leben und achte darauf, welche Menschen, Situationen oder Elemente besondere Beachtung oder einen Ausgleich verdienen. Mit welchen Menschen oder mit welchen vergangenen Erfahrungen willst du deinen inneren Frieden schließen? Wer sind mögliche Kandidaten, bei denen eine Versöhnung oder ein Vergeben längst nötig wären? Es spielt keine Rolle, ob du diese Personen noch kontaktieren kannst oder ob sie vielleicht schon verstorben sind. Wichtig ist, dass du selbst zu einem persönlichen Ritual der Vergebung bereit bist.

Leider wird heute generell alles Rituelle und Ritualisierte zugunsten von Spontaneität, Unfeierlichem und Saloppem abgelegt. Rituale sind uns fremd geworden, da sie noch immer stark mit einem religiösen Kontext verknüpft sind und kirch-

Rituale stellen das innere Gleichgewicht der Seele wieder her. Sie erlauben uns zu erkennen, dass der Strom des Lebens etwas Größeres ist als wir.

liche Institutionen vielen wenig Halt und kein Vertrauen mehr bieten. Das »Brimborium« alter Rituale empfinden wir im 21. Jahrhundert als zu aufgeblasen. Vielleicht sind Rituale deshalb so wirksam, weil sie eine Art Ersatz der verlorenen Religiosität unserer Gesellschaft darstellen. Tatsache ist: Rituale stellen das innere Gleichgewicht der Seele wieder her und erlauben uns zu erkennen, dass der Strom des Lebens etwas Größeres ist als wir.

Mit der Kraft der Worte wurde schon so mancher Zauber beschworen. Diktatoren bannen ihre Anhänger mit ihren Reden, und Revolutionen wurden mit glühenden Worten begonnen. Wir erleben im Alltag eine Menge kleinerer und größerer verbaler und nonverbaler Rituale, die dazu dienen, unbewusste Botschaften weiterzugeben. Schauen wir uns nur die einfachsten Gesten des Abschieds und der Begrüßung an: das Händeschütteln, eine Umarmung, ein Kuss als Besiegelung einer Begegnung oder der Blickkontakt als Abschluss eines Kontakts. All diese kleinen, ritualisierten Handlungen erzeugen Verbindung und eine positive Stimmung. Wir vermissen sie, wenn sie nicht stattfinden, denn der Hunger des Herzens wird durch beziehungslose Kommunikation nicht gestillt.

Das Ritual der Vergebung ist ein kraftvolles, fast magisches Instrument.

Das Ritual der Vergebung ist ein kraftvolles, fast magisches Instrument. Mit dem Erlebten oder vergangenen Situationen, vor allem aber mit uns selbst Frieden zu schließen, spielt eine große Rolle für die Heilung. Dabei verblassen Schuldgefühle und die Selbstliebe wächst. Im Loslassen und Vergeben von erlebten Tatsachen tauchen wir wieder in den Strom des Lebens ein und halten das Alte nicht mehr fest.

GEDANKENÜBUNG

Denke an deine belastenden Erfahrungen. Lösen sie körperliche Empfindungen aus? Einen Druck auf der Brust, ein verengendes Gefühl in der Kehle, oder taucht ein »ungutes« Gefühl im Bauch auf? Fühle deine Empfindungen im Körper. Durch Gedankenkraft oder mithilfe einiger tiefer Atemzüge kannst du diese Gefühle in ein Symbol, zum Beispiel in eine Muschel, atmen oder fließen lassen, bis es für dich fühlbar leichter wird. Dieses Nach-außen-bringen ermöglicht zu erkennen, wem diese Gefühle wirklich gehören. Gehören sie mir, oder habe ich sie übernommen?
Gib den Gefühlen, die du in das Symbol hast fließen lassen, einen guten *Platz im Ganzen*. Bringe die Muschel zurück in die Natur, lege sie unter einen Baum oder an einen Ort, der sich für dich stimmig anfühlt. Bedanke dich, dass du sie hier ablegen darfst, lasse sie bewusst los und dort liegen. Frage dich, was du stattdessen für dich erleben und fühlen willst. Konzentriere dich darauf.

Ein Rückgaberitual erleichtert nicht nur die körperlichen Belastungssymptome, sondern entlastet eine als angespannt erlebte Situation. Meist beschreiben meine Klientinnen in der darauffolgenden Sitzung, dass ihr Problem verschwunden und eine deutliche Erleichterung eingetreten ist. Oft lindern sich dadurch sogar körperliche Beschwerden. Die Seele braucht Rituale. Mehr über Rituale findest du in meinem Buch *Die Intelligenz der Zellen*.

LOSLASS-ÜBUNG

Um Gefühle von Wut, Ärger oder Groll, die auf eine bestimmte Person gerichtet sind, loszulassen, können verschiedene Sätze hilfreich sein: Mich stört an dir ...; ich nehme dir übel, dass ...; ich lasse es jetzt ganz bei dir; ich danke dir für die Möglichkeit, zu lernen; ich vergebe dir aus ganzem Herzen, dass ...; es tut mir aus ganzem Herzen leid, wenn ich ...; ich vergebe mir selbst, was ich dir und mir angetan habe ...
Vervollständige diese Sätze mit deinen eigenen Gedanken. Schreibe sie auf, um sie dir leichter zu merken. Registrierst du eine emotionale Reaktion, die in dir aufwallt? Das körperliche Empfinden ist der Schlüssel zur Erlösung.

Wut, Groll oder Zorn können unterschiedliche Ursachen haben. Meist sind sie Reaktionen aus der Vergangenheit, die wir nicht erkennen oder »erlöst« haben. Sich selbst geringzuschätzen, andere abzuwerten, sich nicht abgrenzen zu können oder seine eigenen Bedürfnisse nicht artikulieren zu können, sind mögliche Hinweise auf einen versteckten Mangel an Selbstwert oder versteckte Wut. Genauso wie Gier, Neid oder Eifersucht aus Angst entstehen können. Egal, welche Ursache die Empfindungen haben: Eine Veränderung entsteht durch körperliches Wahrnehmen, nach Außen bringen und Zurückgeben an ein großes Ganzes.

Ein anders Ritual, dass ich sehr empfehle, ist eine innere Liebes- und Verzeihensarbeit nach Hew Len, Arzt und Therapeut, und stammt aus dem Hawaiianischen. *Ho'oponopono* geht davon aus, dass in der Welt alles eins ist, auch wenn wir uns getrennt fühlen. Bei mancher Krisenbewältigung fühlen wir uns jedoch schlicht und einfach überfordert. Die gute Nachricht lautet jedoch: Du musst dieses Problem zum Glück nicht allein lösen – lass es deine Liebe für dich tun! Denn alles hat eine Resonanz. Man kann Probleme im Außen nur dann ändern, wenn man die innere Resonanz dazu heilt. So ändert sich die Sichtweise und bringt Gelassenheit zurück. Es ist ein Schlüssel für die Lösung für eine Vielzahl von Problemen in unserem Leben. Alles, was wir dazu tun müssen, ist, uns mit unserem Herzen zu verbinden. Diese Arbeit umfasst vier Schritte.

HERZENSTECHNIK **nach Hew Len**

Sprich die Sätze innerlich mehrmals aus:

Schritt 1: Es tut mir leid.
Dadurch erkennst du an, was du getan hast, und nimmst an, was passiert ist.

Schritt 2: Bitte verzeih mir.
Dadurch bittest du für deine bewussten und unbewussten Fehler um Verzeihung.

Schritt 3: Ich liebe dich (oder: Ich liebe mich).
Dadurch bringst du deine Liebe der Person, der du etwas angetan hast, zum Ausdruck.

Schritt 4: Danke.
Dadurch vermittelst du deine Dankbarkeit dafür, dass du das Problem erkennen und heilen durftest.

Bei *Ho'oponopono* besinnen wir uns auf die Liebe in unserem Herzen. Im Grunde nehmen wir unser Problem in unser Herz, damit unsere Liebe es verwandeln kann. Wenn du diese Sätze immer wieder rezitierst, wirst du über die Wirkung staunen. Mit der Zeit vertiefen sich die Worte zu gefühlten Empfindungen, und dem Gehirn reicht eine Kurzform. Wenn du die Sätze tief verinnerlicht hast, reicht es, zu sagen: »Es tut mir leid, bitte verzeih mir. Danke. Ich liebe mich.« Mit *Ho'oponopono* gelingt es, die Liebe zu spüren und den Anteil zu erkennen, den ich selbst an diesem Problem mit dem anderen Menschen habe. Meist macht sich große Erleichterung breit und es entsteht ein tiefer Frieden. Das Ritual eröffnet eine Quelle der Freude, und der Körper findet Ruhe. Probiere es aus und nimm wahr, wie es sich anfühlt, in der Liebe zu sein.

Ich empfehle das Buch von Colin C. Tipping mit dem Titel *Ich vergebe.* Wahllos schlug ich eine Seite auf. Dort stand: *Dem Wunder Raum geben. Respektieren Sie sich selbst für den Mut, den Sie aufbringen, radikal zu vergeben. Diese Arbeit erfordert enormen Mut, große Bereitschaft und ein gutes Maß an Vertrauen. Denn um etwas zu transformieren, müssen wir es vollständig erfahren und lieben, wie es ist.*

Eine meiner Klientinnen hatte massive Probleme mit ihrem Vorgesetzten. Die Situation war für sie so verfahren, dass sie bei jedem Gespräch mit ihm Herzrasen und Schuldgefühle empfand und daher eine Begegnung, wann immer es möglich war, vermied. Doch aufgrund ihrer leitenden Position musste sie einen Weg suchen, einigermaßen gut mit ihm zusammenarbeiten zu können. Sie fühlte sich ungerecht behandelt, ja sogar ausgegrenzt. Sie wurde durch ihn von wichtigen Entscheidungen ferngehalten oder zu Meetings, die ihren Bereich betrafen, nicht eingeladen. Dieses Verhalten führte zu Frustration und einem Gefühl, nicht geschätzt und anerkannt zu werden. Dieses Verhalten ihres Chefs wird

Bossing genannt. Viele Betroffene wechseln ihren Job, weil sie es körperlich und seelisch nicht ertragen können. Meine Klientin wollte jedoch die wenigen Jahre bis zu ihrer Pensionierung in ihrer Position bleiben und nicht wieder woanders neu beginnen. Reine Ursachenforschung führte jedoch nicht zum Ziel. Durch die Ablehnung ihres Chefs, über ihre Bedürfnisse zu sprechen, steuerten Ansätze dazu meist in eine Sackgasse. Aus seiner Sicht war alles in Ordnung. Er wollte sich nicht mit solchen Empfindlichkeiten beschäftigen. Also war meine Klientin gefordert, etwas in sich selbst zu verändern. Wir können andere nicht verändern, aber wir können unsere eigene Einstellung zur Sache ändern. Meist hat eine geänderte Einstellung Auswirkung auf die Lage.

Auf der Basis meiner Überzeugung, dass nichts im Leben ohne einen tieferen Sinn passiert, empfahl ich ihr die fünf Schritte des Loslassens und das *Ho'oponopono.* Sie stellte die fünf Schritte direkt in Zusammenhang mit ihrer Situation. Meine Klientin erkannte, dass sie die Schöpferin ihrer eigenen Realität war, indem sie vielen Situationen eine große Bedeutung gab. Die innere Harmonie veränderte ihre Einstellung, ihr Denkmuster und damit auch ihre Brille, durch die sie ihre Umgebung sah. Sie strahlte den inneren Frieden aus und arrangierte sich mit der Situation mit ihrem Chef. Aus diesem Gefühl heraus agierte sie anders als früher. Wir waren beide darüber erstaunt, dass es bereits zwei Wochen später zu einem harmonischen und guten Gespräch zwischen den beiden kam, bei dem sie vieles besprechen und ausräumen konnten. Er bestätigte ihr ihre Kompetenz und lobte ihren Einsatz für das Unternehmen. Ja, das Gespräch endete sogar mit einer freundschaftlichen Umarmung und der Bekundung, wie sehr sie sich beide schätzten.

Menschen, die uns besonders nahestehen, liegen uns besonders am Herzen. Hier öffnen wir uns mehr und werden verletzlicher. *Ho'oponopono* hilft uns dabei, den geliebten Menschen trotzdem weiterhin in unser Herz nehmen zu können. Es heilt unsere Verletzungen und klärt damit auch die Beziehung zu unseren Mitmenschen. Die Hawaiianer gehen davon aus, dass *Ho'oponopono* alle Verstrickungen lösen kann, die wir in unser Leben mitgebracht haben, bis in unsere tiefsten Familienwurzeln hinein. Wenn wir Leichtigkeit in uns selbst finden, wirkt sie wie ein Magnet auf andere. Wir verändern etwas in unserer Umgebung und ziehen Gespräche in eine ganz andere Richtung. Wir reagieren anders darauf, was um uns herum passiert, sind offener für die Emotionen anderer Menschen und spüren den Stimmungswechsel. In dieser Verbindung sind wir wie eine Stimmgabel in Resonanz: Wir schwingen mit.

Wenn wir Leichtigkeit in uns selbst finden, wirkt sie wie ein Magnet auf andere.

Die innere Vorstellung von Bildern im Gehirn funktioniert. In Kapitel 2 habe ich dir erzählt, dass meine Phantomschmerzen durch die Spiegeltherapie bereits nach drei Wochen verschwunden waren. Genauso funktioniert unser Gehirn mit Worten, die immer wieder innerlich, als sogenanntes Mantra, rezitiert werden. Worte erzeugen Bilder, dadurch entspannen sich negative Gefühle. Die positiven werden klarer. Die Auswirkungen auf belastende Situationen sind faszinierend. Ich kann dir hier keine Patentrezepte anbieten, aber diese Vorgehensweise auszuprobieren lohnt sich! Wenn du ein Mantra rezitierst oder innere positive Bilder nährst, dich mit Vergangenem aussöhnst, Bewertungen sein lässt und dir vorstellst, wie glücklich du durchs Leben gehst, nämlich voller Freude und Leichtigkeit, wirst du sicherlich bald aufmerksamer für alle Signale im Alltag und in deinem Körper. Für deine Intuition! Dein Unbewuss-

Deine Vorstellungen funktionieren wie ein Filter für deine Wahrnehmungen. Das gilt für deine negativen wie für deine positiven Erwartungen.

tes wird »gehorsam« alle Wünsche erfüllen, die du hast. Du wirst genau zum richtigen Zeitpunkt am richtigen Ort sein, ob im Supermarkt oder beim Busfahren, um dort einen Freund oder eine Freundin wiederzutreffen, den du schon lange in deinem Leben vermisst hast oder anrufen wolltest. Du wirst entgegen deiner Gewohnheit eine andere Zeitschrift kaufen als sonst, die dir entscheidende Informationen liefert. Du wirst ein Gespräch positiv führen, dass dir sonst vielleicht schlaflose Nächte bereitet hätte. Denn deine Vorstellungen funktionieren wie ein Filter für deine Wahrnehmungen. Das gilt für deine negativen wie für deine positiven Erwartungen.

Perspektivwechsel: Identität und Ich-Bild erneuern

Weitere meiner Denkweisen erwiesen sich für mich als nicht mehr passend und überarbeitungswürdig. Zu Beginn glaubte ich, dass alle Blicke nur auf mich gerichtet waren. Daher versteckte ich meine Finger unter schützenden Handschuhen und die Narben unter wärmenden Stulpen. Ich war noch nicht dazu bereit, meinen Arm als etwas Natürliches und zu mir Gehörendes anzuerkennen. Die Aufmerksamkeit auf meine Behinderung war für mich bedrückend und unangenehm. Nebenbei stellten sich auch mein Frauenbild und meine Identität auf den Kopf. Die gewohnte, vertraute Frau, die das Leben und sich selbst 46 Jahre lang geformt hatte, verfiel plötzlich in einen Schockzustand. Das Gehirn schien sich an Eintönigkeit und reduzierte Reize zu gewöhnen. Die bunte Vielfalt des Lebens, die Farben, die Fülle und die Eindrücke der »normalen« Welt überforderten mich.

Ich erinnere mich gut an einen Ausflug ins Wiener Leopoldmuseum. Mit einer kleinen Gruppe von Patienten aus dem Rehabilitationszentrum entdeckte ich im Museum für mich eine neue, meiner Aufmerksamkeit entrückte Welt. Nein, nicht die Kunst war neu, auch nicht meine Vorstellungen von der Gesellschaft. Mein eigenes Frauenbild und ich waren neu. Ich erlebte mich neu und musste mich in einer Welt zurechtfinden, in die ich nicht mehr zu passen schien. Verborgene und empfindsame Aspekte meiner Persönlichkeit drängten sich in den Vordergrund. Durch meine Betriebsamkeit hatten sie in mir geschlummert und geduldig gewartet, bis ihre Zeit kommen sollte. Vielleicht hatte ich mich auch bisher gut darüber hinweggerettet, doch jetzt forderten auch diese lange missachteten Gefühle ihre Aufmerksamkeit ein. Da waren sie also, meine verdrängten Gefühle der Schwäche, der Schutzlosigkeit und Verletzlichkeit, genauso wie die der eigenen Hilflosigkeit. Ich hatte gelernt, in meiner eigenen Kraft verwurzelt zu sein, und dass Kontrolle und Stärke für mein Überleben ein Gesetz waren. *Erfolgreiche Karrierefrauen müssen stark sein,* war zu meinem Leitsatz geworden. Ich schritt kraftvoll und voller Lebenslust voran. Angst kannte ich kaum. Ich war entscheidungsfreudig und sah das Leben als Herausforderung. Doch jetzt, hier im Museum, war mein einziger kleiner Beschützer in einer mir zu schnell gewordenen Welt mein Gehstock! Meine Erlebenswelt fühlte sich verlangsamt und fremd an. Treppensteigen war für mich schwierig. Ein weißer Handschuh versteckte meine empfindlichen Fingerstümpfe. Eine Schiene links am Arm, ein Stock rechts, nicht sehr elegant, um eine Ausstellung zu besuchen. Statt enger Jacken, schmaler Oberteile, definierten Hosen und eleganten Schuhen trug ich einen verletzungsfreundlichen »Schlabberlook«. Keine Handtasche, nur ein kleiner Rucksack, der meine wichtigsten Habseligkeiten für diesen Ausflug bereithielt.

Früher verwendete ich eine beachtliche Summe meines

Gehalts dafür, um mich mit all den wohltuenden Artikeln, die mir die Werbung so verlockend ins Ohr säuselte, zu belohnen. Ich arbeitete hart, und das war, glaubte ich, meine Berechtigung zum Geldausgeben. Heute hatte ich nicht einmal die Chance, diese Artikel zu tragen, geschweige denn zu kaufen. Es war einfach unmöglich. Im Augenwinkel sah ich neidvoll die mondänen Frauen und fühlte mich wie ein fremdes Wesen in einer normalen Welt. Trotzdem freute ich mich nach sechs Monaten Krankenbett über die willkommene Abwechslung und den Kunstgenuss im Museum. Erwartungsvoll bewegte sich unsere kleine Gruppe zum Portier, der unsere Karten kontrollierte. Mit strengem Blick wies er mich an, den Rucksack, der ohnehin nur das Notwendigste enthielt, an der Garderobe abzugeben. Ein Rucksack sei in der Ausstellung nicht erlaubt. Wie ein Blitz durchfuhr es mich. Wohin mit meinen für mich so wichtigen Utensilien? Meine Schmerzmittel, ein wenig Geld, etwas Wasser. In der Hand tragen? Unmöglich! Die kleinen, unscheinbaren Utensilien wurden in diesem Moment so wichtig, dass ich mich völlig aus der Bahn geworfen fühlte. Eine Situation, die für normale Menschen eher eine Kleinigkeit darstellt, überforderte mich völlig. Ich kämpfte mit meinen Tränen und verlor. Verzweifelt stand ich da, im Visier des unbarmherzigen und irritierten Blicks des Portiers. Wäre da nicht meine wachsame Tischnachbarin Elisabeth aus der Reha-Klinik gewesen, stünde ich heute wahrscheinlich immer noch dort. Sie reagierte prompt und bot mir an, meine Habseligkeiten in ihrer Handtasche zu deponieren. Ich nahm ihr Angebot dankend an und ließ den leeren Rucksack in der Garderobe zurück.

Noch schlimmer als der Vorfall waren für mich die mitleidvollen Blicke und das Bedauern der anderen, die das Geschehen beobachtet hatten. Ich hatte den Eindruck, dass alle Aufmerksamkeit auf mich gerichtet war. Jeder nahm mich, voll Mitgefühl, als behinderte Frau wahr. Ich fühlte mich so hilflos und zerbrechlich, stand schwach, ängstlich und sensibel in der Öffentlichkeit. Unerwartet wurde ich mit den Folgen eines Denkirrtums konfrontiert. Tief in mir hatte ich gelernt, dass ich stark sein muss, weil die Welt das Weiche, Verletzliche nicht zulässt. Hilfsbedürftig, klein und von Schmerzen geplagt, zerbrach mein bisheriges inneres Bild von einer starken Frau. Diese Erfahrungen kann ich heute als Wendepunkte meines Lebens beschreiben. Sie rüttelten gehörig an meinen Grundfesten. Sie packten mich an meiner empfindlichsten Stelle. Ich war Karrierefrau, stets mit kraftvollen Beinen auf der Erde gestanden, stark und unerschütterlich! 16 Jahre Selbstständigkeit, immer im Management tätig gewesen, stets selbstverantwortlich! Jedoch war ich fremdbestimmt und einem inneren Diktat folgend, jenem, dem moderne Frauen häufig unterliegen. Erfolgreich sein und Karriere machen, das waren meine Ziele gewesen! Familie und Kinder, ja sogar eine feste Beziehung, blieben dabei lange Zeit auf der Strecke. Ich war um die halbe Welt gereist, hatte unentwegt Zeit im Flugzeug, bei Veranstaltungen und bei Netzwerktreffen verbracht. Wochen- und monatelang nächtigte ich in Hotelzimmern. Mein Zuhause hatte mir oft nur für einen kurzen Zwischenstopp oder für den Wechsel meiner Wäsche gedient. Die regelmäßige Pflege meiner Freundschaften war sehr oft meinem Karrierestreben zum Opfer gefallen. Sogar während meines Urlaubs war ich fast immer allein gereist. Permanent hatte ich in meine Ausbildung investiert und bemerkte viel zu spät, dass ich mich von mir selbst entfernte.

Ich war viel zu schnell unterwegs gewesen! Irgendwann begann ich, etwas zu vermissen. Wo blieb die Zeit, in der ich Muße fand, ein Bild zu malen, in der ich Zeit fand, mit Ton zu formen oder einfach nur ein Buch zu lesen, ohne dabei ein schlechtes Gewissen haben zu müssen? Meine Sehnsucht nach einer anderen Art des Lebens verdrängte ich. Dabei brannte ich für Innovationen, glühte für alles Neue, und wenn ich in den Aufgaben Sinn sehen konnte, war mein Feuer ansteckend und motivierend. Ich begeisterte andere mit meinen Ideen und entfachte in ihnen ein *Ja, ich will!*. Viele Jahre lang wollte ich in meinem Leben mein Bestreben nach Freiheit ausdrücken. Nur einen einzigen, treuen Begleiter hatte ich all die Jahre. Es war die Einsamkeit! Sie war der Preis für meinen Erfolg. Und ich war sehr lange Zeit bereit dafür gewesen, diesen Tarif zu bezahlen. Rückblickend hatte ich damals Angst, mir diese Schwäche einzugestehen. Lieber zog ich es vor, mich in Aktivitäten zu stürzen. Mir meine enorme Vereinsamung, die sich im Lauf der Jahre eingeschlichen hatte, einzugestehen, erlaubte ich mir nur in kurzen, sehr persönlichen Momenten. Eineinhalb Jahre vor meinem Unfall lernte ich meinen jetzigen Mann kennen. Durch ihn erfuhr ich den Wert einer stabilen, kontinuierlichen Partnerschaft. Dieses neue, angenehme Gefühl machte mir anfänglich sogar Schwierigkeiten. Mein Unfall zwang mir diese Notwendigkeit noch deutlicher auf. Offenbar brauchte ich dieses energische Haltesignal, um mich wieder einmal daran zu erinnern, was mir noch wichtig war.

> *Oft haben wir bereits von unseren Eltern gelernt, wie man erfolgreich ist. Wie wir schwache, verletzliche Gefühle zeigen sollen, wie mit Hilflosigkeit, ja sogar mit Bedürftigkeit umgegangen werden kann, haben wir in unseren Familien hingegen nicht gelernt.*

Mir und vielen anderen Frauen fehlte ein Vorbild, eine Art Rollenmodell erfolgreicher Frauen, die eine wunderbare Beziehung leben und in ihrer Familie glücklich sind. Also lebte oder kopierte ich eher die männlichen Berufsmodelle, jene, die kompromisslos ihr Leben der Karriere verpflichten. Meistens haben wir das schon als Kinder von unseren Eltern kennengelernt. Wie wir schwache, verletzliche Gefühle zeigen sollen, wie mit Hilflosigkeit, ja sogar mit Bedürftigkeit umgegangen werden kann, haben wir in unseren Familien hingegen nicht gelernt. Wer als Frau dem Yang-Prinzip, also dem Männlichkeitsprinzip, folgt, zahlt möglicherweise einen hohen Preis. Dem männlichen Streben kommen viele moderne Frauen nach und leiden gleichzeitig an einer inneren Vereinsamung, gescheiterten Beziehungen oder stehen vor kaputten Ehen. Denn Karrieren sind nicht immer beziehungs- oder familienfreundlich. Eine Karriere, wie sie heute noch von Frauen verstanden wird und eigentlich nur eine Kopie der Männerwelt ist, lässt so einiges an Frausein einbüßen.

Ein kürzlich geführtes Gespräch mit einer Journalistin brannte sich in mein Herz. Sie erzählte: »Ich kann stolz auf mich und meine Karriere sein. Ich habe viel erreicht, stehe finanziell auf stabilen Beinen und bin in der Öffentlichkeit und meinem Unternehmen anerkannt. Ich führe Gespräche und Interviews mit bekannten und berühmten Menschen und habe das Gefühl, durch meine Publikationen einen wertvollen Beitrag für die Gesellschaft zu leisten. Nur in meinen Partnerschaften will es nicht funktionieren. Kaum eine Beziehung dauert länger als zwei Jahre. Dann pendle ich wieder zwischen Geliebter und Singlefrau hin und her. Meine Sehnsucht, auch hier erfolgreich zu sein, wächst mit jeder gescheiterten Beziehung.« Ihre traurigen Augen und ihr resignierter Gesichtsausdruck bei diesen Worten konnte ich tief nachempfinden.

Die weiblichen, weichen Herangehensweisen in der Gesellschaft werden so dringend gebraucht. Es braucht mehr Vertrauen, besseres Verständnis und Ermutigung, um achtsame Gefühle und Intuition in die Abläufe und Prozesse der Wirtschaft einzuführen.

Zielorientiert setzen starke Frauen ihre Kräfte ein, um vorwärtszukommen. Sie wollen nach oben, und so manche Hürde, die sich ihnen in den Weg stellt, bekämpfen sie mit Entschlossenheit und Macht. Sie sind der Meinung, Unabhängigkeit und Freiheit erreicht man nur mit Stärke,

Mut und Unerschrockenheit. Das entspringt dem männlichen Prinzip. Dabei werden die weiblichen, weichen Herangehensweisen in der Gesellschaft so dringend gebraucht. Es braucht mehr Vertrauen, besseres Verständnis und Ermutigung, um achtsame Gefühle und Intuition in die Abläufe und Prozesse der Wirtschaft einzuführen. Das sind Eigenschaften, die dem Yin-Prinzip, also dem Weiblichkeitsprinzip, zugeordnet werden. Wir brauchen mehr Yin-Kraft!

Wer sich selbst als die Starke oder der Starke erlebt, dem fasse ich einige Wege zur Weiterentwicklung zusammen:

- Vertrauen: Das Gefühl des Angenommenseins wächst mit den Menschen, denen wir zu vertrauen lernen.
- Selbstliebe: Sich als liebenswert empfinden, auch in jenen Anteilen, die wir als »negativ« bewerten. Die Liebe zu uns selbst schafft es, mutig zu dem zu stehen, was auch wirklich zu uns gehört.
- Dankbarkeit: Dankbarkeit darüber, was gut im Leben ist. Beengende Bilder und begrenzende Gedanken loslassen und durch Dankbarkeit und Demut ersetzen.
- Sich anderen mitteilen: Die liebevollen Gesten anderer und die »Erlaubnis«, über meinen Unfall erzählen zu dürfen, wurden meine wichtigsten »Seelenpflaster«.
- Frauen- und Männerbild hinterfragen: Wir haben unser Rollenverhalten, aus dem sich ein persönliches Frauen-Männerbild formt, erlernt. Um Neues in die Welt zu bringen, erlauben wir uns, zu fühlen und »geerbte« Informationen abzustreifen.
- Selbstbesinnung: Was will durch mich selbst in die Welt kommen? Das zarte Zusammenspiel von Selbst und Wert als zentrales Thema beleuchten.
- Mut, sich zu zeigen: Das bewusste Ertragen des Anblicks meiner Behinderung, das Gesehenwerden, wie ich bin, bekam bei Begegnungen eine andere Tiefe. Durch

die Momente des Schweigens verstanden sowohl unsere Herzen als auch unsere Blicke den größeren Zusammenhang. Wir fühlten etwas sehr Verbindendes.

- Gefühle ausdrücken: Das Leben lädt uns wohlwollend ein, die Lektion der Liebe, der Berührbarkeit und der Offenheit zu lernen.
- Authentisch sein: Das Sich-eingestehen, das Sich-zeigen, das ehrliche Integrieren von Tatsachen und Wirklichkeiten. Aufrichtig zu sein und im Inneren seinen eigenen Wert, seine Erfolge, seine eigenen »Schönheiten« wahrzunehmen, braucht Energie und Konzentration. Das erfordert aber auch, sich von alten Bildern zu verabschieden und sie durch mutige und stolze Bilder zu ersetzen.
- Seine Stärke anderen zukommen lassen: So kann eine übertriebene Ich-Bezogenheit überwunden werden. Der Gewinn, anderen zu helfen, prickelt im Herzen und öffnet es. Er erfüllt uns mit Stolz und Freude, mit Selbstbeziehung und Vertrauen, aber auch mit Dankbarkeit und einer radikalen Selbstannahme. Wir können uns deshalb neu erfahren und eine neue Art von Freiheit spüren.

Nelson Mandela sagte nach der Entlassung aus dem Gefängnis in einer seiner Reden: *Es ist das Licht, vor dem wir Angst haben, nicht die Dunkelheit.* Das spürte ich besonders dann, wenn ich meine neue Zielrichtung nicht sofort erkennen konnte. *Es gibt keine Fehler im Leben, nur Variationen:* Was der Tanzschullehrer Flavio Alborino über das Tanzen sagte, löste in mir die sich wiederholende Frage aus: »Welche Lebensvariationen werden wohl ab jetzt auf mich warten?«

Täuschung und Willenskraft: Narkose, Schmerz- und Suchtmittel

Unzählige Narkosen, ein halbes Jahr Morphium und andere Schmerzmittel hinterließen ihre Spuren. Zum einen halfen mir die Medikamente, den Schmerz auszuhalten, zum anderen spürte ich ihre Auswirkungen auf meinen gesamten Körper. Ich wollte diese Dumpfheit in meinem Kopf, das war eine der Nebenwirkungen, nicht mehr. Ich wollte frei sein!

Nach dem Absetzen starker Medikamente sitzen wir einer Form der Täuschung auf, die uns suggeriert, dass es ohne Medikamente nicht geht. Denn neben den realen Schmerzen schwingt immer die Angst mit: die Angst vor den unerträglichen Schmerzen. Es ist nicht immer klar, ob die Droge oder die Angst die Regie im Gehirn übernommen hat. Dazu meint der Hirnforscher Gerald Hüther, *das Gehirn organisiert sich so lange, bis es einen Zustand erreicht hat, in dem es ganz wenig Energie verbraucht.* Was so viel heißt wie: Weder Schmerz noch Droge bringen das Gehirn in einen entspannten (kohärenten) Zustand.

Als ich beschloss, meine Medikamente zu reduzieren, litt ich anfangs unter heftigen Entzugserscheinungen. Dabei zeigten sich alle Auswirkungen, die ein Entzug mit sich bringen kann. Mein Körper zitterte, schwitzte und wandt sich, weil ihm die Droge fehlte. Doch meine Willenskraft war stärker als alle Drogen. Es hieß daher für mich, die Zähne zusammenzubeißen und es ohne Schmerzmittel zu versuchen. Natürlich dauerte es lange, bis ich völlig schmerzfrei war. Der Körper zeigte mir den Weg. Tag für Tag entschied ich neu, ob ich wirklich die Tabletten nehmen wollte. Immer, wenn ich wachsam auf sein Befinden achtete, wurde meine Gewissheit darüber klarer. Meine Willenskraft und die positiven Bilder in meinem Herzen halfen mir, auch diesen Kampf zu gewinnen. Die Bilder der Freude und des Gelingens bringen das Gehirn in den besseren Zustand, in dem es kreativ und entspannt sein kann. Der Weg zurück war wie eine lange, einsame Reise. Er war verworren, herausfordernd und unberechenbar. Aber ich wollte zurück …

Gehörige Gedächtnislücken machten mir zu schaffen. Manchmal konnte ich mich nur schwer an Zusammenhänge erinnern. Es dauerte endlos, bis mir die einfachsten Wörter einfielen. Es fühlte sich an, als ob mir der Zugang zu meinen über lange Zeit aufgebauten Wissensarchiven versperrt worden wäre oder als ob ich sie sogar verloren hätte. Bange erkannte ich, dass die Nebenwirkungen der Medikamente und die Narkosen mein Gedächtnis verändert hatten. Einfache Gegenstände konnte ich nicht benennen, es fehlten mir die Worte, um etwas auszudrücken. Mitten im Satz verlor ich den Faden, ich verlor Zusammenhänge und suchte nach Gedanken. Ich rang mit meinem Kurz- und Langzeitgedächtnis. Aber ich wollte mich erinnern! Wo waren meine Wissensarchive, die ich während meiner Ausbildungen angelegt hatte? Verzagt suchte ich nach den Ursachen.

Viele Patientinnen und Patienten, die einen Verkehrsunfall hatten oder auch jene, die über einen langen Zeitraum starke Medikamente zu sich nahmen, klagten über ähnliche Symptome. Je nach Verletzungsgrad, Länge und Anzahl von Narkosen plagten sie unterschiedlich starke Folgewirkungen. Einige mussten sich mit einer Art von Langsamkeit arrangieren. Manche litten an Energielosigkeit für neue Aufgaben. Wieder andere konnten sich nicht mit ihren Traumata auseinandersetzen und griffen erneut zu Betäubungsmitteln, zu Alkohol und Rauschmitteln unterschiedlichster Art. Trotzdem schafften die meisten, die ich persönlich kennenlernte, sehr langsam den Weg zurück ins Leben. Ich verfolgte in den Zeitungen Artikel dazu, aber die meisten boten keine Lösung an, sondern nur Tatsachenberichte. Mein Arzt hielt meine Theorie, dass etwas durch das Trauma in meinem Gehirn gelöscht worden wäre oder durch die lange Gabe von

Narkosemitteln meine synaptischen Verbindungen »verstopft« worden seien, für unwahrscheinlich. Meine Intuition und die Sensibilität, Zusammenhänge zu erfassen, leitete mich. Wenn etwas sich wie verstopft anfühlt, so meinte ich, muss es gereinigt werden. Ich begann zu fasten. Das half mir, die Türen meines inneren Archivs wieder zu öffnen und ich lernte, mich zu erinnern. Einige Entschlackungskuren und Leberentgiftungen trugen dazu bei, wieder gegenwärtig zu sein. Heute, viele Jahre später, ist beinahe alles zurückgekehrt, was ich je gelernt und erlebt habe und was sich als Emotion in mein Gehirn eingebrannt hat.

Nur manchmal erinnere ich mich an die vergangene Zeit, dann, wenn alles wieder einmal langsamer geht und ich unendlich lange nach den richtigen Worten suche. Dafür stiegen andere Qualitäten. Ich wurde geduldiger mit mir selbst, und wenn ich einmal keine Antwort hatte, erlaubte ich mir zu schweigen und die Antwort aus meinem Inneren entstehen zu lassen. Früher fühlte ich mich während des Schweigens unwohl, ich bezeichnete es als Unkenntnis, als nicht perfekt, schon gar nicht perfekt genug, um meinen Job ausüben zu können. Meine damalige Realität setzte mich stark unter Druck, mein Bemühen und mein eingeschränktes Reagieren entfernten mich weit von meinen möglichen beruflichen Chancen. Heute freue ich mich darüber, wieder Zugang zu meinen inneren Wissensarchiven zu haben.

Mein Schicksalsschlag hat sehr stark an meinen Grundfesten gerüttelt, doch er hat mich auch reich beschenkt. Die Weisheit meines Körpers hat über die Verzweiflung meines Geistes gewonnen. Meine Intuition wuchs und wurde zu meinem unerschütterlichen Guide durch mein Leben. Meine Hellsinne und meine Hellfühligkeit entwickelten sich im Laufe der Jahre so stark, dass

Die Weisheit meines Körpers hat über die Verzweiflung meines Geistes gewonnen.

sie mir und meinen Klientinnen im *Mutmachinstitut* zum Geschenk wurden. Sie wurden zur Superpower für Entwicklung und Transformation. Mein neues Bewusstsein ermutigt viele, über ihren Tellerrand zu blicken und alte hinderliche Programme zu lösen und zu löschen. So werden Schicksale und deren Narben erträglicher. Lebensthemen werden leichter, Krisen zu Chancen, Tiefen zu Höhen und Schweres wird zu Leichtigkeit. Es ist und war mein persönliches Wunder!

KAPITEL 4

Mit neuer Energie ins neue Leben

Meine schicksalshafte Fahrt mit dem Motorrad riss mich aus meinem geordneten Leben. Niemals zuvor hatte ich etwas Bedeutungsvolleres erlebt. Selbst frühere heftige Krankheiten hatten in mir keine so tiefen Spuren hinterlassen. In meinem sonst eher hektischen Leben liebte ich die großen, bombastischen Momente, folgte dem Prinzip von größer, schneller, mehr und perfekter. Wie bereits in Kapitel 3 erwähnt, schreibt man diese Qualitäten eher dem Männlichen, also dem Yang-Prinzip, zu, während das Yin-Prinzip dem Weiblichen zugeordnet ist: die zarten Momente, die winzigen Gesten, das Prozesshafte. Diese verloren sich in der Hektik des Alltags oder hatten in der Menge an Erlebnissen wenig Platz. So mit Äußerlichkeiten beschäftigt, übersieht man gern die zarten »Momentchen«, die sich uns still und schüchtern offenbaren. Viel zu oft lassen wir die Augenblicke und kleinen sinnlichen Freuden ungeachtet an uns vorbeiziehen. Es scheint, als bräuchten wir »Lektionen des Lebens«, um uns wieder die Erlaubnis zu geben, diese Augenblicke wahrnehmen und zelebrieren zu dürfen. Dabei be-

Nur mit Äußerlichkeiten beschäftigt, übersieht man gern die zarten Momente, die sich uns still und schüchtern offenbaren.

darf es der Stille oder auch einer besonderen Form der Demut, mit der wir unser Ego einmal nicht so wichtig nehmen und ein Gespür für sich selbst und die eigenen tiefen Bedürfnisse aufbauen. Scheinbar ist das Bei-sich-sein die Grundlage dafür, um das Wesentliche erkennen und den darin gestellten Lebensfragen Bedeutung geben zu können.

Mit der Erlaubnis, auf sich hören zu dürfen, wächst das Vertrauen darauf, dass das Leben uns trägt und für uns sorgt. So gelingt es leichter nachzuprüfen, ob wir gegenwärtig aus Angst oder aus Freude handeln. Angst hat oft ihren Ursprung in der Vergangenheit. Freude ist das untrügliche Zeichen dafür, in Übereinstimmung mit seiner Berufung zu handeln. Wer es also schafft, den alten Ballast abzuwerfen, erleichtert sich nicht nur selbst, sondern schafft es in Zukunft, mutige Wege des Denkens und Handelns zu gehen. Wir sind dann stärker dafür bereit, die Sprache des Herzens zu erlernen und seinem Rat zu folgen, auch wenn der Verstand etwas anderes will. So kann eine neue Sicht auf die Welt entstehen, die das Entweder-oder in ein Sowohl-als-auch verwandelt. Meist sind es die Wendezeiten, die uns auffordern, sie als eine Zeit des Aufbruchs und des Wandels zu deuten. Wer sich getrennt, isoliert, krank oder depressiv fühlt, ist vom Leben beauftragt, eine neue Balance herzustellen. Statt sich als Opfer der Umstände zu sehen, liegt die Chance in uns selbst, wieder Regisseur der eigenen Zukunft zu werden. Aus dem »Mehr an Möglichkeiten« kann sich etwas Neues entwickeln. Wenn es uns gelingt, wieder mit allen Teilen unseres Ichs, insbesondere aber mit dem Herzen, zu kommunizieren, und uns weniger an Fakten, Zahlen und Daten zu orientieren, haben wir es geschafft. Mit dieser Erlaubnis entdecken wir unsere Lebensfreude und uns selbst wieder.

Mit der Erlaubnis, auf sich hören zu dürfen, wächst das Vertrauen darauf, dass das Leben uns trägt und für uns sorgt.

Krisen fordern uns auf, jene Bereiche zu stabilisieren, die durch die Ereignisse so richtig durcheinandergewirbelt wurden oder die wir einfach vergessen haben. So verlangen alle Krisen, wie etwa eine unerwartete Kündigung oder ein anderer Schicksalsschlag, die eigene Identität zu überprüfen: *Wer bin ich? Auf wen beziehe ich mich? Wer bezieht sich auf mich? Worüber definiere ich mich? Was macht mich aus?*

Die Integrative Therapie nutzt die *fünf Säulen der Identität und der Lebensenergie*, um nach Krisen und Unfällen dem Leben wieder Stabilität zu geben. Der Begründer dieser Therapie, Hilarion Gottfried Petzold, spricht in seinen Büchern über die Säulen, die uns als einzigartiges Lebewesen mit individueller Persönlichkeitsstruktur erleben lassen. Diese fünf Lebenssäulen bauen, stützen und tragen die Weseneinheit eines Menschen. Wenn eine oder mehrere Säulen im Leben eines Menschen wegbrechen oder sich plötzlich stark verändern, kann es zu einer Identitätskrise kommen. Häufig suchen wir in belastenden Momenten nach Stabilität. Der damit verbundene Stress beansprucht Entspannung, doch zumeist sind wir selbst nicht dazu bereit, die eigenen Lebensbereiche zu überdenken. Der Stresspegel erscheint uns oft als noch erträglich, und so leiden wir länger als notwendig. Wenn wir unsere Konzepte, auch wenn sie noch so schädigend sind, auflösen, kommt die Identität ins Wanken, was für die meisten erst einmal Unsicherheit bedeutet. Daher gehen wir nur aus Angst vor Veränderungen bis zu unserer eigenen Belastungsgrenze oder sogar darüber hinaus. Selten erkennen wir früh genug, wann die Grenze erreicht ist, und lassen uns mit der Suche nach dem Ursprung der »Unannehmlichkeiten« lange Zeit. Oft warten wir sogar und hoffen, dass sich etwas »von selbst« verändert. Um eine feste, stabile Basis zu finden, auf der wir unser Leben aufbauen können, benötigen wir stabile Lebensverhältnisse und Balance. Wird einer der tragenden Säulen des Fundaments zu viel Aufmerksamkeit geschenkt oder vergessen wir eine andere, gerät unser »Lebenshaus« ins Ungleichgewicht, denn die einzelnen Säulen stehen in wechselseitiger Abhängigkeit zueinander.

Oft verschieben Krisen das Verhältnis zwischen Privat- und Berufsleben. So wird zum Beispiel eine zu intensive zeitliche Betonung der beruflichen Leistung zwangsläufig zur Vernachlässigung des privaten oder des körperlichen Bereichs führen. Finanzielle Belastungen können Orientierungslosigkeit oder Krankheit auslösen, da der Druck für den Einzelnen oft nicht aushaltbar erscheint. Die wachsame und aufmerksame Überprüfung der fünf Säulen verhindert eine Krise und unterstützt einen Neustart, besonders dann, wenn so manches aus den Fugen geraten ist. Wenn wir uns die richtigen Fragen stellen, kann sich ein Wandel vollziehen: *Worauf lege ich am meisten Wert? Was ist mir in meinem Leben wichtig? Wo habe ich mich vergessen? Was bringt mich wieder in Bewegung oder in den Fluss? Was blockiert oder hindert mich?*

Altlasten, die nicht mehr zu den aktuellen Wünschen passen, können abgegeben, losgelassen und aus dem Weg geräumt werden. Nach Untersuchungen des Neurologen Nossrat Peseschkians und seiner Mitarbeiter steht Erkrankung oft erst am Ende eines sich über fünf Stufen schleichend entwickelnden Prozesses. Jede Stufe ist ein Warnsignal für die nächste. Jede bietet uns die Möglichkeit zur aktiven Gegensteuerung. Danach finden wir wieder leichter zu dem, was uns viel wert und wichtig ist und wir können unser Leben danach gestalten.

Die fünf Säulen der Lebensenergie ausbalancieren

Die *fünf Säulen der Identität* und die Einteilung der *fünf Stufen,* die als Hinweise dafür dienen, wenn etwas nicht mehr im Gleichgewicht ist, können uns dabei helfen, die Signale unseres Körpers bewusst zu beobachten und wahrzunehmen.

1. Säule der Identität: Körper

Zu dieser Identitätssäule zählen Gesundheit, Krankheit, Stress, Leib und Leiblichkeit.

Oft werden die Vorwarnungen bis zum Ausbruch einer Krankheit übersehen oder verdrängt. Verspannungen oder Kopfschmerzen sind erste typische Stresssymptome, die oft mit Medikamenten unterdrückt werden. Nach den ersten physischen und psychischen Krankheitssignalen bleibt dem Körper dann oft nur mehr die »Holzhammer-Methode«. Dabei weigert er sich, gute Miene zum bösem Spiel zu machen. Wir werden krank. Wir können die unterschiedlichen Stufen körperlicher Symptome unterscheiden:

Stufe 1: Nervosität und Gereiztheit
Stufe 2: Angst
Stufe 3: Aggression/Depression
Stufe 4: Funktionale Störungen im Körper
Stufe 5: Organerkrankung

Eigentlich sollten uns bereits die Warnsignale der Stufe 1 und 2 dazu veranlassen, etwas in unserem Leben zu verändern. Wir sollten nach den Ursachen suchen und mit kleinen Korrekturen wieder unsere Balance herstellen. Atemübungen, Yoga, Meditationen und regelmäßige Bewegung in der Natur helfen.

2. Säule der Identität: Kontakte

Dazu gehören soziale Netzwerke, Partner, Freunde, soziale Bezugspersonen, Haustiere, in Krisenzeiten auch Trennung, Scheidung und Konkurs.

Lebendige, qualitativ hochwertige Kontakte zum Ehe- oder Lebenspartner, zu den Kindern, Eltern, Freunden, Arbeitskollegen und Mitmenschen verhindern die Flucht in die Arbeit oder die Suche nach Ablenkung durch Zeitung, Computer und Fernseher. Wertschätzend, ehrlich und offen mit anderen zu kommunizieren, ist der Code, der den Lebensbereich Kontakt ausbalanciert. Wer mit sich und seinen Gefühlen gut in Verbindung steht, ist in der Lage, authentisch und wertschätzend zu kommunizieren. Aus einer stabilen inneren Mitte heraus wird es möglich, das auszudrücken, was wirklich in uns fühlbar und real ist. Wir sind dann in Resonanz mit den eigenen Bedürfnissen und dem Wesentlichen. Wir sind in der Lage, in Dialog mit anderen zu treten, statt endlose Diskussionen und »Rechthabereien« zu führen.

Die meisten Menschen beschweren sich über chronischen Zeitmangel und verbringen doch den größten Teil ihres Alltags mit Dingen, die sie gar nicht tun wollen. Das geht aus einer Studie einer Management-Beratungsfirma im amerikanischen Pittsburgh hervor. Der Präsident der Beratungsfirma, Michael Fortino, wies darauf hin, dass Ehepaare pro Tag durchschnittlich vier Minuten lang ernsthaft miteinander sprechen. Für ihre Kinder blieben hingegen ganze 30 Sekunden übrig. *Dabei behaupten die meisten der Befragten, dass ihnen ihre Familien wirklich wichtig seien,* stellte Fortino fest.

Leider erleben immer mehr Menschen eine Entfremdung und Isolierung im Kontaktbereich. Schmerzhaft erfahren Frauen und Männer, die in ihren Berufen erfolgreich sind und deren Karriereleitern steil nach oben zeigen, wie Partnerschaften, Ehen und persönliche Kontakte leiden oder in die Brüche gehen. Mobiltelefone, Laptops, Tablets

& Co, überlange »Fernsehsitzungen« und die Notwendigkeit, sich auch noch mit anderen auseinandersetzen zu müssen, fördern die Übermüdung und nagen an unseren sozialen Kontakten. Probleme am Arbeitsplatz verstärken bereits bestehende Spannungen im Privatleben, und Schwierigkeiten zu Hause führen zu weiteren Leistungsabfällen im Beruf. Stress, Mangel an Bewegung, Alkohol-, Medikamenten- und Drogenmissbrauch machen das Maß voll. Oft realisieren wir erst nach einem Zusammenbruch oder einer Krankheit die Tragweite dessen, was passiert ist.

3. Säule der Identität: Arbeit und Leistung

Zu dieser Säule gehören Beruf, Arbeit und Arbeitsauffassung, Organisationsfähigkeit, Glaubenssätze, innere Antreiber und blockierte Erlaubnisse.

Die Beschäftigung mit diesem Leistungsbereich bedeutet, sein eigenes Engagement bei der Arbeit und im Beruf zu hinterfragen. Übersteigerte Karrierewünsche, Ehrgeiz, der Wunsch nach hohem Einkommen oder die Verbissenheit, etwas unbedingt erreichen zu müssen, treiben Menschen zu Höchstleistungen an. Ein ausgeprägtes Verantwortungsgefühl für übernommene Aufgaben und der Wunsch, nicht nur auf dem Laufenden zu bleiben, sondern sich beruflich andauernd weiterentwickeln zu müssen, ja einfach perfekt zu sein, bewirken eine Überbetonung dieser Lebenssäule.

Finanzkrisen und der Druck der Unternehmen lasten auch auf den Schultern der Mitarbeiterinnen und Mitarbeiter. Die Unsicherheit sowie die hohen Erwartungen an sich selbst und die Umwelt, keine oder eine unrealistische Planung, unklare Prioritäten, ineffektive Arbeitsmethoden und Termindruck sorgen zusätzlich dafür, dass auch nach Dienstschluss nicht einfach abgeschaltet werden kann. Ein schlechtes Gewissen wegen lang aufgeschobener Aufgaben, gepaart mit verstecktem Hunger nach Anerkennung, treiben Menschen oft in den Burn-out. Starke Abhängigkeit von den Erwartungen anderer, die Furcht vor Verlust an Zuwendung, Liebe und Unterstützung, machen viele zusätzlich hilflos. In manchen Firmen gehört es zur Kultur des Unternehmens und ist eine unausgesprochene Wahrheit: Sich zu Tode zu arbeiten, ist die einzige, gesellschaftlich anerkannte Form des Selbstmords! Rigide und überholte Managementkulturen treiben Mitarbeiter dazu, regelmäßig 60 bis 80 Stunden pro Woche zu arbeiten. Häufiges Reisen und stundenlanges Warten werden oft selbstverständlich als private Zeit verbucht.

Dazu kommen innere Antreiber, die meist in der frühen Kindheit geprägt wurden. Solche Antreiber werden in der Kindheit verinnerlicht und später im Erwachsenenalter wie unter Zwang ausgeführt. Der Begriff *Antreiber* weist darauf hin, dass das Kind und später der Erwachsene diesen Geboten beinahe zwanghaft folgt. Der Erwachsene steht unter Druck, weil er glaubt, nur so lange in Ordnung zu sein, wie er den Antreibern gehorcht. Das verstärkt den Druck noch mehr. Doch für jede dieser integrierten Antreiber-Botschaften gibt es eine Gegenstrategie. Die innere Erlaubnis! Wenn man die Erlaubnis als Kind von seinen Eltern oder anderen Bezugspersonen nicht bekommen hat, ist es auch möglich, sie sich als Erwachsener zum Geschenk zu machen.

In der Transaktionsanalyse spricht man von fünf inneren Antreibern:

Antreiber	Erlaubnis
Ich muss perfekt sein!	So wie ich bin, bin ich gut genug!
Ich muss stark sein!	Ich darf offen sein und meine Gefühle zeigen!
Ich muss mich anstrengen!	Ich darf es mir leicht machen!
Ich muss es anderen recht machen!	Ich darf mich selbst wichtig nehmen!
Ich muss mich beeilen!	Ich darf mir Zeit lassen!

Wer mit seinen Erlaubnissen zu arbeiten beginnt, wird dazu Zeit benötigen, bis sich diese tief im Inneren verankern. Dabei lohnt es sich, die Verbesserungen bewusst zu zelebrieren.

4. Säule der Identität: materielle Sicherheit

Dazu gehören Besitz, Haus, Wohnung, Einkommen, Ersparnisse, Grundsicherung.

Existenzieller Druck kann so hohen Stress erzeugen, dass wir uns gern von den wesentlichen Dingen ablenken lassen. Fehlen finanzielle Stabilisatoren, ruft das Sorge, Verunsicherung, aber vor allem Angst hervor. Angst blockiert alle Energien, sie friert jede Aktivität ein. In unserer europäischen Welt leiden wir mehr an den Ängsten vor finanziellen Nöten als zum Beispiel vor der Gefahr, verhungern zu müssen. Die Werbung und die Konsumwelt haben unsere Bedürfnisse hochgeschraubt. Daher meinen wir, alles zu verlieren, wenn wir das Rad des Konsums zurückdrehen oder auf etwas verzichten müssen. Existenzieller und finanzieller Druck erzeugen Spannung und führen beinahe zu einer persönlichen Lähmung, die uns handlungsunfähig machen kann. Manche irren dann, aufs Geldverdienen fokussiert, umher, und vergessen dabei die Notwendigkeiten des Körpers, ihrer Mitmenschen und natürlich von sich selbst. Wem ist es da zu verübeln, wenn er es trotz Angst nicht schafft, kreativ zu sein und neues Handeln für den Erfolg zu suchen? Oder hast du schon einmal erlebt, dass du in Angstsituationen völlig unkonventionelle, neue Wege gegangen bist?

In unserem Stammhirn sind Ängste gespeichert. Dieses Hirnareal haben wir Menschen früh entwickelt. Aus jener Zeit stammt auch die reale Überlebensangst, denn die Angst, sein Leben zu verlieren, war alltäglich. Heute sind unsere Ängste meist Illusionen, Vorstellungen von etwas, das uns ängstigt.

Wer in einem Dienstverhältnis steht, hat es nach einem Unfall möglicherweise leichter, wieder in ein System eingebunden zu werden. Die Tatsache, abgesichert zu sein, das Gefühl zu haben, wirklich eingebettet zu sein, erleichtert eine Stabilisierung wesentlich. Nicht selten stehen jedoch Menschen, die bereits persönliche Rückschläge ertragen mussten, auch noch vor einer Kündigung. Unternehmen, die bei persönlichen Schicksalen oder bei Burn-out ihrer Mitarbeiterinnen und Mitarbeiter auf diese Art unmenschlich reagieren, geben keine Stabilität und erschweren damit auch noch den Neustart der Verunsicherten. Das Gefühl, nur ein Rädchen im Getriebe zu sein, ohne Anteilnahme und Verständnis für eine außergewöhnliche Situation, führt nicht selten zur inneren Kündigung. Viele kleine Niederlagen aus der Vergangenheit addieren sich: Ideen, die von anderen in die Realität umgesetzt wurden, Hierarchien, die ein Weiterkommen verhinderten, geringe Gehaltserhöhungen trotz hoher Leistung lassen den Enthusiasmus, den wir in schwierigen Zeiten so sehr brauchen, sterben. Wir alle haben ein internes, gefühltes Ausgleichskonto. Es reguliert Einsatz und Leistung, Stellenwert und Rangfolge, Identifikation und Loyalität. Gerät dieses Konto ins Ungleichgewicht, reagieren wir mit Demotivation, mit Rückzug und mit Leistungsrückgang.

Als jahrlange selbstständig Tätige kenne ich das Auf und Ab in meinen Finanzgebarungen. Die Hochs und Tiefs, die durch ein unregelmäßiges Einkommen gekennzeichnet sind, erfordern auch eine Auseinandersetzung mit den alten Glaubensstrukturen. Jeder Selbstständige kennt die Freude über seine eigenen Erfolge, aber auch die Sorge, die fälligen Rechnungen, zum Beispiel an das Finanzamt oder an die Krankenkasse, bezahlen zu können. Wesentliches lehrt uns das Leben, wenn wir uns darauf einlassen! Einiges übernehmen wir unhinterfragt von unseren Eltern. Ich lernte von meiner Familie, dass Geld mit persönlichem Glück verknüpft ist. Viel zu leisten und hart für mein Einkommen zu arbeiten, andererseits wenig Freizeit zu haben, waren für mich lange Zeit sehr prägende Verhaltensprogramme. *Man verdient Geld nur durch dauerhaft redliche und vor allem durch nachhaltige Arbeit!* Diesem Glaubenssatz folgte ich widerspruchslos, denn er war auch der Grund dafür, weshalb meine Eltern ein Leben lang hart gearbeitet, sich nichts gegönnt und aus meiner Sicht viel zu wenig Glück und Freizeit genossen haben. Es ist daher nicht verwunderlich, dass ich einen besorgten Blick auf meine berufliche Neuausrichtung warf. Denn um hart arbeiten zu können, benötigt man einen gut funktionierenden Körper und einen wachen Geist. All das hatte ich unmittelbar nach meinem Unfall nicht mehr. In der Zeit, in der ich mich in voller Rehabilitationsbehandlung befand, war ich vorübergehend finanziell abgesichert. Erst danach, ein Jahr nach meinem Unfall, traten meine wirklichen Sorgen aus dem Schatten tiefer Angst ans Tageslicht. Das Ringen um die eigene Existenz wollte damals ohne Gnade das Tempo vorgeben. Verständlicherweise hatte ich daher einiges zu tun, um meinen Geist beruhigen und wieder ohne Angst in die Zukunft blicken zu können. Das eigene Leben weitestgehend frei gestalten zu können, gehört zu einem von vielen Zielen von Selbstständigen. Trotzdem glücklich und materiell abgesichert zu leben, ist dabei nicht einfach und erfordert konsequente Arbeit, auch an den eigenen Glaubens- und Verhaltensmustern.

Ein Schlüssel für die eigene Beziehung zu Geld ist die persönliche Einstellung zu den erlebten Erfahrungen und die Wertigkeit, die man Geld beimisst. Die eigenen Werte bilden die Basis für einen entspannten Umgang mit Geld und Materiellem. Die einen entspannt ein dickes Bankkonto, die anderen sehen im Geld nur ein Mittel zum Zweck. Während die einen gestresst und nervös jedem Euro hinterherlaufen, begnügen sich die anderen mit dem Glauben daran, zur rechten Zeit genügend Geld zu verdienen. Es benötigt Vertrauen anzunehmen, immer gut versorgt zu sein und jederzeit genug Geld zur Verfügung zu haben. Geld ist nämlich genauso ein Konstrukt und eine Illusion wie die ganze andere Materie. Die meisten von uns haben aber Geld zu einem Gott gemacht und beten es an. Ohne Geld gesellen sich sowohl Verzweiflung als auch Angst rasch an unsere Seite. Aber dem nicht genug, auch mit einer Menge Geld sind wir nicht zufrieden, denn daran sind Verlustängste gekoppelt. Geld ist keine Garantie für Glück! Trotzdem versuchen viele es, dadurch zu erreichen. Die Idee der Quantenphysik, Materie sei eine Illusion und der Gedanke, Geld sei ein Konstrukt, wackeln dann, wenn Ängste und Verzweiflung die Oberhand gewinnen. Geld ersetzt bei Gott nicht alles, schon gar nicht aber die Nähe zu anderen, eine liebevolle Umarmung oder ein zärtliches Wort. Auch nicht die Hoffnung oder die Zuversicht. Geld ist nicht die Währung des Herzens! Nur wer mit der Herzensenergie verbunden ist, handelt nach seinen eigenen Werten und gewinnt Kraft und Vertrauen. Die Gewissheit, nach seinem Empfinden gehandelt zu haben, lässt ängstliche Gedanken verschwinden. Dann wächst Vertrauen und mit ihm der eigene Einfluss.

Die Einstellung zu Geld und zu sich selbst ist also ausschlaggebend dafür, ob wir entspannt oder besorgt in die Zukunft blicken. Hinterfrage: »Ist Geld das zentrale Mittel fürs Glücklichsein? Wo liegen deine Wertvorstellungen? Sind es die materiellen Güter, die dich als einziges erfreuen? Oder gibt es in deinem Leben auch freudige Momente, die mit Geld einfach nicht zu bezahlen sind? Was hat mehr Wert hat als Geld? Ist es die Zeit für dich selbst? Ist es der ausgedehnte Spaziergang, Sport oder einfach nur die Freude, gesund zu sein? Sind es Familie, die Menschen, die Freundinnen und Freunde, denen du dich widmen kannst, ohne von deiner knappen Freizeit viel zu viel Zeit wegknabbern zu müssen?«

5. Säule der Identität: Werte

Zur letzten Säule gehört alles, was uns im Leben wichtig ist: Lebensziele, Wünsche, der Sinn des Lebens, Glaube, Spiritualität und Moralvorstellungen.

Werte geben uns die Regeln und Prinzipien vor, nach denen wir unser Leben in Balance bringen und halten können. Haben wir uns Klarheit über unsere Wertvorstellungen verschafft, fällt es leichter, daraus sinnvolle Ziele zu entwickeln.

Wie wichtig Werte sein können, beschreibt der bekannte Logotherapeut Viktor Frankl in seinem Buch *… trotzdem Ja zum Leben sagen*. Darin schildert er seine Erfahrungen als Häftling in deutschen Konzentrationslagern. Anhand einer Vielzahl von Studien vermittelt er die Notwendigkeit einer klaren Zielsetzung in Krisenzeiten. Wichtigster Faktor, um selbst härteste Anforderungen überstehen zu können, ist seiner Beobachtung nach, den Sinn im (Über-)Leben zu sehen und über eine starke Wertorientierung zu verfügen. Der Glaube, die Liebe zum Menschen, die politische Überzeugung, Familienangehörige, die versorgt werden müssen, das Bedürfnis, Schwächeren hilfreich zur Seite zu stehen – all dies kann nach Frankl Menschen Sinn vermitteln und ermöglicht ihnen ein Überleben sogar unter menschenverachtenden Bedingungen.

Werte bestimmen, worauf wir unsere Aufmerksamkeit lenken. Zudem beeinflussen sie entscheidend unser Verhalten. Die Werte, nach denen wir unser Leben ausrichten, sind Wegweiser, die unserem Leben Richtung geben. Sie sind die Basis für unsere Entscheidungen, bestimmte Dinge zu tun, andere zu lassen. Aus ihnen setzt sich unser Lebensweg zusammen. Meist sind die wesentlichen Themen oder bestimmenden Grundideen unseres Lebens auch von grundlegenden Werten geprägt.

Ein Mensch, der als höchsten Wert sein Familienleben nennt, wird weder gerne einen Auslandsjob annehmen noch einen Beruf ausüben wollen, der ständig lange Reisen oder Hotelaufenthalte beinhaltet. Handelt diese Person jedoch gegen seine Grundwerte, können sich unterschiedlichste physische und psychische Symptome einstellen. Wenn wir auf Dauer nicht nach unseren Werten leben, reagiert unser Körper zum Beispiel mit Unruhe, Spannung oder einem Druckgefühl. Wenn wir allerdings offenbleiben und die Warnsignale des Körpers wertorientiert prüfen, können wir etwas ändern, bevor sich noch stärkere Symptome oder Krankheiten einstellen. Wir verfügen offensichtlich über einen Schutzmechanismus, der sicherstellen soll, dass wir wirklich nach unseren Werten leben.

Der Schlüssel zu einem ausgeglichenen und glücklichen Leben besteht also darin, nach unseren eigenen höchsten Idealen zu leben. Ob unser Handeln zu unseren Überzeugungen passt, können wir erkennen, wenn wir uns klar darüber werden, welche Werte wir vertreten. Fehlt uns das Sinngefühl in unserem Leben, bedeutet das, dass wir ein Wertedefizit haben. Dann machen uns Gefühle der Sinnlosigkeit, der Freudlosigkeit, in schwereren Fällen sogar Depressionen, darauf aufmerksam, wie wichtig es wäre zu wissen, was unsere Werte sind. Denn wirklich tiefe Freude entsteht erst dann, wenn die Erfüllung der eigenen Werte gelingt. Es steckt eine ungeheure Kraft darin, nach der eigenen Werteorientierung zu leben. In Übereinstimmung mit dem zu sein, was große Bedeutung für uns hat, erzeugt ein Gefühl der inneren Sicherheit. Dieses Gefühl schenkt uns innere Ruhe und Gelassenheit. Wer so lebt und handelt, entwickelt Selbstachtung, innere Stabilität und Stärke. Wie aber finden wir heraus, nach welchem tief in uns wirkenden Wertesystem unsere Entscheidungen getroffen werden?

Viktor Frankl unterscheidet drei Wertekategorien:

- Die schöpferischen Werte: Er meint damit das Tun, das Gestalten, das Schaffen, das Verwirklichen der im Menschen angelegten Möglichkeiten. Wir erkennen sie als die nach außen gerichteten oder nach außen erkennbaren Werte. Zu tanzen, zu malen oder ein Musikinstrument zu spielen, gehören genauso dazu, wie der liebevoll angelegte Garten und das selbst gebaute Biotop.
- Die sozialen Erlebniswerte: Damit meint Viktor Frankl den Bereich der sozialen Wahrnehmung, der Begegnung mit dem Du, nämlich mit einem oder mehreren anderen Menschen. Die Theatergruppe und der Chor, die sich wöchentlich treffen und für ihre Auftritte proben, sind genauso wichtige Fixpunkte wie das Beisammensein mit Familie, Freunden oder Vereinen.
- Die Einstellungswerte: Mit ihnen können wir unsere Möglichkeit der Sinnerfahrung finden und über unsere eigene Begrenztheit hinauswachsen. Sinnvoll ist nach Viktor Frankl das, was persönlich bedeutungsvoll ist, was wertvoll ist. Etwas als wertvoll zu betrachten heißt, dass wir dieser Sache, diesem Zustand, dieser Arbeitsaufgabe oder auch diesem Menschen besondere Wichtigkeit zumessen, ihm Bedeutung, also Wert geben.

> Zum Beispiel wäre das ein Unternehmer, der mehr das Wohl der Mitarbeiterinnen und Mitarbeiter als den reinen Gewinn im Kopf hat. Dann hat er verstanden, dass sie für ihn das wichtigste Kapital sind. Genauso bedeutungsvoll wäre die Fokussierung auf eine ökologische und nachhaltige Lebens- und Arbeitsweise. Wichtig und bedeutsam im Sinne Frankls ist zum Beispiel auch, wenn jemand für eine Idee brennt, also vollkommen dahintersteht.

Werte sind Ressourcen und Potenziale. Sie stärken das Vertrauen, um eine neue Ausrichtung langsam und vorsichtig stattfinden zu lassen. Wer besonders in unstimmigen Lebenssituationen auf einen klaren Wertekatalog zurückgreifen kann, führt immer eine Quelle der Kraft mit sich. Decken sich Werte und Verhalten, bietet sich uns die Chance zur Selbstverwirklichung. Aktive Schritte zur Umsetzung der Werte in Ziele können nun aus dem starken Gefühl der Klarheit und Sicherheit heraus gesetzt werden. Wer es jetzt noch schafft, in Übereinstimmung mit ihnen zu leben, erlebt einen Flow, eine Glückserfahrung, aber auch Stabilität und Selbstachtung.

Entdecke deine kreative Seite wieder!

Viktor Frankl vermittelt uns: Wer mit den Sinnen erlebt, erlebt das Leben sinnvoll! Wer mit Neugierde und Entdeckerfreude seine eigene Kreativität sucht, findet sie! Was auch immer dir schon einmal durch den Kopf gegangen ist: Probiere es aus! Entdecke Neuland, suche den Spaß an der Sache oder an deinem Job. Lenke deine Aufmerksamkeit auf jene Dinge, die du gern machst und die dir leicht von der Hand gehen. So lernst du, dich für deine Inspiration und innere Führung zu öffnen. Wir denken oft, dass wir nichts Besonderes erschaffen können, wenn uns etwas gar so einfach von der Hand geht. Doch gerade da lohnt es sich, den Blick zu vertiefen. Halte dir Zeit für deine Kreativität frei. Neugierde und Freude sind Königsdisziplinen zum Glücklichsein.

Beim Umgang mit Keramik und Ton bot sich mir Gelegenheit, meine Kreativität auszuloten. Mit meinen Fingerchen war das gar nicht so einfach! Der weiche Tonklumpen erlaubte mir, meiner Idee Form zu verleihen und das auszudrücken, was ich mir vorgestellt hatte. Mein Selbstbewusstsein wuchs mit jedem handgefertigten, glasierten und gebrannten Keramikteil, das ich mit nach Hause nehmen durfte. Es war unbeschreiblich schön und ließ mich an meine frühe Jugendzeit anknüpfen, in der ich stundenlang Bilder malte. Im Zustand schwerster Verletztheit fand ich den Zugang zu meiner Fantasie wieder und damit auch die Möglichkeit, mir und meiner kreativen Ausdrucksform näherzukommen. Viele Kreativstücke aus der Arbeit in der Keramikwerkstatt verschenkte ich in Dankbarkeit an meine liebsten Freundinnen und Bekannten. Das machte ich auch aus dem Gefühl heraus, meine liebgewonnenen Erfahrungen mit anderen teilen zu wollen. In den langen Monaten meines Aufenthalts im Reha-Zentrum produzierte ich um die 30 Stück Keramik. Wenn ich heute Freundinnen besuche und sie voller Wertschätzung eine von mir gefertigte Vase oder ein Milchkännchen verwenden, erinnert mich das daran, wie glücklich ich bei der Herstellung war. Ich bin es noch immer, denn ich selbst habe das alles geschafft.

Leichtigkeit und Freude zeigen sich auch in ungewöhnlichen Situationen. Manchmal tun sie das erst, wenn wir aufhören zu denken und zur Ruhe kommen können. Dann können wir uns auf eine Antwort zu unseren Gunsten konzentrieren. Denn Innenschau benötigt Ruhe! *Die besten Ideen habe ich unter der Dusche,* soll Albert Einstein bemerkt haben.

Wer sich die Fragen stellt, die im Herzen brennen, erhält eine Antwort. Ganz sicher! Mag sein, dass uns ein Gespräch, ein Zeitungsartikel oder ein Buch plötzlich zu neuen Gedanken führt. Idealerweise führt und leitet uns aber unsere innere Stimme, unsere Intuition, wenn wir ihr wieder zu vertrauen beginnen. Kreativität hilft uns dabei.

Wer sich die Fragen stellt, die im Herzen brennen, erhält eine Antwort.

Tatsache ist, dass wir die Gelegenheiten für die Antworten auf Fragen, die uns wichtig sind, überall finden. Die Kunst dabei ist, die Signale und Zeichen wahrzunehmen und ihnen zu trauen. Vielleicht würden wir uns diese Fragen nie stellen, wenn uns das Leben nicht wohlmeinend dazu einladen würde. Wer sich ständig Fragen darüber stellt, was ihn begeistert und fasziniert, findet auch Antworten. Nach und nach wächst die Begeisterung, und das lauwarme Dasein schwindet. Die Freude im Leben, die auch das Umfeld inspiriert, wächst. Mut, Kraft und Begeisterung strahlen wie Lichter im Dunkeln. Das wirkt auf die meisten Menschen anziehend.

Außerdem ist Leidenschaft die Grundlage für Kreativität, und diese wiederum zeigt uns, welcher Berufung wir folgen sollten und welche Potenziale in uns stecken. Wer sich nur über Leistung definiert, gerät in Gefahr, auszubrennen oder seine Bedürfnisse zu vergessen. Opfer beklagen sich über schlechte Zeiten, miese Auftragslagen oder schlechte Moral. Manche sehen die Welt nur durch die Brille der Besorgnis. Sie fühlen sich handlungsunfähig und einem unbekannten Großen ausgeliefert. Manche verfallen sogar in Verschwörungs- und Machttheorien. Dabei fordert uns jede Krise dazu auf, einen Schritt über die Mauern der eigenen Begrenzung zu wagen und aus der eigenen Kreativität zu schöpfen. Doch das funktioniert nur mit Vertrauen und ohne Angst.

Es gibt verschiedene Fragen zu unterschiedlichen Themenbereichen, die du dir in Bezug auf deine persönliche Lebensbalance stellen kannst:

- Körper und Gesundheit: Eine stabile Balance zwischen Spannung und Entspannung und Kraft, Beweglichkeit und Ausdauer ist die Grundlage des physischen Wohlbefindens. Frage dich:
  - Wie fit und gesund fühle ich mich?
  - Wie ist mein Verhältnis zwischen Spannung und Entspannung, Bewegung und Ruhe?
  - Welche typischen körperlichen Stresssymptome bemerke ich an mir?
  - Woran erkenne ich, dass mir etwas körperlich zu viel wird?
  - Wie viel Zeit nehme ich mir bewusst für mich selbst und meine körperliche Fitness?
  - Welche Möglichkeiten der Entspannung nutze ich bewusst?
  - Welche Therapien oder Gesundheitschecks will ich in der nächsten Zeit machen?
  - Wenn ich könnte, wie ich wollte: Was würde ich am liebsten für meine Gesundheit verändern?
- Arbeit und Leistung: Der Beruf ist ein wichtiger Baustein der Identität und des persönlichen Ausdrucks in der Welt.
  - Sehe ich meinen Beruf als Aufgabe, als Berufung oder als Belastung?
  - Was macht mir an meinem Job Spaß?
  - Was kann ich an meiner inneren Einstellung zur Arbeit verändern?
  - Gibt es etwas, das ich delegieren oder verändern kann?
  - Wie belohne ich mich, wenn ich etwas sehr gut gemacht habe?

  - Wie gehe ich mit Misserfolgen um? Suche ich nach einem Lerngewinn?
  - Welche ungenutzten Potenziale will ich vermehrt aktivieren?
- Familie und Kontakt: Ein Gleichgewicht zwischen Geben und Nehmen, zwischen Pflicht und Lust, zwischen Wahrhaftigkeit und Verlässlichkeit lässt langfristige Bindungen entstehen.
  - Wie fühle ich mich in meinen Beziehungen?
  - Lasse ich gern alles beim Alten oder lasse ich Veränderungen zu?
  - Durch welche Gewohnheiten vernachlässige ich Beziehungen?
  - Bei wem kann ich so sein, wie ich bin, egal wie es mir gerade geht?
  - Wen habe ich in den letzten Monaten vernachlässigt, mit wem den Kontakt wenig gepflegt?
  - Wem könnte ich wieder einmal sagen, wie viel er/sie mir bedeutet?
- Sinn und Kultur: Innere und äußere Entwicklung müssen Hand in Hand gehen.
  - Was macht mir in meinem Job, aber auch privat besonders viel Freude?
  - Womit kann ich meine Batterien wieder auftanken, was gibt mir Kraft?
  - Mit welchem Verhalten verhindere ich meine Lebensfreude?
  - Welche Werte haben in meinem Leben einen hohen Stellenwert?
  - Wenn ich im Alter auf mein Leben zurückblicke, was will ich erlebt, geschaffen oder verwirklicht haben?

Eine aufrichtige Konfrontation mit diesen Fragen und mit sich selbst setzt augenblicklich Transformationsenergie frei – das heißt, die Energie setzt Bewegung in Gang. Dabei spielt eine wertschätzende Atmosphäre eine wichtige Rolle. Wer sich selbst mit all seinen Fehlern liebevoll annimmt, beginnt sich selbst mehr zu lieben. Perfekt und fehlerfrei werden wir nie, und das ist gut so, denn das Leben ist nicht vollkommen.

Es liegt an dir, mutiger zu sein!

Alles, was geschieht, ist sinnvoll und dient unserer Entwicklung. Der Weg zur Ganzheit fordert von uns eine gewisse Kraftanstrengung und die Bereitschaft, vertraute Denkgewohnheiten aufzubrechen und Prioritäten neu zu ordnen. Den meisten fällt es schwer, die Gültigkeit ihrer Konzepte von Vergangenheit, Gegenwart und Zukunft zu verändern. Manchmal hindert uns die Angst vor einer neuerlichen Wiederholung des Misserfolgs. Wir denken dann: *Es könnte uns ja wieder dasselbe passieren!* Doch das stimmt nicht. Wir halten das Vergangene mit unseren Bewertungen fest und nähren es mit Energie, indem wir die inneren Bilder immer wieder durch unseren Kopf ziehen lassen. So bleiben Bilder und Emotionen erhalten. Begegnen wir Personen, die mit unseren vergangenen Illusionen verbunden sind, taucht das gesamte Spektrum der Gefühle wieder in uns auf – und der Kreislauf beginnt von neuem. Alles, was passiert, passiert im Jetzt und in diesem Augenblick.

So wie bei Romy, die nach außen selbstbewusst wirkte, sich durch Kritik aber so sehr aus der Bahn werfen ließ, dass sie verärgert auf sich und andere reagierte. Ihr war aus logischer Sicht klar, dass Kritik für sie durchaus hilfreich sein und auch einen Vorschlag zur Verbesserung beinhalten könnte. Doch sie erlebte Kritik als herben Angriff auf sich selbst. Romy wollte also mit ihrer Logik alles Unangenehme wegwischen, indem sie sich selbst mit Erklärungen zu beruhigen versuchte. Doch ihre Empfindungen ließen sie nicht zur Ruhe kommen. Immer wieder tauchten dieselben Gedanken auf. Dadurch fühlte sie sich schlecht und minderwertig. Ja, sie wertete sich sogar selbst ab. Erst als sie ihre Gefühle ernst nahm und sie sich bewusst machte, erfuhr sie den tieferen Grund ihrer Unsicherheit. Sie nahm den Ruf ihres Körperempfindens ernst und ging tiefer in das Gefühl. In ihr tauchten die Bilder und Geschichten ihrer Kindheit auf, in denen sie barsch und brüsk zurückgewiesen worden war. Sie umarmte innerlich liebevoll ihr kleines Kind und damit auch das mit dem Bild verknüpfte Gefühl. Sie gab dem Prozess so lange Zeit, bis sie deutlich merkte, dass sie sich auch mit den Gedanken an die Kritik versöhnen konnte. Die Erleichterung und die Ruhe bestätigten ihr, dass sie die Signale ihres Körpers künftig in dem Moment ernst nehmen soll, in dem sie sich in Form von starken Empfindungen bemerkbar machen.

Der jetzige Augenblick, der Moment, ist die einzig richtige Zeit, sich mit dem auszusöhnen, was wir in uns tragen, erlebt oder übernommen haben. Jede Emotion zu unserem Erlebten, die nicht liebevoll angenommen wurde, hindert uns daran, frei zu leben. Dann tragen wir die Rucksäcke unserer Erfahrungen mit uns herum. Manche tragen eine derartige Last, dass sie mit hängenden Schultern herumschleichen. Andere wiederum versperren ihr Herz und fühlen sich dadurch ständigem Druck ausgesetzt. Wieder andere verengen den Blick auf das Schöne und Positive im Leben, sodass sie durch die selbst angelegten Scheuklappen wie die Pferde nur mehr den Blick nach vorne riskieren. Dabei ist das Einzige, was uns leicht

Das Einzige, was uns leicht und lebendig macht, ist die natürliche Neugierde, die Unschuld und die Freiheit, die wir als Kinder gefühlt und erlebt haben.

und lebendig macht, die natürliche Neugierde, die Unschuld und die Freiheit, die wir als Kinder gefühlt und erlebt haben. Es geht darum, morgens wie ein Baby aufzuwachen, ohne den Blick in die Vergangenheit oder Zukunft zu wenden, spontan und mit einem Gefühl der Neugier und des Erstaunens die Angebote des Lebens anzunehmen, um dem Tag zu begegnen. *So bleiben wir wach für den Moment,* meint der spirituelle Lehrer Jeff Foster. Leiden und Trennung, insbesondere auch der Tod, scheinen nur dazu da zu sein, damit wir erkennen, dass alles ist, wie es ist. Das alles passiert, wie es zu passieren hat. Dass das Leben lebendig ist, so wie es immer schon lebendig war.

Manchmal suchte ich nach bedauernden Worten, dem Mitgefühl der Mitmenschen oder zumindest dem Verständnis für meine Schmerzen. Mein Ego hielt im Grunde danach Ausschau, gestreichelt und liebkost zu werden. Dadurch wollte ich mir die Legitimation für mein »Arm-sein« holen und gleichzeitig eine Bestätigung für meine eigenen Ausreden. Ich glaubte, mich damit auch ein Stück weit aus der Verantwortung entlassen zu dürfen, weil mir die Angst erhalten blieb und ich mich hinter ihr so gut und leicht verstecken konnte. Übertriebene Angst vor der Zukunft hatte ich genug. Damit machte ich mir das Leben zum Feind, sperrte es aus, statt es mir zu meinem Verbündeten zu machen.

Es liegt an uns selbst, mutiger zu werden und aus der Opferrolle auszusteigen. Vertrauen erwächst aus dem Glauben der Einheit, aus der Erkenntnis, von einer unsichtbaren Ordnung geführt zu sein, aus dem Wissen, geliebt zu werden. Dann fühlen wir uns beschützt, geborgen, genährt und getragen von der Lebensenergie. Wir empfinden uns nicht länger als ein vom Rest der Welt getrenntes Ich. Vielmehr erfahren wir uns als in ein Ganzes einge-

Vertrauen erwächst aus dem Glauben der Einheit, aus der Erkenntnis, von einer unsichtbaren Ordnung geführt zu sein, aus dem Wissen, geliebt zu werden.

bettet. Denn alles ist, so wie es ist, in Ordnung. Alles ist richtig! Wir haben es selbst in der Hand. Unser eigenes grenzenloses Potenzial finden wir im Spiegel des Geistig-Seelischen, dann, wenn wir denken und fühlen. Wir erkennen darin unsere Größe und Weite, so wie wir wirklich sind. Wir begreifen, dass wir Teil eines Ganzen sind. Aus diesem Wissen entsteht die Herzensqualität des Vertrauens. Sie verändert die Einstellung zu uns selbst und zu den anderen. Sie nimmt ein Ich wahr, das jeden Morgen erwacht und sich daran erinnert, hier zu sein, dankbar, mit dem Gefühl des Erstaunens, der Verwunderung für das Leben, so wie es ist. Zufrieden und präsent für all das, was ist und selbstverständlich auch dafür, was nicht ist. Erst die Begegnung mit dem Selbst erlaubt eine echte Begegnung mit den anderen.

Als ich mir selbst begegnete, begannen auch meine Begegnungen im Außen tiefer und verbundener zu werden. Menschen, die ich von früher her kannte und von denen ich dachte, dass wir einander gut kennen würden, wichen aus meinem Leben. Andere fanden einen festen Platz in meinem Herzen. Ihnen konnte und durfte ich mich öffnen, selbst dann, wenn ich mich schwach und klein fühlte. Unsere Herzen verbanden sich und ließen mich vergessen. Letztlich war das alles ein Resultat einer beständigen Arbeit an mir und mit mir selbst. Wir vertrauten einander, und dieses Vertrauen lehrte mich, noch mehr davon zu leben und mich noch mehr zu öffnen.

Früher traute ich mich nicht, mein wahres Ich zu zeigen. Vor allem fiel es mir schwer, meine Schwächen und meine Hilflosigkeit preiszugeben. Heute wage ich, mich vertrauensvoll zu öffnen und erkenne dadurch, was ich mir lange Zeit selbst genommen hatte. Auch Nähe konnte ich nur schwer zulassen, weil mir mein Leben und meine Arbeit, meine Vorstellung von Erfolg und Frausein, mein Fühlen es mir nicht erlaubt hatten. Ich musste funktionieren und stark sein. Ich dachte, in die betriebsame Geschäftswelt passen keine »Herzensduselei« und keine Gefühlsschwankungen.

Gefühle ausdrücken oder aussprechen zu können, benötigt mehr Zeit, mehr Worte und viele Menschen, die zuhören können. Zeit, die in Unternehmen und ihrer übertriebenen »meeting- und termingeschwängerten« Welt keinen Platz hat, weil Druck, E-Mails und Aufgaben den Arbeitstag bestimmen. Kurz, knapp und dazu auch noch prägnant sollten die Antworten sein, denn mehr Raum gibt es nicht in der modernen Businesswelt.

Herzenssachen hingegen gehen eine Verbindung mit dem Du ein. Sie lassen sich aber nicht in fünf Sätze pressen. Denn Gefühle und menschliche Bedürfnisse erlauben es nicht, in wenigen Minuten abgehandelt zu werden, damit dann wieder zur Tagesordnung zurückgekehrt werden kann. Aus und erledigt! Kein verbindender Gefühlsausdruck, keine Liebeserklärung der Welt ist überzeugend, wenn sie »zwischen Tür und Angel« gemacht wird. Mit Druck lassen sich Gefühle nicht äußern. Sie benötigen Zeit und Raum. Ganz der jeweiligen Empfindung angemessen. Durch die Zeitknappheit und den Druck verlieren wir uns selbst, aber auch die anderen. Nicht selten bemerken wir dann völlig überrascht oder viel zu spät, dass der andere, die Kollegen, die Geschäftspartnerinnen komplett ausgebrannt und leer neben uns arbeiten.

Längst wäre unsere Hilfe, unser Gespräch oder eine andere nützliche Geste der Menschlichkeit angezeigt gewesen. Doch wir waren mit uns selbst beschäftigt und hatten dabei nicht einmal einen realen Kontakt zu uns selbst. Wir haben unser Ego genährt, wollten mehr Geld auf dem Konto, ein schnelleres Auto und von allem mehr und mehr. Jagten dem Status, mehr Glück oder einem höheren Selbstwert hinterher. Wir wollten glänzen und scheinen und dachten immer nur: ich, ich, ich!

Als angestellte Personalentwicklerin eines Textilunternehmens wollte ich mich beweisen. Einzig mein Wollen war es, das mich daran hinderte, sofort auszusteigen, einfach auf mein Innerstes zu hören. Ich litt Höllenqualen ob der unmenschlichen Firmen(un)kultur. Meine Intuition, die ja bekanntlich im Bauch beheimatet ist, fand in dieser Zeit keinen Weg durch mein verschlossenes Herz in mein Bewusstsein. Die Ratgeberstimmen, die mich oft warnten oder auf etwas hinweisen wollten, konnten nicht durchdringen. Der Kontakt zu meinen Quellen der Lebensfreude versiegte, und beinahe schien mir die Geschäftswelt als eine Welt der zielorientierten, faktengesteuerten »Zombies«, die sich selbst nicht erleben und wahrnehmen konnte. Welch ein Bild! Und ich mittendrin. Keine Zeit für echte Begegnung. Kaum Raum für Kreativität. Oder gelingt Kreativität, wenn man mit dem Bearbeiten der Aufgaben auf den »To-do-Listen« beschäftigt ist? Wenn einem der Zeitdruck im Nacken sitzt oder der nächste Termin schon überfällig ist? Nein! Wirklich nicht.

Die Dinge veränderten sich für mich. Das Leben und die Geschäftswelt, in der ich mich heute bewege, sehe ich aus einem anderen Blickwinkel. Dialog, Menschlichkeit und Zeit für die Bedürfnisse anderer erkenne ich als Ressource und Energiequelle für Mensch und Unternehmen. Und für mich. Unsere erlebte Welt spiegelt unsere geistig-seelische Wirklichkeit wider. Den Weg, auf dem wir unsere Wirklichkeit erleben wollen, finden wir auf der Ebene des Geistes, unserer Gedanken und unserer Vorstellungen. Denn der Geist ist stärker als die Materie. Daher beginnt eine glückliche Zukunft zuerst im eigenen Inneren. Viele orientieren sich nur an der Materie und beschäftigen sich dabei nur mit einem Milliardstel der Wirklichkeit. Dabei hätten wir großen Einfluss auf das, was wir erleben, wenn wir daran glauben, wie sehr der Geist die Materie formt. Lasse dich viel mehr aus

Den Weg, auf dem wir unsere Wirklichkeit erleben wollen, finden wir auf der Ebene des Geistes, unserer Gedanken und unserer Vorstellungen. Denn der Geist ist stärker als die Materie.

deiner Intuition leiten. Habe Mut zum Fühlen! So kann sich auch in der Geschäftswelt viel verändern.

Horst wirkte eher arrogant. Als er zum Abteilungsleiter befördert wurde, stand er vor der Herausforderung, ein wertschätzendes Verhältnis zu seinen Kolleginnen und Kollegen aufbauen und die angestauten Konflikte im Team bewältigen zu müssen. Seine Aufgabe schien ihn aber vorerst zu überfordern. Herzrasen und Schlaflosigkeit machten ihm zu schaffen.

Bei jedem Versuch, »jemand zu sein«, werden wir schwer und ernst. Dabei könnte uns mehr Leichtigkeit helfen, uns wirklich im Augenblick wahrzunehmen, ohne danach Ausschau halten zu müssen, mehr als ich selbst zu werden. Mit dem Wissen, ganz wie im Innen, so im Außen, können wir beginnen, unserem im Inneren angelegten Original näherzukommen. Wir können vertrauen, dass sich in der Freude, in der Glut und der Begeisterung unser wahres Wesen zeigt. Spontan und lebendig und großartig, in der Einfachheit des Seins.

Wir können vertrauen, dass sich in der Freude, in der Glut und der Begeisterung unser wahres Wesen zeigt.

Horst schaffte es und beschrieb seine Entwicklung so: »Ich bin emotional reifer geworden. Heute vertraue ich bei meinen Entscheidungen auf mein Bauchgefühl, früher wäre ich umgefallen, wenn andere mein Gefühl belächelt hätten. Heute habe ich den Mut, zu mir selbst zu stehen. Ich lobe mich und andere dafür, wenn sie ihrer Intuition trauen. Durch meine Veränderungen und das wachsende Vertrauen wurden wir zu einer Vorzeigeabteilung. Die Stimmung und die Produktivität sind seither großartig.«

Das Zehn-Punkte-Programm zu Leichtigkeit und neuen Perspektiven

Wer mutig sein will, kann seine Lebensenergie in einem Zehn-Punkte-Programm wieder zurückerhalten und dadurch Erleichterung und neue Perspektiven finden.

1. Lerne aus deinem Erlebten!

Denkst du, dass es das Leben schon sehr hart mit dir meint? Fühlst du dich in einer Umbruchphase alleingelassen? Oder hast du den Eindruck, in einer Wendezeit festzustecken, die hart an deine Grenzen geht? Was dein Schicksal, deine Erfahrung dich lehrt, ist nicht immer gleich zu erkennen. Nutze die Chance, die dir das Leben schenkt! Finde die Perlen deiner Erfahrungen, tanke Kraft im Ausruhen, im Zurücklehnen und Reflektieren, um wieder stark auf eigenen Beinen stehen zu können.

2. Gewinne deine Lebenskraft zurück!

Fühlst du dich belastet? Kennst du das Gefühl, erfolgreich sein zu müssen, damit sich deine Träume verwirklichen können, und diese Verwirklichung dann doch nicht zu schaffen, weil du knapp vor dem Ziel scheiterst? Plagen dich körperliche Symptome? Fehlt dir eine glückliche Beziehung? Oder bekommst du trotz Anstrengung den ersehnten Job nicht?

Manchmal sind es blockierte Energien oder hemmende Überzeugungen, die uns daran hindern, Lebensfreude voll zum Ausdruck bringen zu können. Denn dort, wo es nicht leicht ist, sind wir auch nicht in Harmonie mit uns selbst. Nimm einen Stein oder ein anderes Symbol der Schwere und lasse die Sorgen dort hineinfließen. Lasse deine persönlichen Mühlsteine, Lasten und Blockaden los und »entsorge« deine symbolischen »Helfer« in der Natur oder in einem Fluss. Dadurch gewinnst du das Gefühl des Glücklichseins wieder.

Statt sich mit Ängsten und Problemen zu plagen, findest du Erleichterung. Befreie dich von »Was-wäre-wenn«-Fragen und richte dich auf deine Ziele und Ergebnisse aus. Gehe dabei Schritt für Schritt vor! Suche Lösungen in schwierigen Situationen, denn das gibt Kraft, emotionale Stabilität und mentale Stärke. Vertraue deiner inneren Führung! Denke in größeren Dimensionen. Lasse los, was sich erledigt hat, denn so richtest du dich auch spirituell aus.

3. Punkte mit deiner Sprache!

Neigst du dazu, dich und andere negativ zu bewerten? Fällt es dir schwer, in deinem Leben positive Gedanken zu finden? Oder fühlst du dich als Opfer der Umstände, die du gerade erlebst? Negative Gedanken und Sprachmuster bremsen deine Seele und hindern dich am Vorwärtskommen. Negative Gedanken wirken wie Gift auf dich und dein Umfeld. Jede Negativität lenkt dich von deinem Ziel ab.

Vielleicht fragst du dich: *Aber wie denn, wenn in meinem Geschäft oder meinen Beziehungen alles drunter und drüber geht?* Es gibt eine Antwort: Indem du versuchst, deine Gedanken zu steuern und damit deine Sprache zu verändern. Durch die Kraft deiner Gedanken wird dir ein freier Wille gegeben. Du entscheidest selbst, ob du Gedanken der Angst oder Freude, Hass oder Liebe zulässt, ob du positiv oder negativ denkst. Erkenne, welche Bewertungen in dir zu Ärger oder zu Wut führen, mache den Schritt nach vorne und ändere sie. Damit ziehst du Positives an. Du erntest, was du sprichst und denkst. Dabei haben kleine Änderungen große Wirkung.

4. Söhne dich mit deinem Familiensystem aus!

Kennst du das Gefühl, anderen mehr Kompetenz und Macht zu geben als dir selbst? Dadurch arbeitest du viel für andere, wenig für dich und verlierst den Spaß. Obwohl du dich als kraftvoll und lebensfroh bezeichnest, plagen dich Depressionsschübe, die dir die Luft zum Atmen nehmen? Oder suchst du krampfhaft nach Anerkennung? Machen dich Familientreffen eher traurig als glücklich? Gibt es schwere Schicksalsschläge in deiner Ursprungsfamilie? Oder nagt ein ungelöster Konflikt in dir?

Hilfe für die Seele existiert, wenn du mit dem System, das dich bewegt, ausgesöhnt bist. Wenn du erkennst, dass du Eigenschaften wiederholst, die du eigentlich ändern willst. Heilung entsteht dabei in mehreren Schritten: Im Würdigen und Einbeziehen aller Personen, auch wenn sie schon verstorben sind. Denn der starke Strom des Lebens fließt von Generation zu Generation. Im Anerkennen und Aussöhnen mit dem, was als schmerzlich erlebt wurde. Erneuere Bindungen und Beziehungen, und das Leben wird dich tragen, du kannst wieder Glück erleben. Im Vergeben liegt Kraft, Frieden und Dynamik für deine neuen Ziele. Es gibt dir die Leichtigkeit, jede Richtung einzuschlagen, die du willst. Nimm dir Zeit für Ahnenrituale: Verbinde dich rituell mit der Energie deiner Ahnen, damit Wohlfühlen im Kreis der Familie ohne Spannungen möglich wird.

5. Finde das Bedeutsame für dich!

Bist du in deinem Beruf glücklich? Machst du beruflich und privat das, was du gerne tust? Kannst du das ausdrücken und tun, was dir wirklich Freude macht? Finde heraus, welche Werte dir in deinem Tun Sinn und Motivation geben, was dir wertvoll und wichtig ist. Denn Werte leiten dich und geben dir Klarheit. Sie helfen dir zu finden, was du willst und dir von deiner Zukunft wünschst. Wenn dir dein Leben und dein Beruf keine Freude macht, lebst du wahrscheinlich gegen deine Werte. Ein wichtiger Gradmesser ist die Leichtigkeit beim Tun und deine Begeisterungsfähigkeit. Finde heraus, was bedeutsam für dich ist!

6. Traue dich, du selbst zu sein!

Findest du es inspirierend und kribbelnd, wenn Menschen vor Energie strotzen? Wenn sie sich selbst zum Ausdruck bringen und das tun, wofür sie alle Gaben und Talente bekommen haben? Die frei von Angst ihre wirklichen Potenziale leben? Das ist möglich. Suche dir deine Berufung! Weniger im Denken, sondern mit allen Sinnen. Entdecke, was durch dich in die Welt kommen will. Dein Herz ist der Schlüssel für deine wahren Talente. Traue dich, deinen Verstand mit deinen Gedanken auszuladen und der Stimme deines Herzens zu folgen!

7. Achte auf eine sensible Sprache!

Oft halten wir die Vergangenheit mit Worten fest. Wenn wir zum Beispiel sagen: »Ich habe, ich bin, ich erlebe«, verknüpfen und verankern wir uns mit der Situation noch intensiver. Die Art und Weise, wie wir unsere erlebte Situation bewerten, bestimmt, wie wir uns fühlen und ob wir glücklich und froh sind oder uns als Opfer, als arm betrachten. Wir identifizieren uns mit unseren Gefühlen und verstärken sie mit unserem Empfinden. Dadurch erhöht sich die Schönheit, aber auch die Hilflosigkeit, je nachdem, was da ist.

8. Sei Gast deiner Gefühle!

Stelle dir vor, du kannst dein Erleben von außen betrachten, so als würdest du dir selbst in einem Kinofilm zusehen. Statt zu sagen »Ich bin unglücklich«, kannst du zu deinem eigenen Beobachter werden. Du kannst es dann so ausdrücken: »Ich sehe Unglück und erkenne eine Traurigkeit. Ich bemerke, dass Druck auf meinen Schultern lastet.« Als Beobachter würdest du sie zwar spüren, aber dich selbst viel weniger mit den Empfindungen identifizieren, weil du nicht so stark in die Situation involviert bist. Du wirst mehr Abstand von deinen Problemen bekommen, wenn du »nur« beobachtest. Du wirst weniger Energie dorthin lenken, wohin du es eigentlich gar nicht willst. Dann wird es dir auch leichter fallen, mehr Distanz aufzubauen.

Eine Freundin erzählte mir einmal, immer wenn sie das Lied *I did it my way* hörte, spürte sie intensive Rührung, eine Traurigkeit bemächtigte sich ihrer und ein tiefer Seelenschmerz tauchte auf. Oft dauerte diese Rührung lange an und irritierte sie selbst und auch ihr Umfeld. Inspiriert von der Idee des Beobachtens, begann sie, ihre Emotionen mit Abstand zu betrachten. Sie begann, sich und ihre Gefühle einfach wahrzunehmen und festzustellen: *Oh, es ist Rührung da!, aha, jetzt taucht Traurigkeit auf!, mmh, interessant, jetzt empfinde ich Gelassenheit.* Je mehr sie ihre Gefühle mit Distanz beobachtete, sozusagen wie eine Fremde, die von außen zusieht, desto schneller verschwanden die traurigen Gefühle, und Entspannung stellte sich bei ihr ein. Bald konnte sie dieses Lied hören und dazu tanzen und lachen. Die Verknüpfung der Geschichte im Kopf war gelöst.

Selbst habe ich diese Methode sehr oft in der späteren Zeit meiner Regeneration, zur Behandlung von Schmerzen jeder Art ausprobiert. Siehe da, der Schmerz verlor genauso seine Heftigkeit. Statt zu denken *Ich habe Schmerzen,* teilte ich mir beobachtend mit: *Es ist Schmerz da.* Denn es kommt immer auf das *haben* an, und darauf, dass sich das

Ich mit den erlebten Gefühlen ganz und gar identifiziert. Mit der Distanz begann auch eine Veränderung des Empfindens, und das erleichterte viele schwierige Situationen.

Der Psychologe und medizinische Anthropologe Alberto Villoldo unterscheidet Gefühle von Emotionen. Gefühle verschwinden schneller. Emotionen dauern länger an, sie sind tiefe Speicher im limbischen System. Alle 20 Minuten startet unser Gehirn neu. Wenn etwas länger als 20 Minuten als Emotion anhält, wir es nach Tagen oder Wochen immer noch bereden, wiederholen, daran denken, durch ständiges Erzählen daran festhalten, sind wir immer wieder mit diesen Emotionen verbunden. Mit unglücklichen wie mit glücklichen. Gefühle hingegen fließen durch, sind da und auch wieder weg. Genauso wie wir es bei Kindern wahrnehmen. Emotionen werden so zu Programmen des limbischen Gehirns. Ein Weg, Emotionen zu heilen, sie zu transzendieren oder aufzuheben, ist, ihnen nicht so lange Aufmerksamkeit zu geben. Wir müssen den Bereich des Gehirns aktivieren, der Schönheit wahrnehmen kann, der die Möglichkeit des Friedens sieht, Hoffnung und Kreativität ausbildet. Das ist grundlegend für die Psychosomatik.

Wir haben es also selbst in der Hand zu wählen, wohin wir unsere Aufmerksamkeit und Energie lenken. Teste ausführlich, bei deinen Gefühlen »Gast zu sein« und erlebe, wie schnell die Traurigkeit, der Druck oder eine Depression verschwinden. Probiere es aus, es lohnt sich! Sogar in den Worten *Ich habe dich lieb* drängt sich das *Ich* in den Vordergrund, während *Es fließt Liebe zwischen uns* wirkliche Liebe fließen lässt, frei vom Ego und vom Haben-wollen.

9. Lass dein Herz offen und beobachte!

Marshall Rosenberg, Entwickler der *gewaltfreien Kommunikation* und der *Sprache des Lebens,* hat eine bereichernde Form des Umgangs mit uns und anderen entwickelt. Im Mittelpunkt stehen Fairness und Gerechtigkeit in einer prozessorientierten Sprache. Dabei wird die Aufmerksamkeit auf die Gefühle und Bedürfnisse, die jeden Menschen motivieren, gelenkt. Die Hauptursachen für negative Stimmung, Ärger und Konflikte untereinander sind unsere Bewertungen. Das heißt, wir fällen ein Urteil darüber, was und wie andere etwas tun oder nicht tun: *Du bist ungenau, das machst du falsch, muss ich denn immer alles zweimal sagen?* Jene Werturteile, die eine moralische oder wertende Aussage über andere darstellen, sind das Herzstück gewaltfreier Kommunikation.

Wer Schuldzuweisungen, Beleidigungen, Kritik, Vergleiche und festlegende Einschätzungen verwendet, unterstellt anderen Menschen, dass sie unrecht haben oder nicht okay sind. Moralisch verurteilt wird, wer sich nicht gemäß den Wünschen des Verurteilenden verhält. Die bewertende Art der Kommunikation basiert hauptsächlich auf Mustern, die von Emotionen aus der Kindheit gesteuert sind. Das Formulieren von Tatsachen, und dabei die eigenen und fremden Bedürfnisse wahrnehmen zu können, ist die Kunstfertigkeit, die dieser Methode zugrunde liegt. Wir haben vergessen, wie es geht, das Herz des anderen zu berühren.

Wir haben vergessen, wie es geht, das Herz des anderen zu berühren.

Eine Steigerung dieser Misskommunikation ist, die eigenen Bedürfnisse nicht wahrzunehmen und dann auch noch lieblos mit sich umzugehen. Eine sehr effektive Form der Herabsetzung der eigenen Person besteht darin, darüber nachzudenken, was andere vermutlich über einen selbst denken könnten. Wer sein Leben besonders unangenehm gestalten will, sollte sich dafür viel Zeit nehmen. Weitere Behelfe, Verantwortung zu leugnen, sind die sprachlichen Formulierungen von *müssen* und *man* oder die Bezugnahme auf höhere Instanzen oder Autoritäten, denen wir glauben, uns unterordnen zu müssen. Damit schieben wir auch die Verantwortung für die eigenen Handlungen weg. Marshall Rosenberg bezeichnet das als gewalttätiges Verhalten sich selbst und anderen gegenüber.

Einer der Hauptgründe, weshalb wir so über uns denken oder reden, liegt im mangelnden Selbstwert und an einer geringen Selbstachtung und Selbstliebe. Beurteilungen anderer geben vielen Menschen ein angenehmes Gefühl von Überlegenheit, denn der eigene Selbstwert wird durch das Kleinmachen der anderen scheinbar gehoben. Wer sich selbst innerlich als »nicht gut genug« empfindet, muss gezwungenermaßen andere auch so beurteilen. Das verzerrte Selbstbild der modernen »Ich-bin-Mamas-Liebling«-Generation, die sich oft selbst überschätzt, leidet genauso an diesem Mangel, sich selbst nicht genügend wert zu sein. Das ist besonders dann der Fall, wenn Erfolge ausbleiben, die der verwöhnte »Sei-Perfekt«-Typus voraussetzt.

Das Selbstwertgefühl ist nicht vom Applaus anderer abhängig, ebenso wenig wie von Macht, Besitz und Selbsterhöhung. Das Selbstwertgefühl ist vielmehr ein »Sieg« über unsere inneren Bilder, über uns selbst, darüber, wie wir unser Gehirn trainieren, unser Herz öffnen und unsere Emotionen ausdrücken können. Es wird durch die Suche nach den eigenen inneren Werten und nach dem Sinn des Lebens gestärkt. Vielleicht tut es gut, sich die Frage zu stellen: *Was will durch mich in die Welt kommen?*

Wir sind eingeladen, in Stille unser Herz zu öffnen und das wahre Selbst zu erforschen. Es muss nicht immer der Verstand regieren und wir müssen auch nicht neue Ideen in den bereits vollen Kopf schütten –, sondern wir können in der Stille Antworten auftauchen lassen.

10. Nutze deine Sprache als Herzöffner!

Ein Dialog ist die Kunst, sich und andere durch Worte zu begeistern. Alles beginnt im Kopf und zeigt sich unmittelbar in der Sprache. Nicht die Welt ist gut oder schlecht. Die Welt ist weder gut noch böse, sie ist, wie sie ist. Unsere eigene Einstellung zur Welt, zur Wirtschaft und die Bilder von uns selbst richten sich grundsätzlich nach Kategorien aus, beginnend mit *gut* und endend mit *schlecht*. Wir legen unseren eigenen Bewertungsfilter über das Handeln anderer und analysieren es. Im Urteilen von Gut und Böse stecken starke Emotionen.

Gedanken und Werte in unserem Kopf sind entscheidend für unsere Sprache und Handlungen. Sprache wird, besonders in Stress- und Drucksituationen, zum direkten Ausdruck unserer inneren Bilder. Wie ich also meinen »Zentralcomputer programmiere«, so wird er auch »funktionieren«. Verantwortung übernehmen, lautet das Credo für unser Denken, dann wird auch die Sprache nachziehen.

Menschen haben seit eh und je die Sprache völlig unterschiedlich eingesetzt. Durch sie haben sie andere dominiert. Viele Diktatoren waren exzellente Sprachtalente und haben es verstanden, Menschen durch Worte zu manipulieren und für eine Idee zu begeistern. Ein einziger Mensch kann die Grundstimmung in einem Land ändern. Am Beispiel des US-Präsidenten Obama zeigte sich, wie ein Mensch es schaffte, die Mehrheit der Menschen Amerikas durch seine Einstellung, seine Sprache, seine Tonlage, aber auch seine Menschlichkeit mitten ins Herz zu treffen und eine positive Stimmung zu erzeugen. Die Lösung liegt daher im Erkennen und im Ändern selbstschädigender Sprachmuster. Dabei könnte man statt *Gut* und *Böse* auch *hilfreich* oder *nützlich*, *förderlich* oder *brauchbar* sagen. Damit nähme man die Bewertungen weg. Kopfarbeiter brauchen eine Herzenssprache.

Wir alle stehen vor der Aufgabe, ein Menschenbild zu entwickeln, das förderlich und offen ist, das die Unterschiede als Möglichkeiten versteht und vor allem die Freude und die Begeisterung für das Leben in den Mittelpunkt rückt. Leitende Angestellte in Firmen würden größere Fortschritte machen, wenn sie herkömmliche Ansichten zumindest einmal infrage stellen, ihre inneren Bilder ändern, weniger nur den Profit im Auge haben und verstärkt einen befruchtenden gemeinsamen Dialog praktizieren. Im Dialog hat jede und jeder eine Stimme und kann seine Gedanken und Gefühle aussprechen. Menschliche Verbundenheit wird so spürbar und erlebt. Nacheinander zu sprechen und vom Herzen her zuzuhören, würde vieles verändern. Dialog bedeutet, eine Spur im Herzen zu ziehen. Durch das Stärken der Personen und der Haltung der Wertschätzung entwickelt sich eine Atmosphäre des Vertrauens und des Zusammenhalts. In diesem Prozess entsteht eine starke positive Energie, die dazu genutzt wird, die von den Beteiligten gewünschten Veränderungen zu tragen.

Die Zeit der Pandemie hat uns aufgefordert, intensiver auf die Gemeinsamkeiten zu achten. Als Menschen sind wir zusammengewachsen. Beziehungen wurden gestärkt, beruflich und privat. Der Wunsch, die Gemeinsamkeit stärker in die Zukunft mitzunehmen, war klar erkennbar. Jeder von uns sieht, versteht und interpretiert die Welt anders. Die meisten Menschen fragen sich nicht, was sie tun können, damit unerwünschtes Verhalten aufhört. Sie fragen sich, wie es dazu kam. Doch stellen wir uns die Frage, was es braucht, um das, was aufgekeimt ist, in die Zukunft mitzunehmen? Wie begegnet man als Mensch einer ungewissen Zukunft? Wie lernt man aus Krisen und begegnet Stress flexibler? Gibt es Zukunftskompetenzen, und wie entwickelt man sie?

Martin ist Leiter einer Abteilung in einer Organisation mit 300 Mitarbeitern und Mitarbeiterinnen. Er erledigt seine Aufgaben, so gut es eben geht, korrekt und am selben Tag, damit sich nicht zu viel »Bürokram«, wie er es nennt, auf seinem Schreibtisch ansammelt und ihm damit Stress erzeugt. Fast täglich muss Martin dann auch noch zu ungeplanten Meetings und Ad-hoc-Terminen. Das führt dazu, dass gesetzte Fristen nur mehr knapp eingehalten werden können. Erledigungen entsprechen nicht mehr seinem Wunsch nach »Mach es perfekt«. Er bewertet Versäumnisse als Schlamperei. Martin ist zu sich selbst sehr streng und sucht Fehler ausschließlich bei sich selbst. In seinem Kopf drehen sich die Gedanken ständig darum, nicht gut genug zu sein und zu versagen. Das sind Selbsturteile, die zu Stress führen und ihn noch mehr und intensiver arbeiten lassen. Wie er wohl mit seinen Mitarbeiterinnen und Mitarbeitern umgehen wird? Was wir denken, hat eine Auswirkung auf unsere Sprache.

Was wir denken, hat eine Auswirkung auf unsere Sprache.

Wer mit sich selbst gnadenlos umgeht, tut es auch mit anderen. Wer sich selbst verurteilt, verurteilt auch die anderen. Vorwürfe und Formulierungen wie *immer, nie, schon wieder, alle, keiner* sind Ausdruck dieses inneren Dialogs. *Der andere hört mir nie zu und kommt immer zu spät,* sprudelt es wie selbstverständlich aus unseren Gedanken, genauso wie *diesen Zusagen kann man einfach nicht trauen.* Die Fälle, in denen so kommuniziert wird, erstrecken sich lediglich auf das Sich-verteidigen oder Beleidigt-sein. Leider sind die Möglichkeiten, in denen solche Missverständnisse ausdiskutiert werden sollten, äußerst rar. Nicht nur, dass in den meisten Unternehmen die Zeit fehlt, morgen stehen schon wieder andere Themen im Fokus. Wen wundert es, wenn die Stimmung in den Unternehmen sinkt und der Hunger nach Respekt und Wertschätzung größer wird?

Wir können negative Gedanken in eine positive, motivierende Handlungssprache wandeln. Daher sollten wir uns fragen: Gehöre ich eher zu den Chancendenkern oder zu den Problemsehern? Erkenn ich in allem auch die positive Seite?

Wie formuliere ich, was ich sage, frage, beantworte – negativ oder positiv? Bin ich ein »Es-geht-nicht-« oder ein »Es-geht-Typ«? Jeder Mensch hat seine Landkarte von der Wirklichkeit. Wir sprechen aus, was wir selbst denken. Wir verstehen, was wir durch unsere Wahrnehmungsbrille verstehen können. Es gibt kein *richtig oder falsch verstanden,* sondern es gibt unterschiedliche Sichtweisen und daraus resultierende Annahmen. Unser Denken und unsere Sprache drücken sich danach aus. Lernen wir die Sprache des Lebens und der Selbstverantwortung zu übernehmen. Schenken wir unseren Bedürfnissen Anerkennung, anstatt eine Opferrolle einzunehmen.

Jeder Mensch hat seine Landkarte von der Wirklichkeit. Wir sprechen aus, was wir selbst denken. Wir verstehen, was wir durch unsere Wahrnehmungsbrille verstehen können.

ÜBUNG: In fünf Schritten zu mehr Empathie für dich selbst

- Denke an eine Situation, in der du dich auf eine Art verhalten hast, die du selbst als falsch und fehlerhaft empfunden hast. Schreibe die Umstände in Stichwörtern auf.
- Untersuche, was du zu dir selbst gesagt hast. Welche verbalen Maßnahmen ergreifst du in so einem Fall? Wie sprichst du zu dir selbst? Erarbeite diese Aussagen konkret und möglichst wortwörtlich.
- Achte auf Beschuldigungen, Herabsetzungen, Anklagen (hätte, sollte) und auf »Gewaltworte«. All

diese Maßnahmen gegen sich selbst basieren auf der gängigen, brutalen Art der Erziehung. Dahinter steht die Erziehungsidee, dass man sich selbst für seine Handlung missbilligen und für sie entschuldigen sollte, sozusagen als Voraussetzung dafür, sich ändern zu können. Das Ergebnis eines solchen Vorgehens ist jedoch nur ein Empfinden von Schuld und Scham, der fehlende Kontakt zu den eigenen Bedürfnissen und das Entstehen von Depressionen.

- Dein Ziel sollte es ab jetzt sein, deine gewalttätige Sprache dir selbst gegenüber durch eine lebenserhaltende und lebensverbundene Sprache zu ersetzen, frei von moralischen Urteilen und in Harmonie mit deinen Bedürfnissen.
- Frage dich immer wieder, was du jetzt brauchst, damit es dir gut geht, nämlich genau in dieser Situation. Wie fühlst du dich im Augenblick des Geschehens? Wo stellst du dieses Gefühl im Körper fest? Schreibe ein paar der Empfindungen auf.

Lerne, deine Wünsche zu formulieren!

Wir sind von Jugend an darauf trainiert, Wünsche, Hoffnungen und Erwartungen nicht offen anzusprechen. In instabilen, aber auch unsicheren Situationen wird das jedoch zu einer Notwendigkeit.

Der deutsche Psychologe und Autor Thies von Stahl entwickelte auf Basis Marshall Rosenbergs die Schule des Wünschens. Zentraler Grundgedanke ist die Orientierung an der Zukunft: Nicht die Vergangenheit steht im Focus, sondern die Gestaltung der Zukunft. Statt Vorwürfen werden Wünsche geäußert, denn Wünsche sind verhandelbar und der Blickwinkel ändert sich automatisch in Richtung Zukunft. Vorwürfe dagegen werden meist mit Gegenvorwürfen beantwortet. Sie zielen auf eine Abwertung des anderen hin, während Wünsche den anderen ernst nehmen. Als Beispiel: »Wie oft muss ich Ihnen sagen, dass Sie die Korrespondenz nicht so chaotisch ablegen sollen!« Besser: »Ich wünsche mir eine geordnete Korrespondenzen-Mappe, in der Eingänge nach Datum und Alphabet gereiht werden.« Statt »Bitte sei rücksichtsvoller« oder »Das will ich nicht« ist es besser, klar auszudrücken, was einem wichtig ist, etwa: »Ich wünsche mir, dass du bemerkst, wenn ich …«

Verwandle Vorwürfe in Wünsche und mache damit deutlich, was du benötigst.

Verwandle Vorwürfe in Wünsche und mache damit deutlich, was du benötigst. Sprich die Dinge konkret an. Formuliere positiv oder neutral beobachtend. Das bedeutet, dass du keine Negativformulierungen oder Verneinungen verwendest. Formuliere den Wunsch möglichst konkret und genau, sodass keine Missverständnisse möglich werden. Lerne, einen Wunsch so zu formulieren, dass der Empfänger in der Lage sein kann, den Wunsch nach seinen eigenen Möglichkeiten zu erfüllen. Jede Beziehung wird dadurch entspannter und gelassener. Der Körper dankt es dir.

Achte auf die magischen Momente!

Freude setzt Glückshormone frei und ist der Dünger für unsere Lebenskraft. Analysiere deinen Umgang mit dir selbst in Situationen, die du bisher negativ beurteilt hast. Achte auf deine inneren Bewertungen, die zu Ärger und Wut führen.

Wie wir unser Gehirn trainiert haben, ist entscheidend und bestimmt den Inhalt der Sprache. Eigene Gedankenbilder, mit denen wir unser Gehirn täglich, stündlich, ja minütlich füttern, bilden die neuronalen Verschaltungen in unserem Gehirn. Dadurch werden die Nervenbahnen wie gut befahrene Straßen genutzt. Je öfter wir also inneren Bildern und Vorstellungen nachhängen, desto breiter werden die Pfade der nervlichen Verschaltungen gebildet. Das Gehirn sucht stets den leichteren Weg, den Weg ohne Widerstand. Wie wir unser Hirn benutzen, entscheidet, welche neuronalen Verschaltungen gebahnt und gefestigt werden. Die Bilder haben zur Folge, dass das Gehirn Botenstoffe, also Hormone freisetzt, die im gesamten Körper Reaktionen auslösen. Darauf kommt es an.

Bewerten wir eine Person, uns selbst oder eine Beziehung positiv, wirken positive Kräfte. Konzentrieren wir uns aber auf Negatives, werden wir auch Negatives ernten. Von Angstbildern wissen wir, dass sofort Adrenalin produziert wird. In Verliebtheitsphasen werden im Körper bekannterweise Endorphine, unsere Glückshormone, freigesetzt. Doch das sind nur zwei von vielen Botenstoffen im Körper. Sie bahnen sich ihren Weg im Gehirn wie durch ein Fischernetz. Die Macht der Bilder ist so groß, dass Gerald Hüther, Neurobiologe an der Psychiatrischen Klinik in Göttingen, dafür plädiert, *dass wir künftig die inneren Bilder bestimmen und nicht die Bilder uns*.

In langen Stresszeiten wird unser Gehirn mit Stresshormonen »zugemüllt«. Oft dauern solche Zeiten lange, wochenlang, manchmal sogar Monate. Wir spüren das unangenehme Gefühl im Bauch, im Herzen oder im ganzen Körper. So von Stresshormonen überschwemmt, erinnern wir uns einfach nicht mehr daran, dass es einmal anders war. Gefangen in der manchmal selbst gewählten Perspektive, findet das Gehirn von selbst keinen Ausweg mehr. Die positiven Vernetzungspfade wachsen allmählich zu. Dann erinnern wir uns nur noch schwer an die großartigen positiven Momente.

Suche dir Freudemomente und positive Erlebnisse, um wieder in deine Kraft zu kommen. Selbst wenn sie nur ein flüchtiger Besucher in deinem Leben war: Freude ist die stärkste Kraft. Sie schenkt uns Lebensmut, gibt Hoffnung und Leichtigkeit.

Suche dir Freudemomente und positive Erlebnisse, um wieder in deine Kraft zu kommen.

Sammle Glücksmomente, und zwar ein Leben lang! Das sind all jene Momente, die wir bereits in jungen Jahren, vielleicht sogar schon in der Kindheit, erlebt haben, Situationen, in denen wir Angst überwunden oder etwas Mutiges geschafft haben. Rufe dir das, was dir gelungen ist und worüber du dich am meisten gefreut hast, ins Gedächtnis. Schreibe deine Erinnerungen in dein Glücks- oder Erfolgstagebuch. Das klingt simpel, ich weiß! Die Wirkung ist jedoch enorm! In meinem Glückstagebuch zu lesen, machte mich wieder wach und lebendig.

Einmal, lange vor meinem Unfall, saßen wir in einem wunderbaren, liebevoll bepflanzten Garten. Die dicht wachsenden Kräuter und die vielen bunten, üppigen Blumen luden Wanderer zu einer Rast ein. Die Wanderung hatte uns müde gemacht. Wir waren an einer Biegung falsch abgezweigt und hatten fast zwei Stunden länger gebraucht als geplant. Doch die Schönheit der Umgebung und der Zauber der Wachau entschädigte uns. An jeder Lichtung begrüßte uns der Blick ins Donautal mit den gepflegten Weingärten und den strukturierten Hängen. Müde und gleichzeitig froh, nippten wir an einem erfrischenden Glas Weißwein. Köstlich mundete uns das Getränk und ließ unsere Anstrengungen und die Müdigkeit verschwinden. Der saftige Nusskuchen zauberte Bilder unserer Kindheit in Erinnerung. *Nur meine Großmutter hat es geschafft, solch eine Herrlichkeit aus Nüssen zu backen,* kicherte ich und biss in den Kuchen mit der saftigen Nussfülle. Der schattige Garten und die herrlich blühenden Blumen ließen uns unsere Anstrengung vergessen. Das genussvolle Mmmm und die strahlenden Augen verrieten es: Wir waren rundum glücklich. Einer jener seltenen Glücksmomente!

Glück können wir durch unsere Sinne erfahren. Wer mit offenen Sinnen durch das Leben geht, öffnet sich auch für den Sinn, sagt Uwe Böschemeyer, Begründer der Wertimagination. Er meint, dass wir offen sein müssen für die Erfahrungen, die uns das Leben täglich schenkt. Glück ist ein flüchtiger Besucher, dem wir wie ein kostbares Geschenk Zuwendung schenken sollen. Suchen wir mit all unseren Sinnen die bunten Perlen, die wir im Leben finden. Wir können diese aufnehmen und aufschreiben. Je öfter, desto besser. Du wirst besonders in schwierigen Momenten entdecken, wie viel Kraft diese Schätze in sich bergen.

Glück ist ein flüchtiger Besucher, dem wir wie ein kostbares Geschenk Zuwendung schenken sollen.

ÜBUNG: Lebensschatzkiste

Fülle deine Lebensschatzkiste oder schreibe ein persönliches Schatzbuch.

- *Sammle Dinge und Momente, die dir Freude gemacht haben, etwa* Fotos, kleine Symbole oder Zeichnungen. Schreibe deine Freudenmomente auf. Die grundlose Freude ist die schönste.
- *Achte auf Kleinigkeiten,* das Lachen eines Kindes oder der Kassiererin im Supermarkt.
- *Schaffe dir Auszeiten und Raum,* um zu träumen und innere Bilder zu formen, die du notierst. Stelle dir deinen perfekten Tag vor und notiere ihn, auch mit Uhrzeit, denn dann driftet der Verstand nicht so ab.
- *Achte auf deine Sprache.* Drücke Dankbarkeit und Wertschätzung aus, besonders jenen Menschen gegenüber, die dir ganz nahe sind. Erweise jemandem Respekt. Ob es durch echtes Interesse oder durch eine Geste geschieht, bleibt dir überlassen.
- *Lasse dein inneres Kind leben.* Mache einmal am Tag etwas Spontanes. Etwas, das du dir sonst eher verbietest. Gib deiner natürlichen Neugier nach und entdecke neue Facetten an dir selbst.
- *Wage, etwas auszuprobieren,* auf das du immer schon Lust hattest.
- *Lege Listen an mit den Fragen: Was mache ich großartig? Worauf bin ich stolz? Wenn alles leicht wäre, was wäre dann anders?* Hilf deinem Gehirn mit diesem Trick, Abstand von einer schwierigen Situation zu gewinnen, indem du deine Aufmerksamkeit auf das Schöne legst. Stöbere immer wieder in deiner Schatzkiste oder in deinem Buch. Erfreue dich am Geschriebenen, an den Bildern und Gegenständen.

Noch während meines Krankenhausaufenthalts schrieb ich meine Erlebnisse auf, die guten wie die schlechten. Mein kleines Büchlein wurde vorne mit all meinen guten Erfahrungen gefüllt. Anfangs waren es nur Kleinigkeiten. Humorvolle Begegnungen mit meinen Therapeutinnen und wohltuende Berührungen. Diese waren etwas ganz Besonderes, da ich mich vier Wochen lang nicht bewegen konnte und meine linke Hand schon beim geringsten »Windhauch« reagierte. Jede gute Nachricht, Erfolge bei meinen Behandlungen, die ersten kleinen Schritte nach dem starren Liegen, sogar winzigste Momente in meinem Herzen, Augenblicke inneren Friedens, die zu dieser Zeit sehr selten waren, alles hielt ich in meinem Büchlein fest. Von der Rückseite beginnend, schrieb ich die weniger positiven Gefühle, Empfindungen, Rückschläge und Ängste auf. Anfangs gab es davon noch sehr viele.

Das Schreiben schenkte mir eine große innere Erleichterung. Besonders die positiven Erlebnisse der vorderen Seiten machten mich sehr glücklich, während das Schreiben auf der Rückseite eher ein unangenehmes Gefühl auslöste. Später und auch heute noch lese ich die aufbauenden Zeilen und bemerke immer wieder das enorme Glücksgefühl, das sich in mir ausbreitet. Eine gute Stimmung verscheucht rasch schlechte Gedanken.

Ein Eintrag während meiner Reha-Zeit, den ich trotz vollen Therapieplans schrieb, lautete:

Wie ein kleines Mädchen freue ich mich, dass ich meinen Arm nun höher heben kann. Ich schaffe es schon bis zur halben Schulterhöhe. Millimeter um Millimeter arbeiten wir uns vorwärts, meine Therapeutin, das elektrische Trainingsgerät und ich. Es geht viel besser als noch vor drei Monaten. Damals hing mein Arm wie eine »dicke Wurst« bewegungslos neben meinem Körper herab. Die neun kapitalen Brüche, besonders jene an der Speiche, Elle und im Handgelenk, scheinen nun völlig durchzuheilen. Die zischenden, schmerzenden Blitze von der Schulter bis zu den Fingerspitzen sind laut Ärztin ein Zeichen, dass sich auch der Nerv langsam regeneriert. Meine kleinen amputierten Finger beginnen wieder »normaler« auszusehen, die Schwellung geht zurück. Juhu, es gibt wieder Hoffnung! Mit Griffverdickungen bewerkstellige ich nun auch schon, das Besteck zu halten. Eine Gabel zum Mund führen, das geht noch nicht, doch ein kleiner Erfolg ist es allemal. Ein Stück Obst in die Hand zu nehmen oder einen Gegenstand zu halten, ist zwar noch immer eine schweißtreibende Herausforderung, aber mein Wille ist stark und meine Versuche werden immer erfolgreicher. Leider geht vieles zu Bruch, auch meine teuren Hautcremes, doch jeder Versuch ist es wert. Abgesehen von meinem Arm, der natürlich alle Aufmerksamkeit benötigt, zeigt der übrige Körper auch Verbesserungen. Es gelingt mir bereits, ein ganzes Stockwerk zu Fuß zu gehen. Ich trainiere das Treppensteigen, doch nach einer Etage zwingt mich der Schmerz zum Aufgeben und ich muss den Lift nehmen.

Die Zeit des Schreibens wurde zu einer seelenstärkenden Ressource. Was war das Positivste in meinem Leben? Wann hatte ich es erlebt? Wie lange dauerten diese Gefühle? Wo und wann fühlte ich Glück? Mit wem konnte ich diese Erfahrungen teilen? Welche Begegnungen waren für mich wichtig? Was erlebte ich mit meinem Partner? Was hat mich mit Sinn erfüllt? Gab es bei mir materielle und finanzielle Erfolge, auf die ich stolz sein konnte? Wann war ich besonders in Balance und glücklich? Ganze innere Filme über Menschen, Persönlichkeiten, Bücher und Lehrer, die mich innerlich bewegten und prägten, liefen in meinem Kopfkino. Mein Körper saugte jede Glückserfahrung wie ein trockener Schwamm auf. Er setzte als »Dankeschön« jede Menge Glückshormone frei. Jede dieser kostbaren inneren Substanzen steuerte mich geradewegs in Richtung Ziel. Wieder Leben, ohne Behinderung.

Nütze deine Werte als Motor für den Neustart!

Werte werden früh in unseren Leben geprägt. Es sind Haltungen, Überzeugungen und Normen, nach denen wir handeln und entscheiden. Werte bestimmen, worauf wir unsere Aufmerksamkeit lenken, und sie beeinflussen alles, was wir tun. Der Schlüssel zu einem ausgeglichenen und glücklichen Leben besteht darin, nach unseren eigenen Werten und Idealen zu leben und in Übereinstimmung danach zu handeln, wovon wir überzeugt sind. Das können wir erst dann, wenn wir uns klar darüber sind, welche unsere Werte sind.

Werte lösen Entscheidungen aus, bestimmte Dinge zu tun und andere zu lassen. Aus der Summe dieser Entscheidungen gestaltet sich unser Lebensweg, entwickeln sich die wesentlichen Themen oder die bestimmenden Grundideen unseres Lebens. Werte sind stille Wegweiser, die unserem Leben die Richtung verleihen.

Werte sind stille Wegweiser, die unserem Leben die Richtung verleihen.

Wenn der deutsche Schauspieler Harald Schmidt in einem Interview erzählt, »Ein Teil meines Erfolgs hat mit meinem klaren Wertesystem zu tun. Familie war und ist mir trotz meiner beruflichen Aufgaben immer sehr wichtig,« spricht er von seinem hohen persönlichen Lebenswert. Diesen Wert nicht aus den Augen zu verlieren, stabilisiert selbst in hektischen Zeiten. Es steckt eine ungeheure Kraft darin, nach der eigenen Werteorientierung zu leben. Mit ihnen in Übereinstimmung zu sein, erzeugt ein Gefühl innerer Sicherheit. Werte schenken Gewissheit und Bestimmtheit. Authentisch zu sein mit dem, was uns wichtig ist, schenkt innere Ruhe, Gelassenheit und Souveränität. Wer zusätzlich dazu noch so lebt und handelt, wie es nach seiner inneren Orientierung und seinen inneren Werten richtig ist, entwickelt zusätzlich Selbstachtung, innere Stabilität und Stärke. Fehlen uns Werte oder erleben wir über einen längeren Zeitraum ein Defizit, kann unser Körper reagieren. Meist zeigt sich das in Form von Unruhe, Angespanntheit oder Druck. Möglicherweise verlieren wir auch unser Sinnempfinden. Angst und Stress können Werte zerstören und den Zugang zu ihnen blockieren. Krisen machen uns darauf aufmerksam, dass wir unsere wichtigsten Werte wieder leben sollten. Wir verfügen offensichtlich über einen Schutzmechanismus, der sicherstellen soll, dass wir unsere Werte nicht vergessen. Wenn jedoch die Erfüllung von Werten gelingt, kann wirklich tiefe Freude entstehen.

Wenn die Erfüllung von Werten gelingt, kann tiefe Freude entstehen.

Während meiner Rehabilitation motivierte es mich, ja,

es beflügelte mich, mich auf meine Erfolge zu konzentrieren. Dadurch entwickelte sich in mir das sogenannte Urvertrauen, das ich davor nicht immer gehabt hatte. Gleichzeitig fragte ich mich selbst, welche Art von Vertrauen das war. Als erwachsene Frau habe ich die anerzogenen katholischen Wertvorstellungen längst abgelegt. Jedoch weiß ich seit dieser Zeit auch mit einer Gewissheit, die ich früher nie in dieser Art erlebt hatte, dass es in mir eine Instanz gibt, die die Fähigkeit des völligen Vertrauens besitzt. Ich nenne diese Vertrautheit unsere Schöpferkraft, wir könnten es aber auch unser höheres Selbst oder Gott nennen. Wir kreieren uns unsere Wirklichkeit. Dies wurde mit den Kenntnissen der modernen Forschung realistisch und umsetzbar. Mein Verstand hatte das nötige »Futter«, um einen Glauben entwickeln zu können, in dem ich selbst mitwirken konnte. Verbunden mit der Liebe zu mir und zu anderen Menschen können wir in einem paradiesischen Zustand leben, wenn wir lernen, loszulassen und das Wollen verlernen.

Vor meinem Unfall war ich unglücklich wie noch nie in meinem Leben. Ich hatte in der Hoffnung, ein ruhigeres, stressfreies Leben zu leben, meine Selbstständigkeit aufgegeben. Ich hatte meine Reisetätigkeit mit Kontinuität eingetauscht. Ich wollte allen Beteiligten Gewinn und Freude sein und konnte es einfach nicht. Irgendwie hatte meine Seele eine Kurskorrektur vorgenommen, nur wusste ich noch nicht, wohin es gehen sollte. Während meiner Regenerationszeit spielten Werte wie Vertrauen, Hoffnung und Zuversicht eine prägende und sinngebende Rolle und leiteten mich an. Selbst mir unbekannte Ressourcen stellten sich vor. Ihre Bekanntschaft lehrte mich, wie sehr ich diese in meiner Erfolgs- und Karrierewelt ausgeblendet hatte. Sie fehlten in meiner Wahrnehmungswelt. Erst als ich es geschafft hatte, mit ihnen Kontakt zu halten, konnte ich meine Werte stärker wahrnehmen. Ich spreche von Demut, Hilflosigkeit und Verwirrung.

Wie finde ich meine Werte?

Hilfreich ist es, seine Werte aus dem eigenen Verhalten abzuleiten, die uns im Leben wesentlich geprägt haben, ob positiv oder negativ. Die Grundeinstellungen und Überzeugungen, die sich daraus entwickelt haben, sind wesentlich für die Entscheidungen. Nimm dir daher Zeit für eine Innenschau! Wir können unsere Werte nur in uns selbst finden. Daher sind Fragen wie *Warum mache ich das jetzt?, was macht mich aus?, welche lebensverändernden Ereignisse haben mir geprägt?, mit welchem Hintergrund habe ich diese Entscheidung getroffen?, welcher Gedanke leitete mich damals, als ich diese Entscheidung traf?, wie fühlte ich mich nach meiner Entscheidung?* grundlegend für das Finden deiner substanziellen Werte.

Es ist hilfreich, dir ein Heft anzulegen, in das du deine Gedanken schreibst. Lasse alle Denkmöglichkeiten zu, die dir einfallen. Notiere alles, ohne dich zu zensieren. Die Beziehung mit dir selbst zu vertiefen, ist wie Yoga für die Seele! Es macht Spaß und dient noch dazu deiner Gesundheit. In diesem Fall steht es deinem erfüllten Leben zur Seite und unterstützt dich, den Weg dorthin zurückzufinden.

Die Beziehung mit dir selbst zu vertiefen, ist wie Yoga für die Seele!

Die drei Aspekte stabiler Werte

In der Arbeit mit Werten existieren drei Pole als natürliche Kraftquellen, aus denen Menschen schöpfen können. Alle Pole sind gleich wichtig und gleichzeitig wirksam. Wird jedoch ein Pol verleugnet oder überbetont, benötigen die anderen Pole einen Ausgleich. Werden alle drei Pole im eigenen

Wertesystem berücksichtigt, so gibt es uns starke Kraft. Den Zugang zu allen drei Quellen zu finden, begünstigt die eigene Regeneration, die Entwicklung, Motivation und Stabilität und erleichtert den Zugang zu seiner eigenen Lebensenergie.

Die Idee von Dreiheit stammt aus der *Glaubenspolaritätenarbeit (GPA)* von Insa Sparrer und Matthias Varga von Kibéd und deren systemischen Formaten. Die Wurzeln dieser Arbeit finden sich in der Yoga-Philosophie, und die Prinzipien der Dreiheit vieler religiöser Systeme.

Die drei Pole sind natürliche Kraftquellen:

- *Das Wissen, die Erkenntnis:* Dazu gehört die Klarheit, die Vision, die Kenntnis, die Logik, die Hoffnung, der Überblick, das Unterscheidungsvermögen, die Einsicht, der Zusammenhang, das Wahre, die Wissenschaft, die Grenze und die Wahrnehmung.
- *Die Liebe, die Wertschätzung:* Dazu gehört das Vertrauen, das Mitgefühl, die Gefühle, die Sehnsucht, die Liebe, die Einfühlsamkeit, die Schönheit, die Ästhetik, das Schöne, das Hingezogen-sein, die Kunst und das Innere.
- *Die Ordnung, die Struktur:* Dazu gehört die Pflicht, die Handlung, die Ehrfurcht, der Ausgleich, der Verstand, die Tat, das Gute, die Ethik, die Ursache-Wirkung, die Verantwortung, der Glaube und die Gerechtigkeit.

Diese Dreiheit kann als Hinweis dafür dienen, was wir verändern könnten. Bleibt ein Teil überbetont oder unterrepräsentiert, entsteht ein Ungleichgewicht. Es kann uns als Modell für unsere Intuition im Alltag dienen. Wir können damit Krisen abwenden und uns mit dem Fluss des Lebens verbinden.

Warum erzähle ich das? Die Dreiheit dient als Lebensprinzip. Wenn die Ordnung gestört wird und zum Beispiel das Vertrauen fehlt, erleben wir dieses Fehlen als erschreckend oder beängstigend. Der plötzliche Verlust einer Anstellung löst Angst vor der Zukunft aus. Fehlt das Vertrauen in sich oder in das Leben, sind schon so manche 50-Jährige in Krisen geschlittert. Sie mussten den Wert »Vertrauen in die Zukunft« in all seinen Facetten wiederfinden. Wird in Unternehmen das Wachstum überbetont, ohne dabei die Wertschätzung (Pol der Liebe) zu beachten, kann das zu einem Ungleichgewicht führen. Mitarbeiterinnen und Mitarbeiter fühlen sich ausgebeutet oder nicht motiviert. Wir hören oft von Lottosiegern, deren menschliche Beziehungen und Ehen zerbrechen oder von Konzernen, die höchste Gewinne erzielen, aber in ihren Fabriken unmenschlichste Bedingungen für ihre Mitarbeiter und Mitarbeiterinnen zulassen. Fehlt dem Wachstum die Ordnung, auch wenn der Pol der Liebe stabil ist, erleben wir möglicherweise ein liebenswürdiges Chaos. Typisch sind hier kreative Menschen, auch Jungunternehmer, die begeistert für ihre Sache brennen, es aber nicht schaffen, ihre Rechnungen zu schreiben oder ihre Buchhaltung auf Vordermann zu bringen. Meist gelingt es diesen liebenswürdigen Chaoten nicht, einen Termin einzuhalten, strukturiert vorzugehen oder fokussiert an einem Thema zu bleiben. Sie bringen damit Menschen mit hohem Ordnungswert zur Raserei.

Wenn du an dir bemerkst, dass die Pole Wissen, Liebe und Ordnung die Lebensqualität, die Leistung, den Kontakt, die Gesundheit und den Sinn unausgewogen entwickeln, du dich im Stress-Trubel wiederfindest und körperliche Symptome verspürst, solltest du handeln. In diesem Fall ist es angeraten, deine Zielausrichtung und die Werte, die dich antreiben, genau unter die Lupe zu nehmen. Denn wer sich nicht bewusst macht, warum er etwas tut, keine oder viel zu viele Ziele verfolgt, verliert sich und seine Kräfte. Ein ausgewogenes Wertesystem ermöglicht ein energiegeladenes Leben. Mithilfe der Werte kann man auch Glaubenssätze oder eigene Überzeugungen ändern, indem man sie auf ihre Ausgewogenheit überprüft. Die folgende Tabelle kann dich unterstützen. Finde jene Werte, die dir wichtig erscheinen. Danach frage dich: Fehlt ein Wert in einer Ordnung? Wurde einer überbetont? Was möchte ich mehr erleben? Was weniger?

Vertrauen	Ordnung	Wissen
Liebe	Klarheit	Freiheit
Treue	Struktur	Logik
Wertschätzung	Disziplin	Klarheit
Achtsamkeit	Verantwortung	Selbstverwirklichung
Freude	Tradition	Innovation
Dankbarkeit	Perfektion	Intuition
Dialog	Pflicht	Kreativität
Beziehung	Pünktlichkeit	Wandel
Fairness	Pragmatismus	Idealismus
Bindung	Kontrolle	Improvisation
Offenheit	Korrektheit	Kreativität
Respekt	Nachhaltigkeit	Initiative
Nähe	Zielstrebigkeit	Herausforderung

Was sind meine wichtigsten Wertehelfer?

Wendezeiten sind deshalb so heilsam, weil wir in diesen Zeiten über uns hinauswachsen können – gerade deshalb, weil wir nicht wissen, wohin uns der Weg führt.

Bei steigendem Druck, Angst und rasch ändernden Bedingungen braucht es Mut, auf Werte und Menschlichkeit zu setzen. Sie spielen bei Veränderungen eine tragende Rolle. Werte sind außerordentlich verhaltenswirksam und werden in Systemen oft unbewusst kommuniziert. Systeme stehen miteinander in Beziehung, so wie Familiensysteme, Menschen in Unternehmen, aber auch der Körper als System oder die globale Gesellschaft. In Firmen gibt es unbewusste Spiel- und Verhaltensregeln, meist sind es unausgesprochene Dos and Don‘ts, die wichtig für ein Miteinander sind. Zum Beispiel: Wer sitzt wo in der Kantine? Kann man beim Vorgesetzten an die Tür klopfen, ohne einen Termin zu haben? Solche Verhaltensregeln besitzt beinahe jedes System. In unserem Leben drücken sich derartige Regeln in persönlichen Wertvorstellungen aus. *Was will ich, was will ich nicht?* Je stärker wir uns unserer Werte bewusst werden, desto klarer wird unsere Lebensstruktur. Wir richten uns und unser Leben danach aus und sind besser in der Lage, Entscheidungen zu treffen.

Je stärker wir uns unserer Werte bewusst werden, desto klarer wird unsere Lebensstruktur.

Wenn wir wissen, was wir wollen oder nicht wollen, wird jede Entscheidung leichter. Wir sind dadurch klarer. Ob wir einen neuen Job beginnen oder einer Aufgabe zustimmen, wenn etwas mit häufigeren Auslandsreisen verbunden sind. An welchen Menschen wir uns orientieren. Wo wir uns verwurzeln oder wie wir unsere Freizeit gestalten, hängt von unseren Werten ab. Werden Werte entwickelt und klar kommuniziert, geben sie auf allen Ebenen eine starke Orientierung.

Dankbarkeit verwandelt sich in Demut

Dankbarkeit lässt jede Situation in einem anderen Licht erstrahlen. Sie erhellt jene Zeiten, die schwierig für uns sind. Die innere Dankbarkeit führt zu einem anderen Blick auf eine Sache und auf das Erlebte. Sie ist es, die uns die Erlaubnis gibt, mehr über das Gehaltvolle und die Fülle einer momentanen Lebenssituation nachzudenken. In einer Zeit, in der Bedingungen immer hochprozentiger einzuhalten sind, da jeder Fehler ein Nachspiel hat, wird die Dankbarkeit häufig vergessen. In den letzten Jahrzehnten haben wir uns im Großen und Ganzen zu einer Gesellschaft, die auf Wissen und Verstand aufbaut, entwickelt. Das Denken, die Logik und die Wissenschaft wurden überbetont. Der Prozess des Sich-entwickeln-lassens hingegen ging verloren. Das bedeutet: Weichheit, Intuition, Gefühle und damit »das Weibliche« wurden abgewertet. Im Herzen Dankbarkeit, Respekt und Demut zu fühlen, wurde vergessen. Eine Disposition unserer Zeit, in der Herzenskraft so dringend benötigt wird. Dankbarkeit ist ein Aspekt der Liebe und somit im Herzen verankert. Herzensbildung wird in wenigen Schulen, Universitäten oder Fachhochschulen gelehrt, in manchen Familien nicht mehr gelebt oder einfach vernachlässigt. Die Sehnsucht nach Gefühlen und Wärme ist hoch und drückt sich plakativ in steigendem Suchtverhalten, Depressionen, Burn-outs und psychischen Erkrankungen aus.

Dabei liegt der Schlüssel zur Freude und zum Glück darin, die wahren Gefühle, die wir in uns tragen, wahrzunehmen und sie wertschätzend ausdrücken zu können. Schulfächer wie »Emotionale Intelligenz«, Ethikunterricht und das Leben bedingungsloser Liebe in Familien brauchen mehr Raum im Lehrplan. Dieses Defizit erleben wir als ein riesiges Malheur des Menschen von heute. Der Ausdruck dieses Mangels an Herzlichkeit und das Fehlen von menschlichen Werten sind innere Unzufriedenheit, Lustlosigkeit, Brutalität und Desinteresse, die zu ewigem Zwist und Hader, zu Kampf und zu Krankheiten führen.

Die fehlende Nestwärme in vielen Familien führt speziell bei Kindern und unserer Jugend zu Orientierungslosigkeit, zu Wehmut und Herzeleid. Schon als Kleinkinder lernen wir, uns unterhalten zu lassen, anstatt zu unterhalten oder einen Dialog zu führen. Unkontrollierter Konsum digitaler Medien lenkt die heranwachsende Jugend oft in eine virtuelle Bilderwelt, die mit dem rationalen Leben nichts mehr zu tun hat. Die Informationen und der Austausch via Facebook, TikTok und Twitter sind wichtiger als die Botschaften und der Austausch von Herz zu Herz. Leider werden liebevolle Gespräche und klärende Worte immer seltener und immer weniger als wichtig erachtet. Es fehlt an der dazu notwendigen Zeit beziehungsweise an den kommunikativen Fähigkeiten der handelnden Personen. Das ist eine Entwicklung, in der der Mensch verloren gegangen ist. Wir sollten wieder mehr Zugang zur »besonderen Kraft des Herzens« finden. Denn die Herzenskraft ist die edelste, aber auch die stärkste Energieform in uns Menschen. Sie ist eine stetig sprudelnde Quelle, eine nie versiegende Oase der Hoffnung und der Zuversicht. Die Energie des Herzens ist auch der Ursprung der Freude und des persönlich empfundenen Glücks. Aus dieser Quelle wächst Vertrauen zu uns selbst, zu unseren Nächsten und in das Universum.

Die Herzenskraft ist eine stetig sprudelnde Quelle, eine nie versiegende Oase der Hoffnung und der Zuversicht.

Aus meiner Sicht schwingt im Hintergrund dieses gesellschaftlichen Denkfehlers das Abwerten positiver Dinge, ein Alles-oder-nichts-Denken, Etikettierungen, ein zu starkes Verallgemeinern, vor allem aber ein übertriebenes »Ich-muss«-Denken mit. Fazit: Das Ego steht im Mittelpunkt der

Aufmerksamkeit. Je ichbezogener ein Mensch lebt, desto unglücklicher wird er. Moderne »Ich-AGs« verwechseln Dankbarkeit mit Bescheidenheit, die der Karriere im Wege steht. Sie meinen sogar, Bescheidenheit (= Dankbarkeit) stünde dem beruflichen Vorankommen im Weg. Daher empfinden viele Dankbarkeit und Demut geradezu als unpassend, besonders dann, wenn sie sich über ihre Leistung und ihren Erfolg definieren wollen. Beides sind Werte, die aus der Sicht des modernen Unternehmers als »Erfolgsverhinderer« bewertet werden. Steile Karrieren und übertriebene Machtspiele scheinen sich aus einem Mangel an Empfindungen entwickelt zu haben. Der Hunger nach Anerkennung, nach Glanz und Schein blendet und verlockt. Doch nach einer Weile wird man des Blendwerks müde und erkennt, wie viel Energie dafür verbraucht wurde. Erst wirkliche Dankbarkeit öffnet uns wieder für das Leben. Tief im Herzen können wir das Glück wahrnehmen und es Stück für Stück in einem anderen Licht sehen und begreifen lernen. Mithilfe der Dankbarkeit und Demut können wir in jeder Faser die kleinen, wunderschönen Aspekte unseres Lebens spüren und sie nicht erst dann wahrnehmen, wenn wir sie durch einen Schicksalsschlag verloren haben. Wir vermissen meist dann den wahren Wert der Dinge, wenn wir sie nicht mehr haben, wenn uns fehlt, was wir als selbstverständlich erachten. Erst der dankbare Blick auf persönliche Erfahrungen und Erlebnisse verändert die Perspektive von schwer auf leicht und schenkt Energie und Kraft.

> *Mithilfe von Dankbarkeit und Demut können wir in jeder Faser die kleinen, wunderschönen Aspekte unseres Lebens spüren.*

Als selbstständige Frau war mein Weg erfolgreich, ich stieg kontinuierlich auf der Karriereleiter nach oben. Trotzdem war ich nicht immer bereit, mein Leben als erfüllt anzuerkennen. Wie bei vielen anderen auch, kreisten meine

Gedanken um das, was mir fehlte, anstatt das zu genießen und mich daran zu erfreuen, was war oder was ich bereits erwirtschaftete. Viel zu oft ließ auch ich die Fülle des Augenblicks ungenutzt vorbeiziehen, ohne das auszuschöpfen, was uns Tag für Tag geschenkt wird. Mein schwerer Verkehrsunfall ließ mich wieder die Kleinigkeiten des Alltags wahrnehmen. Erst danach wurde mir das Geschenk des Lebens bewusst. Voller Dankbarkeit für all die Kleinigkeiten und das Wunder des Lebens war mein Herz plötzlich wieder offen. Beim Aufwachen hörte ich wieder den Hahn krähen und nahm die funkelnd glitzernden Sonnenstrahlen auf der Oberfläche des kleinen Biotops in unserem Garten wahr. Ich bewunderte die Tautropfen auf den Blütenblättern, die das hell leuchtende Licht des beginnenden Tages wie mit Vergrößerungslinsen in den Raum warfen. Alles strahlte! Jeder Tag war ein schöner Tag! Wärmende Gedanken, freudige Impulse und Dankbarkeit stiegen in mir auf. Mir war klar, dass in der Fülle unserer materiellen und immateriellen Welt nichts selbstverständlich ist. Wahrzunehmen, welch große Geschenke uns umgeben, macht diese Welt zu diesem besonderen Ort.

Dieser Gedanke wird oft erst dann deutlich, wenn wir persönlich mit dem Tod konfrontiert werden. Ich empfand seit jeher weder Angst noch Sorge, wenn ich über Tod oder Sterben nachdachte. Dazu habe ich in den letzten Jahren eine sehr persönliche Meinung entwickelt. Der Tod bedeutet für mich lediglich körperliche Befreiung, ein Ablegen der Materie. Er ist Teil des Lebens. Als Seele bleiben wir mit allen verbunden. Wir sind immer da, nur anders, als man uns beigebracht hat. Wenn wir den Tod im Leben als gleichwertig und nicht trennend sehen, gelingt es uns viel leichter, dass wir uns am Leben erfreuen können. Wir werden dankbarer für alles um uns und tanken in jedem Augenblick neue Energie. Erst mit einem vor Energie strotzenden, gesunden Körper wird das so richtig möglich.

Durch die körperlichen Veränderungen wandelte sich auch mein Selbstwert. Ich hatte den Eindruck, im Außen, nämlich auf materieller Ebene, nichts mehr zu besitzen, über das ich meinen Wert definieren konnte. Früher waren es Äußerlichkeiten, perfekte Kleidung, Auto und Statussymbole, die mir wichtig erschienen. Meine Anerkennung holte ich mir über meine Leistungen. Erfolg und Karriere standen lange im Mittelpunkt meiner Aufmerksamkeit. Ich investierte eine Menge Zeit in Zukunftsgedanken, machte mir Gedanken über Karriere und Einkünfte und hatte durchaus die einen oder anderen Bewertungen über mich und andere parat. Ich lernte den Wert der Kontinuität kennen und richtete meine innere Skala auf Stabilität und Beziehung neu aus. Und ich füllte meine innere Schatzkammer wieder auf: mit dem Schatz der Dankbarkeit!

Fülle deine innere Schatzkammer mit dem Schatz der Dankbarkeit auf!

Veränderungen und Zeiten des Umbruchs lösen in uns tiefe Gefühle aus, die neu sortiert werden wollen. Dankbarkeit für die im Moment erlebte Gegenwart ist dabei die Quelle der Energie: der Ort, an dem ich mich gerade befinde, die Situation, in der ich bin, das Gelingen kleinster Schritte, das Beste aus einer Lage zu machen. Wenn wir die Schönheit erkennen und die Möglichkeiten ausschöpfen, die wir gerade vorfinden, und uns daran erfreuen, wie voll so ein Lebenstag sein kann, laden wir unsere inneren Batterien auf. Manchmal ist es richtig, für eine Weile einfach loszulassen und der Müdigkeit den Raum zu geben, nichts mehr von sich und anderen zu erwarten. *Sinn finden wir nicht gestern, nicht morgen und auch nicht da, wo wir nicht sind*, meint Uwe Böschemeyer, Entwickler der Wertimagination in der Psychotherapie, *sondern in der Einstellung zu den Dingen!*

Mit dem »Gedächtnis des Herzens« können wir angesichts des Großartigen im Leben wieder lernen, dankbar zu werden. Es gibt vieles, das wir nicht verstehen und nicht kontrollieren können, und wenn wir Glück haben, erkennen wir im Jetzt den wahren Wert, beginnen wir wieder, Bewegungen und Berührungen im Herzen zuzulassen, uns und unsere Umwelt mit dem Herzen zu begreifen und den ganzen Menschen zu sehen. *Dankbarkeit ist für mich ein Ausdruck von gefühlter emotionaler Intelligenz und Herzensbildung, eine zarte Rührung und ein Spiegel von Erlebtem,* meint mein Freund Günter. Ich danke ihm für diese wunderbare Beschreibung.

Leider erlebe ich noch viel zu viele Menschen, die sich ihre Warmherzigkeit nicht zugestehen können. Ich sehe hochintelligente Jungmanagerinnen und -manager, die Idealen und Prinzipien nachhängen und die Weichheit, die sie in sich tragen, nicht zeigen. Solche Menschen erlauben sich nicht, sich zu ihren Schwächen zu bekennen, obwohl darin die größte Stärke liegt. Sie sind gute Beobachter, doch sehen sie weniger in die Herzen der Menschen, sondern erblicken ihre eigenen Vorstellungen und Bewertungen im anderen. Doch Dankbarkeit erhöht den Respekt gegenüber den Nächsten.

Der eine ärgert sich über kleinkarierte und intolerante Menschen und streitet mit den Nachbarn, weil der Hund zu laut bellt. Er denkt nur an sich und will seinen Willen durchsetzen. Diesen Menschen werden wir kaum etwas recht machen können. Sie sind undankbar und können bei sich und bei anderen die winzigen Freuden, Erfolge und Anstrengungen nicht sehen, die es aber benötigt. Sie wollen sich nicht auf die Melodie der Herzen einlassen, sondern sind für das Empfinden von Freude unvermögend. Dabei macht gerade die Dankbarkeit die Menschen aus, weil wir mit ihr in der Lage sind, das Leben mit neuen Augen zu sehen. *Wenn wir uns schwach, matt und unglücklich fühlen, beginnen wir zu danken, und schon wird es besser,* meinte einst der Arzt Albert Schweitzer.

Wer positiv bewältigte Situationen mit Dankbarkeit betrachtet, kommt mehr und mehr mit seiner puren Lebenskraft in Berührung.

Wer positiv bewältigte Situationen mit Dankbarkeit betrachtet, kommt mehr und mehr mit seiner puren Lebenskraft in Berührung. Denke an eine bewältigte Prüfung, an einen grandiosen Tag in deinem Leben oder an Begegnungen mit besonderen Menschen. Derartige Erfolge geben Auftrieb und Motivation. Wir setzen im Gehirn eine Fülle an Glückshormonen frei, das bringt Rückenwind und etwas Neues fällt leichter und macht Spaß. Wenn wir es wirklich wollen, gibt es immer Gelegenheiten, uns Zeit unseres Lebens weiterzuentwickeln. Alles andere wäre Stillstand und geradezu verlorene Lebenszeit. Dabei geht es nicht darum, perfekt zu sein. Es geht darum, ganz zu sein. Zu verstehen, dass wir viel mehr sind als Materie und wir uns nichts, aber auch gar nichts von all den materiellen Werten in ein Leben danach mitnehmen können. So öffnen wir uns für die Freuden des Augenblicks.

Die Wahrheit ist: Es gibt nichts Wichtiges im Leben, das du behalten musst, wirklich gar nichts. Das dicke Bankkonto, die Stilmöbel, die Immobilien, die soziale Anerkennung, Kinder, Familie, alles müssen wir einmal loslassen. Doch sich dankbar daran zu erfreuen, dass wir all das erleben und mit anderen teilen dürfen, macht uns reicher, als alle Materie es könnte. Denn kein Reichtum auf der ganzen Erde kann dem Reichtüm in uns selbst gleichen. Vorausgesetzt, wir können diesen erkennen und spüren. Aus Dank und Loslassen entsteht Demut. Für etwas tief in uns dankbar zu sein, erzeugt unweigerlich eine Art von Demut vor einem größeren Ganzen. Dieses etwas »alte« und von der Kirche geprägte Wort *Demut* meint nicht das Wertlos-ma-

Kein Reichtum auf der ganzen Erde kann dem Reichtum in uns selbst gleichen.

chen oder das Dienen, sondern stellt eine besondere Kraft dar, die wir erst verstehen können, wenn wir wirklich dankbar sind. Sie steht für den Mut, sich einem großen Ganzen unterordnen zu wollen, weniger Macht und Kontrolle auszuüben, um etwas zu erreichen, sondern sich jenen Aufgaben hinzugeben, die es zu lernen und zu begreifen gilt. Und davon gibt es viele, glaube mir!

Dankbarkeit und Freude: Das ist der Geheimcode der Seele. In diesem alchemistischen Prozess ist das wahre Ich ohne Aufputz zu sehen. Demütig zu akzeptieren, was jetzt ist, brachte mein Ego und meine falsch verstandene Ich-Struktur zum Schmelzen. Mein wahres Ich, ohne Beiwerk eines Jobs, einer gut bezahlten Beschäftigung, einer Definition des Materiellen, wurde sichtbar. In mir begann der Prozess der Selbstliebe und der Selbstachtung. Ich lernte anzunehmen, wie ich bin und was auch immer war. Ich lernte liebevoll, Negatives in Positives zu verwandeln sowie Schmerz in Freude. Meiner Genesung konnte ich nicht nachhetzen, sondern nur bewusst handeln und auf meine innere Stimme hören.

Demut ist der Mut, sich dem Willen und der Notwendigkeit einer innewohnenden Ordnung zu überlassen. Nur wer die Angst kennt, kann mutig sein. Mutig ist, seinen Willen mit einem größeren Willen in Einklang zu bringen. Wann und ob wir in Übergangsphasen mit der Qualität der Demut auf unser Erlebtes zurückblicken können, ist individuell. Manche, die mit Leidensdruck und Schmerz konfrontiert sind, kämpfen und hadern oder werden zornig und verbittert. Wem es gelingt, die Realität und ihre Schattenseiten mit einem Lächeln zuzulassen, wird auch imstande sein, das Jammern, das Klagen, das Selbstmitleid und das Ver- und Beurteilen

Demut ist der Mut, sich dem Willen und der Notwendigkeit einer innewohnenden Ordnung zu überlassen.

zu unterlassen. Das Persönliche tritt dann mehr und mehr in den Hintergrund und die Sache, die größer ist als wir selbst, in den Vordergrund. Wer demütig dem Augenblick folgt, seine Energie auf das richtet, was wir steuern können, der erlebt Freude. Jeder Augenblick, jedes Handeln und jedes Umgehen mit einer Situation wird leichter. Die daraus resultierenden Gefühle sind Klarheit statt Verwirrung, Vertrauen statt Angst, Gelassenheit statt Wut und Fülle statt Mangel. Diese Qualität macht den Geist stark, ruhig und befreit ihn. Jedes Erleben hat seinen Sinn, selbst wenn wir diesen nicht gleich erkennen. Wir können zu Recht annehmen, dass es diese Sinnhaftigkeit gibt.

Demut und Dankbarkeit sind kraftvolle Heilerinnen unserer Zeit. Sie schaffen Distanz und erleichtern den Druck, der auf der Seele lastet. Ein demütiger Mensch hat keine Angst vor Misserfolg. Er hat eigentlich vor nichts Angst, nicht einmal vor sich selbst. Denn Demut bedeutet grenzenloses Vertrauen.

Warum Verwirrung gut für dich ist

Verwirrung ist eine der größten Ressourcen, die wir haben, wenn wir unseren Blick darauf verändern können. Sie ist eine Kraft, die uns das Vertrauen zurückbringt, ja, sie schenkt uns eine neue Perspektive zum Leben. Voraussetzung ist: Wir verstehen, wie unser Gehirn funktioniert.

Wenn sich Wendezeiten ankündigen, liegen die Hauptsorgen vielfach darin, die eigene Komfortzone und sein vertrautes Umfeld verlassen zu müssen oder die Kontrolle darüber zu verlieren. Wir wollen das, was wir kennen und uns vertraut geworden ist, festhalten. Die Angst vor dem Verlust einer vertrauten Lebenssituation, einem Scheitern oder einer Ausgrenzung bringen uns noch mehr durcheinander. Gedanken an eine unbekannte Zukunft quälen und drehen sich in uns, sie verwirren uns, weil wir ad hoc keinen Ausweg erkennen können. Verwirrung tritt dann ein, wenn die gewohnten Bezugspunkte und Einordnungen nicht mehr gelten. Sie sind das untrügliche Signal und damit die Vorbedingung für einen Wechsel zu etwas grundlegend Neuem.

Wir verlassen die vertrauten Bahnen des Gehirns, die sich in unserem Kopf vernetzt haben. Gewohnheiten, Gedanken, Verhalten, all das, woran wir täglich denken und wie wir täglich handeln, hat eine »breite Autobahn« in unseren Kopf gebildet. Wir fühlen uns sicher, und egal, ob uns unser Verhalten guttut oder nicht: Wir kennen den Weg im Inneren. Allerdings leiden wir manchmal an den Auswirkungen. Im Stadium von Chaos und Unordnung verlassen wir die Trampelpfade der gewohnten Autobahn im Kopf. Wir meinen, diesen Zustand nicht lange aushalten zu können, wollen andere zu Entscheidungen zwingen oder glauben, durch Druck schneller ans Ziel zu kommen. Wir wollen den Zustand des Ungewissen so schnell wie möglich verlassen.

Verwirrung ist ein Zeichen dafür, dass das Unbewusste eine Tür öffnet und wir einem viel größeren Möglichkeitsraum gegenüberstehen.

Verwirrung bedeutet, dass Neues entsteht, dass neue Synapsen in unserem Gehirn geformt oder aufgrund des Wirrwarrs erschaffen werden, die aber noch nicht mit einer positiven Erfahrung verbunden wurden. Das Wort *wirr* trägt bereits eine mannigfaltige Bedeutung in sich. Es bedeutet: etwas vermengt sich, etwas dreht sich ineinander, etwas mischt sich, etwas Neues formt sich aus einem Durcheinander, aus einem Drunter und Drüber modelliert sich eine neue Struktur. Verwirrung ist ein Zeichen dafür, dass das Unbewusste eine Tür öffnet und wir einem viel größeren Möglichkeitsraum gegenüberstehen.

Wir können diese Ungewissheit mit einem Wohnungswechsel vergleichen. Trotz aller Vorfreude auf den Umzug an den neuen Ort steht uns eine schwierige und problematische Zeitspanne bevor. Die Transporteure und Helfer sind bei der Arbeit und wir stecken mittendrin. Selbst wenn wir genau wissen, dass alles für uns erledigt wird und wir einfach loslassen könnten, bedrücken uns Gedanken und Sorgen an die Zukunft, ob auch alles gut gehen wird. Doch auch hier liegt wie so oft der Schlüssel im Loslassen. Gelassen könnten wir zusehen, wie sich nach und nach aus dem Wirrwarr das Neue formt und an Klarheit gewinnt. Es könnte bewegend und spannend sein, wenn es dann so weit ist und wir beobachten, wie sich jeden Tag ein Teilchen neu entwickelt und neu verbindet. Die erlebte Freude an den kleinen Erfolgen wirkt wie Dünger auf unsere Neuverbindung der Nervennetztes im Gehirn.

Geldsorgen und ein finanzieller Engpass führten bei mir nach zwei Jahren Krankenstand zu intensivem Stress. Einige Monate lang beschäftigte ich mich ausnahmslos mit meinen Sorgen, und selbst nachts konnte ich an nichts anders mehr denken. Die Stresshormone, die mein System dabei permanent ausschüttete, verhinderten nicht nur die Produktion von Glücksbotenstoffen, sondern auch die Möglichkeit, einen Ausweg zu finden. Das ist sehr unangenehm. Gefangen in der eigenen blockierenden Perspektive, findet das Gehirn von selbst keine Lösung. Die positiven Vernetzungspfade wachsen allmählich zu, weil Sorgen und Stress überhandnehmen. Das Gehirn erfüllt nur den Auftrag, den mein Herz und mein Verstand ihm geben. Nach einigen Monaten der Starre begriff ich, dass die Angst und Unruhe mich erstarren ließen. Doch ich

Das Gehirn erfüllt den Auftrag, den dein Herz und dein Verstand ihm geben.

gab nicht auf, selbst dann nicht, als sich Berge von Rechnungen ansammelten. Ich begann, wie schon vor Monaten mit meinem Körper, zu imaginieren und mir vorzustellen, wie sehr ich mich über einen neuen Auftrag freute. Ich ließ die lebendigen Bilder in mir auftauchen und blieb oft lange in dem Gefühl, wieder erfolgreich und gut verdienend zu sein. Mein tägliches Mantra war: »Ich vertraue. Ich bin gehalten, getragen und geliebt. Ich freue mich über die vielen Aufträge.« Wenige Monate später bekam ich einen großartigen Job angeboten, einen, der mir Spaß machte. Eine Nachricht des Finanzamts über meinen Steuerausgleich entspannte zusätzlich meine Geldsorgen. Ich erhielt mehr Geld zurück, als ich erwartet hatte. Zudem bekam ich als dritte Überraschung einen Auftrag für ein Projekt, das mein Einkommen für mehrere Monate sicherte. So formte sich das Leben für mich zum Positiven. Ich musste nur geduldig vertrauen, und meditieren half mir dabei.

Wie können wir es schaffen, jene Wirrsale als heilsam und förderlich zu sehen? Das Wichtigste ist, die automatischen Bahnen, die in uns ablaufen, zu erkennen und sie gegen eine Bereitschaft zur Veränderung einzutauschen. Damit können wir die ständig kreisenden Gedanken und Sorgen in unseren Köpfen abstellen. All unsere Wahrnehmungen konstruieren wir uns täglich selbst. Das bedeutet, dass niemand anderer auf dieser Welt die Dinge genauso sieht wie wir. Somit gibt es kein einheitliches Bild der Realität, sondern immer nur ein subjektives. Gleichzeitig bedeutet das, dass wir unsere Bilder der Wirklichkeit, unsere Beschreibungen, Erklärungen und Bewertungen, je-

Die Vergangenheit lässt sich nicht verändern, jedoch die Auswirkungen, die sie auf uns hat. Schlüssel dazu sind: würdigen, akzeptieren und vergeben. Dadurch steigt die Fähigkeit, die Gegenwart zu bewältigen.

derzeit verändern können. Selbst wenn Veränderungen für uns schwierig erscheinen, ist eine innere Veränderung immer möglich. Die Vergangenheit lässt sich nicht verändern, jedoch die Auswirkungen, die sie auf uns hat. Schlüssel dazu sind: würdigen, akzeptieren und vergeben. Dadurch steigt die Fähigkeit, die Gegenwart zu bewältigen.

Erträume dir deine Erfolgsgeschichten!

Etliche Hindernisse können uns dabei blockieren, uns unsere Freuden- und Erfolgsgeschichten zu erträumen.

- *Angst vor dem, was kommen wird:* Anstatt sich auszumalen, was kommen wird und welche Hürden wir zu meistern haben werden, sollen wir darauf vertrauen und die inneren, positiven Bilder aktivieren. Diese Bilder programmieren das Gehirn auf das Gelingen und die Angst löst sich auf.
- *Unsicherheit, Vertrautes zu verlassen oder aufgeben zu müssen:* Anstatt ängstlich und verunsichert auf das Neue zu blicken, können wir frei und neugierig Ausschau halten und entdecken, was als Nächstes kommen wird. Ähnlich wie Kinder könnten wir offen auf das Leben zugehen und dabei Freude erleben. Meist liegt das Glücklichsein nur an uns und unserer grundsätzlichen Einstellung.
- *Angst, die Kontrolle zu verlieren:* Das Universum ist immer auf Fülle und Wachstum ausgerichtet, wir müssen »nur« die Angst loslassen. Vertrauen wir uns einem großen Ganzen an, selbst wenn es uns schwer erscheint.

Die Situationen fügen sich oft wie »zufällig« ineinander, und das gute Gefühl dabei ist, getragen zu werden.

- *Tatsachen leugnen:* Tatsachen sind, wie sie eben sind, und je mehr wir sie ablehnen, desto erdrückender empfinden wir sie. Selbst wenn sich manche Empfindungen real anfühlen, sind sie nur Konstruktionen unserer Gedanken. Die größte Chance liegt deshalb im Annehmen, im Akzeptieren und im Loslassen. Denn es ist, wie es ist. Veränderungen sind Möglichkeiten.
- *Intensität bagatellisieren:* Bleiben wir unseren Gefühlen treu! Wenn starke Empfindungen vorhanden sind, geben wir ihnen den nötigen Raum. Keine noch so erfolgreiche Glückssträhne kann das Auftreten schlechter Gefühle verhindern. Erkennen wir deren Heftigkeit, indem wir sie wahrnehmen und annehmen. Betrachten wir sie wie ein Schmuckstück, nehmen wir sie wahr und spüren wir, wie sie sich anfühlen. Durch das widerstandslose Annehmen verbrennen wir diese förmlich. Werden wir vom »Erleber« unserer Gefühle zum »Beobachter«, verschwinden diese Gefühle. Halten wir Emotionen nicht fest, lassen wir sie los, indem wir beobachten, wahrnehmen und zu uns sagen: »Es ist Trauer/Zorn/Angst oder Enttäuschung da«, anstatt »Ich bin traurig/zornig/ängstlich oder enttäuscht«. So identifizieren wir uns nicht mehr mit unseren Empfindungen. Bald werden diese Gefühle nicht mehr in dieser Intensität auftauchen.
- *Bei Hilflosigkeit davonlaufen:* Diese Strategie unserer Kindheit bringt leider in manchen Situationen schlichtweg gar nichts. Akzeptieren wir, was ist, und stellen wir uns den eigenen Empfindungen. Dies ist der erste wirkliche Schritt zu Veränderung.
- *Pessimismus:* Das Scheitern zu prognostizieren, ist eine sehr beliebte Praxis, besonders bei jenen, die sich eine Enttäuschung ersparen wollen, weil sie *sowieso wis-*

sen, dass es schieflaufen wird. Der Erfinder Henry Ford meinte: *Wenn Sie glauben, Sie schaffen es oder wenn Sie glauben, Sie schaffen es nicht, Sie werden immer recht behalten.* Das bedeutet: Wir erzeugen uns eine Misere selbst. Trainieren wir das eigene Glückserleben, es lohnt sich. Denn alle Gefühle entstehen im Herzen, nicht im Gehirn.

- *Feigheit, etwas Neues zu beginnen:* Seien wir mutig! Sich zu verstecken, erhöht nur den Leidensdruck. Am besten beginnen wir bei kleinen Dingen, unseren Mut zu trainieren. So gewinnen wir an Stärke und geben uns und unserem Gehirn in diese Richtung Impulse. Veränderungen fallen weniger schwer, weil wir bereits in kleinen Schritten lernen, dass etwas anderes sehr erfreulich sein kann.
- *Bequemlichkeit:* Bequemlichkeit ist manchmal der Grund dafür, weshalb wir meinen: »Ach, so schlimm ist es nicht, das halte ich aus!« Das Leben wird uns immer wieder dazu einladen, etwas zu verändern, so lange, bis wir dazu bereit sind. Ich sehe das als eine Form des liebevollen Entgegenkommens, welche die Schöpfung oder das Universum stetig über uns ausbreitet, an.
- *Besorgnis, die Verbindung zu anderen Menschen und den Status zu verlieren:* Dahinter steckt ein Mangel an persönlichem Selbstwertgefühl oder sogar eine Selbstabwertung.

Tricksen wir solche Blockaden aus, indem wir unsere Identifizierung damit unterbrechen. Streichen wir derlei Gedanken aus unserem Kopf und träumen wir uns frei. Tun wir so, als ob alles bereits für uns gelöst wäre. Gehen wir sportlich auf die Jagd nach weiteren Hirngespinsten, um sie auf immer und ewig aus unserem Leben zu verbannen.

Warum Hilflosigkeit dein Vertrauen stärkt

Hilflosigkeit und Nichtwissen dienen als die intensivsten Quellen für einen Neubeginn. Die Hilflosigkeit öffnet uns, mehr als nur bereits bekannte Lösungen des Verstandes zu antizipieren, denn das Gehirn ist ein Vergangenheitsorgan und ein Speicher all der bereits gemachten Erlebnisse.

Der Verstand will ordnen und sortieren und uns gleichzeitig auch in die Irre führen, weil er nur Ratgeber der bereits gemachten Erfahrungen sein kann. Daher kann er uns nicht Ratgeber jener Impulse sein, die aus der Intuition oder dem Bauchgefühl auftauchen. Diese sind neu und entstehen aus dem Augenblick. Das Leben zeigt in jedem Moment seine schöpferische Kraft und webt aus unseren Impulsen und Vorstellungen unaufhörlich unsere Wirklichkeit. Der Verstand verlangt, wie ein weinendes Kind beruhigt zu werden. Wenn der Verstand endlich ruhig ist, dann kann aus diesem Moment höchster Präsenz etwas Neues entstehen. Diese Erfahrung will gemacht werden und funktioniert nur durch Üben.

Das Leben zeigt in jedem Moment seine schöpferische Kraft und webt aus unseren Impulsen und Vorstellungen unaufhörlich unsere Wirklichkeit.

Die Wissenschaft der Quantenphysik erklärt die Wichtigkeit der höchsten Präsenz, des Fühlens und im Momenterleben anzukommen, und stillt gleichzeitig den Durst des Verstandes nach Wissen. Hans Peter Dürr gehört er zu den Pionieren dieser Zunft und meint: *Alle Wirklichkeit ist keine starre Realität. Alles ist da! Wir brauchen nur den Raum für deren Entfaltung erzeugen.* Er macht Mut, loszulassen und neue Wege zu finden. Der Verstand darf pausieren, er hat uns lange genug mehr oder weniger hilfreiche Dienste erwiesen und sich viel zu viel Platz verordnet. Es ist Zeit, das Fühlen und das Empfinden mehr ins Zentrum zu rücken und achtsamer zu werden, was daraus entsteht. Dabei geht es nicht darum, die hilflosen Gefühle ins Zentrum zu rücken. Nein, die Phase, in der wir keinen blassen Schimmer haben, wie es weitergehen soll, öffnet uns für neue, unbekannte, fremde Wege.

Was geschieht, wenn sich Verstand und Gefühl die Aufmerksamkeit ihres Besitzers teilen? Spannende Zeiten und unendliche Chancen liegen darin. Der Verstand hat keine Antworten. Die Stille der Meditation muss den Geist erst einmal beruhigen, mehr ist nicht zu tun. Wir lassen die Kontrolle und vertrauen einer inneren Führung. Viele Menschen sind irritiert, wenn die Stille zu viel Raum einnimmt. Doch gleichzeitig tut es uns auch gut, im Moment-erleben anzukommen. Wir beginnen, mit der Weisheit des Unbewussten Kontakt aufzunehmen. Damit entstehen auch die Selbstorganisation und der echte Ausdruck, der das Ich zum Vertrauen ermutigt. Langsam lernen wir, zwanglos und unbeschwert dem eigenen Gefühl und seiner Intuition Ausdruck zu verleihen. Neues öffnet sich, ein klares, inneres Wissen findet im Job, im Privatleben und im Freundeskreis Platz. Denken wir daran, wie ansteckend unsere Heiterkeit sein kann, wenn sie voll aus unserem Herzen kommt! Das Leben nimmt seinen Lauf und tut, was es immer schon getan hat.

Trau dich, du selbst zu sein!

Gegen sich zu sein, heißt, gegen das Leben zu sein. Wir erhalten Zeichen und Fingerzeige, die uns auf unseren Irrtum aufmerksam machen. Vielleicht ergeht es dir wie meiner Klientin, die nach ihrem Burn-out und einem traumatischen

Erlebnis in ihrer Firma meine Hilfe suchte. Einige Sitzungen später und Monate nach ihren negativen Erfahrungen erkannte sie die Zusammenhänge, auch jene, auf die sie vergessen hatte. Heute beschreibt sie ihre Erlebnisse so:

Ich machte meinen Job schon seit vielen Jahren, hatte eine erfolgreiche Laufbahn hinter mir und konnte auf meiner Karriereleiter kontinuierlich nach oben steigen. Wechselnde Chefs und Kolleginnen und der Druck, immer mehr leisten zu müssen, stellten für mich immer nur kleine Hürden dar. Es gelang mir immer wieder, mich am Wochenende mit Energie aufzutanken. Lange Zeit ging das so gut, bis der Arbeitsdruck immer höher und die Zeitnot immer mehr wurde. Meetings von Beginn der Woche bis zum Ende hielten mich fest im Griff. Alltags- und Routinetätigkeiten verschob ich auf den Abend oder nahm sie für das Wochenende mit nach Hause. Natürlich konnte ich dann auch nicht entspannen, drehte sich doch immer nur alles um meine Firmentätigkeit. Manchmal kam ich so müde nach Hause, dass ich den Packen Papier wieder genauso in die Firma mitnahm, wie ich ihn nach Hause gebracht hatte. Ich stand nicht selten um fünf Uhr früh auf, um alles unter Dach und Fach bringen zu können. Mein Körper reagierte und setzte seine eigenen Signale: Blasenentzündung, Kopfschmerzen, Rückenprobleme und ein Bandscheibenvorfall. Ich begann, die Sinnhaftigkeit meines Jobs zu hinterfragen, wurde immer kritischer gegenüber der Geschäftsführung, konnte aber nicht so kommunizieren, wie ich es gerne wollte, da ich noch immer viel zu dienstbeflissen mit meinen Aufgaben beschäftigt war. Heute weiß ich, dass ich keinen Zugang mehr zu meinen Gefühlen hatte und daher keine Resonanz aufbauen konnte, um auszudrücken, was ich wirklich und wahrhaftig brauchte. Damit meine ich meinen Freiraum, neue Möglichkeiten, neue, andere, für mich passendere Aufgaben. Ich war nicht in der Lage zu sagen, was ich für mein Wohlergehen benötigte. Eines Tages wurde ich zu einem Termin mit mei-

nem Chef eingeladen. In Anwesenheit der Personalchefin erfuhr ich, dass ich mit sofortiger Wirkung freigestellt und per Ende der Kündigungsfrist, also vier Monate später, gekündigt bin. All die Jahre des Einsatzes für die Firma waren nun vergessen? Zählte plötzlich nicht mehr, was ich 21 Jahre lang geleistet hatte? Ich wurde zum austauschbaren Menschen! Enttäuschung, Wut, Ärger, aber auch Angst und Verzweiflung wurden meine Begleiter. Ich war von einem Tag auf den anderen vor die existenzielle Frage gestellt, wie es mit mir weitergehen sollte, vor der Frage nach meiner Zukunft. Eigentlich stand ich vor einem großen, tiefen und beinahe unüberwindlichen Loch, hilflos und ohne zu wissen, was ich künftig tun sollte. Lange verweilte ich in meiner persönlichen Dunkelkammer, in der Opferrolle, darin, mir leidzutun. So lange, bis in mir meine Suche nach meinem Ich begann, nach meinem Wert, danach, was mir wirklich Freude macht, nach meiner Selbstbestimmtheit! Wollte ich mich zukünftig noch einmal auf ein Sollte-und-müsste-Prinzip einlassen? Wollte ich wieder eine Marionette eines Unternehmens sein, das nur die eigene Profitgier im Sinn hatte? Wollte ich für Macht und Geld mein Selbst und meine Seele noch einmal verkaufen? Will ich das Rampenlicht und den Erfolg vor seine wirklichen Bedürfnisse stellen? Oder will ich das Leben führen, das mich ausmacht und das meine Berufung ist? Mir wurde klar: Die Irrtümer von gestern sollten nicht die meiner Zukunft sein. Ich wollte aus meinen Fehlern lernen. So vertraute ich mir und meinem inneren Prozess. Ich lernte, loszulassen und anzunehmen, dass wir alle in einen großen Zusammenhang eingebunden sind. Das nahm mir die Schwere. Endlich konnte ich aufhören zu kämpfen und mehr vertrauen. So fand ich zu einer heiteren Gelassenheit und zu einer inneren Balance, durch die ich meine innere Führung wahrnehmen konnte. Seither erlebe ich viel mehr Leichtigkeit und mache beruflich das, was ich immer schon machen wollte.

Was unterstützt uns dabei, ein selbstbestimmtes Leben zu führen? Vieles hat damit zu tun, mutig zu sein, sich um sein eigenes Denken, Fühlen und Handeln zu kümmern; darauf zu achten, was dem eigenen Ich entspricht und aus dem Gefühl, Opfer der Umstände zu sein, auszusteigen, sein eigener Lebensautor zu werden. Weniger zu handeln als jemand, der dem Sollte-und-müsste-Prinzip unterliegt, dem Scheinen-wollen hohen Wert beimisst oder anderen Einflüssen zum Opfer fällt. Stattdessen sollten wir uns auf unser volles Potenzial konzentrieren. Den ersten Schritt schaffen wir über eine innere Distanz zum Erlebten. Selbst dann, wenn es sich bitter und schmerzhaft anfühlt, fragen wir uns ernsthaft: *Was will ich? Existieren noch Möglichkeiten? Oder sind meine Gedanken längst in einem Tunneldenken des Negativen gefangen?* Vielfach verstricken wir uns so sehr in den eigenen Gedanken, dass wir es nicht mehr vermögen, Schönes, Gutes und Angenehmes wahrzunehmen. Deshalb ist es so wichtig, seine Gedanken und die gesamte Aufmerksamkeit ganz auf das Positive zu richten. Dabei unterstützen Fragen wie: *Wann war es anders? Was genau war anders? Wie fühlte sich diese Form des Erlebens an? Gab es jemanden, der sich mitfreute oder der das Gute unterstützte?*

Bald zeigen sich über diese Fragen systemische und familiäre Hintergründe, die es zu erlösen und zu erleichtern gilt. Sie weisen uns darauf hin, ob Angst, Hass, Neid oder andere negative Gefühle der eigenen Eltern von uns fortgeschrieben wurden oder ob die Lebensart der Eltern oder Großeltern unhinterfragt von uns fortgesetzt wurde. Sie fordern uns auf, durch Versöhnung, Ausgleich oder Rückgabe Frieden zu finden. Viele Klientinnen und Klienten, die Ähnliches erlebten, fanden in der Rückgabe alter, übernommener Verhaltensmuster und Glaubenssätze oder im Trennen von vermengten und unklaren Lebensrollen Hilfe.

Bernadette wollte in ihrer Pension nicht mehr immer nur auf andere Rücksicht nehmen, sondern sich mehr an ihrem

Leben erfreuen und endlich frei entscheiden dürfen. Doch damit ging es ihr gar nicht gut. Sie fühlte sich unbeweglich, blockiert und verwirrt. Auf ihrem Herzen lastete ein unglückseliges Gefühl, ihr Verstand redete ihr ständig ein schlechtes Gewissen ein. Sie fühlte sich, als hätte sie einen schweren Stein und einen starken Druck auf ihrer Brust. Gemeinsam machten wir uns auf die Suche nach den Wurzeln ihrer Beschwerden. Im Zuge ihrer Erzählungen stellte sich heraus, dass sie praktisch in ihrem ganzen Leben immer auf andere Rücksicht nehmen musste und genommen hat. Während sie ihre Geschichte erzählte, verstärkten sich ihre Symptome. Was ich heute als Körper-Resonanz-Methode bezeichne, funktionierte auch hier: Wir entlasteten ihre Situation, indem wir ihren Druck symbolisch als Mühlsteine abfließen ließen. Wir entsorgten diese Steine in der naheliegenden Donau. Zur nächsten Sitzung kam Bernadette strahlend zu mir und sagte: »Ich hätte nicht daran geglaubt, dass unser Experiment mit den Steinen Wirkung zeigen würde. Doch seither geht es mir so viel besser! Ich streite weniger mit meinem Mann und fühle mich viel freier und leichter. Jetzt weiß ich wieder, wofür ich mich entscheiden will!« Sie schaffte es, ohne schlechtes Gewissen das zu tun, was ihr wirklich Freude bereitete. Das Belastende wandelte sich in Befreiung, weil es einen guten *Platz im Ganzen* bekam. Die Aussöhnung mit dem Leben, mit den Ahnen, mit sich selbst durfte stattfinden. Bald tauschte die Schwere den Platz mit der Leichtigkeit, ein Gefühl, das sie lange vermisst hatte. Mit der Leichtigkeit tauchte auch die Dankbarkeit auf. Sie ermöglichte es ihr, Vertrauen zu fassen und lud sie ein, sich der inneren Weisheit anzuvertrauen.

Wie du deiner inneren Führung vertraust

Sehr lange wurden wir meist nicht darin geschult, unseren Empfindungen vertrauen zu dürfen und sie auszudrücken. Fremdbestimmt und vielleicht auch aus reiner Bequemlichkeit ließen wir uns von materiellen Vorteilen einnehmen und achteten nicht mehr darauf, was unser Inneres sprach. Wer seiner inneren Führung folgt, vertraut dem Leben und dem Background, der das Leben formt.

Durch die Erfahrung meines Unfalls habe ich gelernt, mit dem Strom des Lebens zu leben. Aus Gesprächen mit anderen, die auch einen schweren Unfall erlitten haben, weiß ich, dass es anderen auch so ergeht. Übereinstimmend meinen alle dasselbe: Alle haben Warnhinweise und Signale erhalten, waren aber damit überfordert, sie zu deuten. Heute, nach ihren Erfahrungen, sind sie wachsamer und offener für so manchen Fingerzeig. Ihre Bereitschaft, sich der inneren und äußeren Führung anzuvertrauen, benötigte diesen heftigen Anstoß.

In meinem Leben gab es häufig Situationen, über die ich mich sehr ärgerte, auch in dem Unternehmen, in dem ich vor meinem Unfall tätig war. Mit den Vorgehensweisen war ich nicht einverstanden, besonders deshalb, weil die Art der Firmenentscheidungen gegen menschliche Grundwerte getroffen wurde. Wertschätzung und ein achtsamer Umgang mit Mitarbeiterinnen und Mitarbeitern waren und sind mir ausgesprochen wichtig. Daher war die letzte intensive berufliche Erfahrung ein frontaler Angriff gegen meine menschliche Wertehaltung. Das traf mich mitten ins Herz! Auch meine Rechte und mein Bedürfnis, wertschätzend zu handeln, wurden empfindlich verletzt. Vorerst spielte sich der Kampf auf einer tiefen Ebene in mir selbst ab. Alte Verhaltensweisen und ein tiefsitzendes »Braves-Mädchen-Syndrom« hinderten mich daran, meine Empörung über eine derartige Vorgehensweise zu äußern. Gleichzeitig warnte mich mein Körper mit Herzklopfen und Schlafstörungen. Diese Dauerstresssymptome waren meine Wegbegleiter.

In meiner damals noch jungen Beziehung mussten erst die einen oder anderen Ansichten über Partnerschaft und Zusammenleben neu definiert werden. Die Reibungspunkte, das Diskutieren und Philosophieren waren meinem Partner und mir eine wahre Herausforderung. Es kostete uns beide viel Kraft. Beide hatten wir bereits in frühen Kinderjahren unser »Harmonie-Gen« ausgeprägt entwickelt und in unseren Elternhäusern wenig über Streitkultur gelernt. So störte jeder Streit unsere Vorstellung und unsere Ideale vom Zusammenleben. Jeder von uns reagierte auf seine eigene Art und mit den früh erlernten Mustern. Daher konnte ich auch hier meinen versteckten Zorn nicht richtig ausleben. Für Sport blieb wenig Raum, denn die Führungstätigkeit meines Partners verlangte viel Einsatz, der sich in Überstunden äußerte. Ich nahm mir damals zu wenig Zeit zum Reflektieren. Ohne es zu bemerken, wurde ich in einen negativen Sog gezogen. Früh Erlerntes wurde nun zum Programm. Was nicht nach außen durfte, wurde gegen mich selbst gerichtet.

Was klingt wie der dritte Akt eines Dramas, war damals gar nicht so dramatisch. Heute, mit dem nötigen Abstand, erkenne ich die Zusammenhänge und mache mir bewusst, wie wichtig Zentrierung für mich ist. Nur so können wir unsere Warnsignale im Körper erkennen, denn der Körper schützt dich vor noch größeren Schäden. Den bewussten Umgang mit negativen Gefühlen und Aggression zu erlernen, scheint mir heutzutage genauso wichtig zu sein, wie die Erlaubnis, sich darin auszuprobieren, wertschätzend kritische Fragen zu äußern oder alten Kummer und überholte Denkmuster zu bearbeiten. Worte wirken in uns und auf an-

Klarheit in Missverständnisse zu bringen, unterbricht die klassischen Verhaltensmuster.

dere. Klarheit in Missverständnisse zu bringen, unterbricht die klassischen Verhaltensmuster. Wir verändern mit Worten unsere Plastizität im Gehirn.

Für den Konfliktfall haben wir drei wesentliche Reaktionen erlernt: Angriff, Flucht oder Todstellen. Facetten dieser drei Formen sind Betäubung, Ablenkung, Kompensation, Abreagieren, Verdrängen, Leugnen. Das sind Muster, die wir ändern können, wenn wir lernen, unsere getriggerten Emotionen aus- und anzusprechen. Besonders dann, wenn völlig unterschiedliche Wahrnehmungen der Welt uns zu Abgrenzung oder Zorn einladen, ist es notwendig, die Verbindung zu suchen. Als Kinder hören wir Sätze wie »Schrei nicht so rum, so darf man sich nicht benehmen« oder »Mama ist stolz auf dich, wenn du brav und ruhig bist«. Wir erleben Wutausbrüche der Eltern und dass ungehöriges Verhalten mit Liebesentzug bestraft wird. Die daraus folgende Orientierungs- und Hilflosigkeit drückt sich bei Jugendlichen hauptsächlich in Aggressionen aus. Viele versuchen, die in der Kindheit gemachten Erfahrungen mit Alkohol und Drogen zu dämpfen oder geben den Energien auf andere, unterschiedlichste Weise Ausdruck. Das Verbot wird zum Test. Wieso darf ich nicht auch einmal wütend oder aggressiv sein? Die steigende Anzahl von Borderline-Erkrankungen, Essstörungen und posttraumatischen Belastungsstörungen beweisen den Drang, Konfrontationen aus dem Weg gehen zu wollen. Die Selbstaggression wird zum Ausweg einer nicht gelernten Konfliktbearbeitung. Irgendwann beruhigt sich das Hormonchaos in den jugendlichen Körpern und sie werden erwachsen. Wer es bis dahin nicht geschafft hat, Wut und Zorn auf eine konstruktive Art zu lösen und diese in sich zu transformieren, der bekommt die Lektionen des Lebens auf vielfache Weise »serviert«. Ein schwerer Unfall wie meiner ist eine Form der Selbstschädigung. Bei vielen Menschen drücken sich unzureichend verarbeitete, negative Emotionen in körperlichen Beschwerden aus. Bauch- oder Kopfschmerzen sind die ersten Signale.

Manche junge Erwachsene spüren nicht einmal mehr, was sie im Innersten wollen, weil sie es gewohnt sind, ihre Gefühle auszuschalten. Dann muss der Körper »lauter« werden, indem er Krankheiten, Druck oder Verhaltensmuster erzeugt, die uns zeigen wollen, wo wir unsere wahren Bedürfnisse übergangen haben. Verweigern wir die kreative Auseinandersetzung mit Lebensumständen, die uns voranbringen könnten, wird das Rufen des Körpers lauter. Der Druck verstärkt sich, Lösungen im Außen zu suchen, die durch das Ego geleitet werden. Wer in diesen Verstrickungen des Ichs verwickelt ist, benötigt wieder die Bereitschaft, sich selbst zu hinterfragen, genau in sich hineinzuspüren und körperliche Symptome wahrzunehmen. In Situationen, in denen das Ego dominiert, erleben wir uns als getrennt von uns und anderen. Wenn wir *Ich* oder *Nein* sagen, grenzen wir uns ab. Dabei ist es so wichtig, wieder eine Verbindung herzustellen, zuzuhören, nachzufragen, Klarheit zu erzeugen und mit dem Herzen zu fühlen. Wer sich tatsächlich mit seinen tiefen Gefühlen verbindet und bewusst spürt, was ihn »bewegt«, kann sein Thema innerlich wahrnehmen und abschließen.

Zu all meinen körperlichen Verletzungen tauchte damals zusätzlich eine andere Form von »Autoaggression« auf: ein heftiges Hashimoto-Schilddrüsenproblem. Auch hier wollte mich mein System auf etwas hinweisen: Wo richtete ich Grundlegendes eher gegen mich? Teil dieses Heilungsprozesses war mein innerer Zorn. Meine Wutausbrüche wurden für mich zu einem Indikator, dass etwas nicht in Ordnung ist. Aufregung und Unmut zeigen mir auch heute noch, dass ich mich von mir entfernt habe. Daran erkenne ich mein Getrenntsein davon, was ich will und benötige. Mein innerer Anker und das intuitive Spüren der Körpersignale machen mir deutlich, was für mich nötig ist, wann es Zeit ist, mich einzulassen oder wieder loszulassen. Die Transformationsarbeit von Empörung, Ärger und Zorn lehrte mich einen noch intensiveren Zugang zu meiner Intuition. Ich frage mich heute immer noch: Worüber oder über wen ärgere ich mich wirklich? Wie alt ist der zornige Anteil in mir, der so reagiert? Was braucht dieser innere Teil? Kann ich mich selbst umarmen, lieben oder beruhigen? Wie? Ist es mein Zorn oder habe ich ihn übernommen? Mit den Jahren entwickelte ich eine Hellfühligkeit, der ich heute blind vertrauen kann. Mein Selbstwertgefühl wuchs. Und warum? Weil ich mich mit all meinen Gefühlen als wertvoll und in Ordnung erlebte. Jede Krankheit ist für mich ein Signal meines Körpers – mich zurückzunehmen, zu reflektieren, um mich wieder mit meinen inneren Impulsen zu verbinden und mein Vertrauen zu festigen. Mein Unfall stellte mich auf die Startlinie zu meinem persönlichen Glücksdurchbruch und zu einem beruflichen Neustart.

Das Leben schenkt uns so viele Hinweise, wenn wir bereit sind, sie wahrzunehmen. Sie werden immer lauter und äußern sich in vielen Kleinigkeiten. Die sogenannten »Zufälle« leiten uns auf dem Weg der persönlichen Veränderungen. Meist fügt sich eins ins andere. Erst, wenn der Kampf im Inneren beigelegt ist und wir im Frieden sind, finden wir zu den eigenen Potenzialen und können sie uns und der Welt zur Verfügung stellen. Wir haben es in der Hand, uns selbst den Druck zu nehmen, wachsamer zu werden, darauf aufzupassen, was uns täglich passiert, was unsere Herzen erreicht. Fühlen, wahrnehmen, loslassen und sich neue Reaktionen vorstellen, lautet die magische Formel für Veränderung. Dann steht der Vollkommenheit und dem Erfolg nichts mehr im Weg, authentisch und mit Selbstvertrauen. Die Hinweise im Außen sind hilfreiche Puzzleteile. Wir bleiben selbst dann stabil, wenn Absagen, Rückschläge und Unfälle uns ein Gefühl der Niederlage vermitteln wollen. Das Erleben wird leicht. Das Leben schenkt uns so viele Hinweise, wenn wir bereit sind, sie wahrzunehmen.

Das Leben schenkt uns so viele Hinweise, wenn wir bereit sind, sie wahrzunehmen.

Vom Ich zum Selbst

Du hast nun bis hierher meinem Weg gefolgt, der mich vom *Ich* zum *Selbst* geführt hat. Er war von vielen inneren Kämpfen begleitet. Der Zugriff auf meine tiefste Intuition leitete mich sicher hindurch. Dunkle und schmerzhafte Erfahrungen wurden zu Licht. Ich erkannte, dass wir alles an zwei Orten erleben, im neuronalen Netzwerk des Gehirns und im Herzen. Daher ist es wichtig, auf beide Netzwerke zuzugreifen, damit Herz und Hirn in Einklang zu bringen und die Botschaft der im Körper lebenden Seele zu hören. So kommt er in Balance.

Wir durchfluten unseren Körper mit Licht, wenn wir uns bewusst machen, worauf wir unser Leben begründen und es mit Stolz umsetzen. Schon Viktor Frankl sagte, *Was Licht geben soll, muss brennen.* Wir erfüllen unseren Körper mit dem Lebensstrom der Akzeptanz, bis wir zur Leichtigkeit gelangen. Dann können wir wieder dem Fluss des Lebens und der Freude folgen.

Alles ist Leben! Mit menschlichen Erfahrungen, besonderen Lebensweisen und Verlust hat jeder von uns umzugehen. Anscheinend müssen wir uns manchmal von etwas abwenden, um es wieder neu mit uns zu verbinden. Wir entdecken darin, dass wir nichts von außen brauchen, um glücklich zu sein. Heilung ist nicht durch Bekämpfung von Krankheit möglich, es geht vielmehr darum, die Ebenen zu wechseln. Wenn wir auf die Antworten der Seele hören, geht das Universum mit uns in Resonanz. Alles im Universum ist auf Ausdehnung und Wachstum ausgerichtet. Wir können den Prozess des Lebens annehmen, dem Schicksal zustimmen und es als Möglichkeit und Chance anerkennen.

Ich erlebe heute die Verbundenheit mit dem Leben viel wertvoller, bin mir meiner Fähigkeit, einer intensiven Intuition und Medialität, bewusst, und stehe dazu. Wie eine liebevolle, umsichtige Gärtnerin, die das Gedeihen der Pflanzen beobachtet, hege und pflege ich sie. Regelmäßige Zuwendung ist ein guter, nährender Dünger. Unkraut und Wildwuchs sind trübe Gedanken und negative Medien. Das Wachstum und Gedeihen überlasse ich, wie die Gärtnerin, einem größeren, übergeordneten Zusammenhang: der göttlichen Fügung. Wie die Natur folgen wir einem Plan. Manchmal benötigt vermehrtes Wachstum einen radikalen Schnitt. Sicher ist aber, dass das Ziehen an den Blättern der Bäume das Wachstum nicht fördert. Nur die Liebe, der Einsatz und die Zeit bringen sie zum Gedeihen. Der Lohn unserer Mühen ist die Vielfalt der Farben, der mitunter betörende Duft oder der genüssliche Biss in eine herrliche Frucht. Uns wurde beigebracht, machtlos zu sein, dabei sind wir Riesen mit unglaublichem Potenzial.

Uns wurde beigebracht, machtlos zu sein, dabei sind wir Riesen mit unglaublichem Potenzial.

Deine Beziehung zu dir selbst ist das Maß für deine Beziehung zu anderen und zur Welt. Dadurch kannst du sie stärken:

- Gedankenstille in Form von Meditation reduziert die Komplexität.
- In der Stille findest du deine Intuition und deine innere Führung.
- In der Freude zu bleiben, erhöht deinen Energielevel.
- Dein Körper schützt dich. Lerne, seine Sprache zu verstehen.
- Hinterfrage alles, denn jede erlernte Prägung kann verändert werden.
- Entlasse hinderliche Themen und Emotionen, damit Leichtigkeit einziehen kann.

- Das Wirkungsvollste ist dein Einklang in dir selbst. Fühle deine Verbindung, und die Stoffwechselprozesse ändern sich im gesamten Körper.

Wir alle sind in eine vollkommene Liebe eingebettet. Lassen wir diese Liebe in und aus uns leuchten, ist der Himmel kein Ort irgendwo, sondern ein Erleben im Hier und Jetzt.

Einer unumstößlichen Tatsache dürfen wir uns in unserem Leben bewusst sein: Wir alle sind in eine vollkommene Liebe eingebettet. Lassen wir diese Liebe in und aus uns leuchten, ist der Himmel kein Ort irgendwo, sondern ein Erleben im Hier und Jetzt.

QUELLEN- UND LITERATURVERZEICHNIS

Hier findest du einen Auszug aus Büchern, Schriften und Vorträgen, die mich inspiriert haben und die ich gerne empfehle, wenn du tiefer in die Themen eintauchen willst.

Bauer, Joachim: Das Gedächtnis des Körpers. Wie Beziehungen und Lebensstile unsere Gene steuern. Piper (2004)

Bauer, Joachim: Prinzip Menschlichkeit. Warum wir von Natur aus kooperieren. Hoffmann und Campe (2007)

Bauer, Joachim: Warum ich fühle, was du fühlst. Intuitive Kommunikation und das Geheimnis der Spiegelneurone. Heyne (2006)

Böschemeyer, Uwe: Worauf es ankommt. Werte als Wegweiser. Piper (2005)

Böschemeyer, Uwe: Unsere Tiefe ist hell: Wertimagination – ein Schlüssel zur inneren Welt. Kösel (2005)

Cameron, Julia: Der Weg des Künstlers. Ein spiritueller Pfad zur Aktivierung unserer Kreativität. Droemer Knaur (2000)

Dispenza, Joe: Schöpfer der Wirklichkeit. Der Mensch und sein Gehirn – Wunderwerk der Evolution. KOHA (2010)

Dispenza, Joe: Ein neues Ich. Wie Sie Ihre gewohnte Persönlichkeit in vier Wochen wandeln können, KOHA (2012)

Dispenza, Joe: Du bist das Placebo. Bewusstsein wird Materie. KOHA (2014)

Dispenza, Joe: Werde übernatürlich. Wie gewöhnliche Menschen das Ungewöhnliche erreichen. KOHA (2017)

Dürr, Hans-Peter: Bewusstsein und gesellschaftliche Verantwortung, Bad Kissingen (2006)

Egli, René: Das Lola-Prinzip – Die Vollkommenheit der Welt; Editions d'Olt (1994)

Foester, Heinz von: Wissen und Gewissen. Versuch einer Brücke. Suhrkamp (1993)

Foster, Jeff: Eine außergewöhnliche Abwesenheit. Noumenon (2010)

Frankl, Viktor E.: ... trotzdem Ja zum Leben sagen. Ein Psychologe erlebt das Konzentrationslager. Penguin (2018)

Gloor, Edith: Holy Shit! Meine Weltenreise von der Querschnittslähmung zum aufrechten Gang. Scorpio (2015)

Gunther, Schmidt: Liebesaffären zwischen Problem und Lösung. Carl-Auer (2004)

Hüther, Gerald/Weser, Inge: Das Geheimnis der ersten neun Monate: Unsere frühesten Prägungen. Beltz (2012)

Hüther, Gerald: Die Macht der inneren Bilder. Wie Visionen das Gehirn, den Menschen und die Welt verändern. Vandenhoeck & Ruprecht (2006)

Kast, Verena: Trotz allem ICH. Gefühle des Selbstwerts und die Erfahrung von Identität. Herder (2005)

Kibéd, Varga von/Sparrer, Insa: Ganz im Gegenteil. Tetralemmaarbeit und andere Grundformen Systemischer Strukturaufstellungen – für Querdenker und solche, die es werden wollen. Carl-Auer (2011)

McKay, Matthew/Fanning, Patrick: Selbstwert. Die beste Investition Ihres Lebens. Ein Trainingsbuch. Jungfermann (2008)

Merton, Thomas: Im Einklang mit sich und der Welt. Contemplation in a Word of Action. Diogenes (2009)

Pearce, Josef Chilton: Die Biologie der Transzendenz. Neurobiologische Grundlagen für die harmonische Entfaltung des Menschen. Arbor (2004)

Pöhm, Matthias: Sie wollen keinen Erfolg, Sie wollen glücklich sein. 1. Buch. Der Weg zum Glücksdurchbruch. Pöhm Seminarfactory (2011)

Schäfer, Thomas: Wenn der Körper Signale sendet. Wege zur Gesundheit durch Familienaufstellungen. Knaur (2012)

Schreiber, David Servan: Die Neue Medizin der Emotionen. Stress, Angst, Depression. Gesund werden ohne Medikamente. Kunstman (2004)

Seiwert, Lothar: Wenn du es eilig hast, gehe langsam. Campus (1998)

Seiwert Lothar: Das Bumerang Prinzip. Mehr Zeit fürs Glück. GU (2002)

Shazer, Steve de: Der Dreh. Überraschende Wendungen und Lösungen in der Kurzzeittherapie. Carl-Auer (2015)

Shazer, Steve de: Worte waren ursprünglich Zauber. modernes lernen (1998)

Spitzer, Manfred: Lernen. Gehirnforschung und die Schule des Lebens. Spektrum (2006)

Stahl, Thies von/Wolf, Julian: Die kleine Schule des Wünschens. PAL (2009)

Tipping, Colin C.: Ich vergebe. Der radikale Abschied vom Opferdasein. Kamphausen (2004)

Villoldo, Alberto: Das erleuchtete Gehirn. Mit Schamanismus und Neurowissenschaft das Geheimnis gesunder Zellen entdecken. Goldmann (2011)

Villoldo, Alberto: Das geheime Wissen der Schamanen. Wie wir uns selbst und andere mit Energiemedizin heilen können. Goldmann (2001)

Villoldo, Alberto: Erneuere deinen Körper. Die revolutionäre Heilkraft von Pflanzenmedizin und schamanischer Seelenreinigung. Arkana (2021)

Weiss, Thorsten: Lebe neue Bewusstheit. Entfalte dein Akasha-Potenzial. Schirner (2013)

Wittgenstein, Ludwig: Tractatus logico-philosophicus. Logisch-philosophische Abhandlung. edition suhrkamp (1963)

DANKE AN MEINEN PARTNER

Mein Mann war mir eine starke Stütze. Er war es, der mir niemals das Gefühl gab, ungenügend oder unvollkommen zu sein.

Ungefragt nahm er sämtliche Taschen, Koffer oder Haushaltsartikel, oder er wartete verständnisvoll, bis ich fertig war. Anfangs hatte ich ein Problem mit meinen fehlenden Fingern. Ich versteckte sie gern unter Handschuhen und die Narben in langen Ellbogenschonern. Der Stoff gab mir Sicherheit und Schutz vor neugierigen Blicken.

In jenen Tagen war mein Mann der Leuchtturm, der mich immer an seiner »Lieblingshand« geleitete. An ihm konnte ich mich aufrichten. Er ermutigte mich durch seine liebevolle Zuwendung und unterstützte meine schwerfällige Fortbewegung oder das endlos dauernde Treppensteigen. Die Treppen des Wiener Rathauses kamen mir bisher nie so lang und steil vor, er trug mich beinahe, fest am Arm haltend, ohne den geringsten Vorwurf geduldig Stiege für Stiege hinauf, bis ich endlich oben ankam. Ich spürte die Liebe und Sorge, mit der er mein Unvermögen und meine Behinderung akzeptierte.

Es gibt ein japanisches Sprichwort: *Falle siebenmal, stehe acht Mal auf.* Mir wurde in jenen Tagen klar, dass Aufstehen manchmal nur mit Unterstützung funktioniert. Danke dir für deine wunderbare, heilende Kraft in dieser Zeit.

Jasmin Gonzalez

Wir sind die Töchter der Hexen, die ihr nicht verbrennen konntet

wild & sanft, stark & sensibel, entschlossen & frei

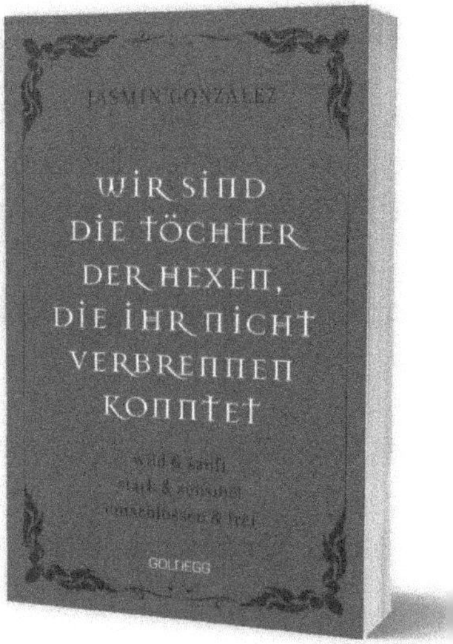

Nichts ist unmöglich, wenn die Welt endlich weiblicher wird!

Hexenverbrennungen gibt es auf Teilen der Welt nach wie vor! Auch bei uns werden Frauen, die auf Konventionen pfeifen, oft ausgegrenzt.

Dieses Buch ermutigt Frauen, zu sich selbst und all ihren Seiten zu stehen. Der Begriff „Hexe“, heute noch als Schimpfwort benutzt, ist nichts anderes als ein Synonym für eine intelligente, selbstbewusste Frau, die sich und ihrer Intuition vertraut und um die Macht ihrer Gedanken und Worte weiß. Sie ist auf ihr höheres Selbst, ihre Entwicklung und ihr Wachstum ausgerichtet und bedient sich dabei aller Möglichkeiten, die das Leben bietet.

Es geht um ein Leben, in dem wir nicht bloß über die Runden kommen, sondern um eines, das erfüllt, fordert und fördert: wild, sanft, stark, sensibel, entschlossen, frei. Ein Plädoyer für Weiblichkeit und Female Empowerment!

Preis: € 19,95

Softcover, 280 Seiten
Format: 13,5 x 21,5 cm
ISBN: 978-3-99060-237-9

GOLDEGG VERLAG

Bestellen Sie unter **+43 (0) 1 505 43 76-30** oder unter **verlag@goldegg-verlag.com**